外需疲软与成本上升背景下中国制造业产品技术复杂度的升级机制及赶超策略研究

WaiXu PiRuan Yu ChengBen
ShangSheng BeiJingXia
ZhongGuo ZhiZaoYe
ChanPin JiShu FuZaDu De
ShengJi JiZhi Ji GanChao
CeLue YanJiu

◆ 陈晓华 刘慧／著

中国财经出版传媒集团
经济科学出版社
Economic Science Press

图书在版编目（CIP）数据

外需疲软与成本上升背景下中国制造业产品技术复杂度的升级机制及赶超策略研究/陈晓华，刘慧著. —北京：经济科学出版社，2016.12
ISBN 978 – 7 – 5141 – 7389 – 5

Ⅰ.①外… Ⅱ.①陈…②刘… Ⅲ.①制造工业 – 工业产品 – 研究 – 中国 Ⅳ.①F426.4

中国版本图书馆 CIP 数据核字（2016）第 258049 号

责任编辑：王柳松
责任校对：隗立娜
版式设计：齐　杰
责任印制：邱　天

**外需疲软与成本上升背景下中国制造业产品
技术复杂度的升级机制及赶超策略研究**

陈晓华　刘　慧　著
经济科学出版社出版、发行　新华书店经销
社址：北京市海淀区阜成路甲 28 号　邮编：100142
总编部电话：010 – 88191217　发行部电话：010 – 88191522
网址：www.esp.com.cn
电子邮件：esp@esp.com.cn
天猫网店：经济科学出版社旗舰店
网址：http://jjkxcbs.tmall.com
北京汉德鼎印刷有限公司印刷
三河市华玉装订厂装订
710×1000　16 开　14.5 印张　280000 字
2016 年 12 月第 1 版　2016 年 12 月第 1 次印刷
ISBN 978 – 7 – 5141 – 7389 – 5　定价：42.00 元
(图书出现印装问题，本社负责调换。电话：010 – 88191510)
(版权所有　侵权必究　举报电话：010 – 88191586
电子邮箱：dbts@esp.com.cn)

感谢浙江理工大学人文社科学术专著出版资金资助（2016年度）、国家社科基金项目（13YJC060）、国家自然科学基金青年项目（71303219；71603240）和浙江理工大学"521人才"中青年拔尖人才项目对本研究的支持

前　言

　　转变经济增长方式，提高经济增长质量和效益是党的十八大后中央经济工作会议所确立的重大发展战略之一。① 缩小制造业产品技术复杂度与国际先进水平的差距，甚至赶超，是实现上述战略的核心内容和根本途径，也是突破当前外需疲软和成本上升约束困境的关键手段。本书以揭示外需疲软和成本上升对中国制造业产品技术复杂度的作用机制为核心内容和出发点，首先，以产品技术复杂度衡量指标的对比与构建为切入点，在测度出中国企业和省级层面产品技术复杂度及150个经济体产品技术复杂度的基础上，刻画了中国制造业产品技术复杂度的国际地位、集聚效应和分布趋势；其次，构建五部门五要素的理论模型，以生产要素和国际需求为媒介，揭示外需疲软和成本上升对产品技术复杂度升级的作用规律；再次，以多种计量方法揭示了外需疲软和成本上升约束下中国制造业技术复杂度演进的动力机制，并分析了技术复杂度赶超的社会效应；最后，在综合分析国际技术赶超经验和中国制造业企业技术复杂度赶超实际路径的基础上，提出了中国制造业产品技术复杂度赶超的最优路径和策略。本书拟通过上述思路与研究达到以下目标：一是勾勒出中国制造业产品技术复杂度的国际地位、辐射效应和分布趋势，从而为制定制造业协调发展、科学布局和赶超的政策提供统计学依据；二是从理论视角勾勒出双重约束背景下制造业产品技术复杂度的升级规律；三是刻画出双重约束下中国制造业产品技术复杂度升级的新型动力机制、障碍和赶超的可行路径，为赶超策略的制定提供实证依据；四是提出在外需疲软和成本上

---

① 坚持以提高经济发展质量和效益为中心与转变经济发展方式均属于2014年中央经济工作会议提出经济发展的总体要求。详见新华网：http：//news.xinhuanet.com/fortune/2014 - 12/11/c_ 1113611795. htm。

升背景下，中国制造业产品技术复杂度赶超的最优路径，并构建实现上述路径的相关政策建议。基于上述研究目的和思路，本书一共分为八章，较好地完成了国家社科申请书中所预定的研究内容和目标。

本书所得结论主要有以下几点：一是虽然中国产品的技术复杂度有大幅度的提高，但区域间技术复杂度呈现出东中西部二元结构的非均衡特征；二是外需疲软不利于资本密集型内资企业产品技术复杂度的升级，而对外资企业和劳动密集型本土企业产品技术复杂度的影响不显著；三是非要素型成本上升给制造业技术复杂度带来的"损害"，明显大于要素型成本上升；四是"技术复杂度革新惰性"已经成为中国制造业技术复杂度演进过程中不得不面对的窘况，全要素生产率越高、经营经验越丰富的企业"惰性"越高；五是外需疲软和成本上升约束下中国制造业技术复杂度升级和赶超的核心动力是物质资本和人力资本，降低"契约型"贸易壁垒有助于中国制造业产品技术复杂度升级，而确保传统优势产品持续出口应对外需疲软的措施只能作为权宜之计；六是在执行技术复杂度赶超策略时，不仅要注意赶超的力度（"过度"和"过低"的赶超均不利于经济和社会和谐发展），还要有效地协调好政策、人才培养、企业家才能、国内研发和国际环境等有助于技术复杂度赶超的内外因素。

综合本书的基本结论、国际经验、中国企业赶超的实际和当前国内外形势，本书认为，短期条件下，走"内源动力为主，外源动力为辅"型技术复杂度赶超之路，长期条件下，走内源动力型技术复杂度赶超之路，既是中国制造业技术复杂度演进和经济发展方式转变的最优路径，也是中国制造业在新时代背景下的必然选择。内源型技术赶超，更是中国制造业避免陷入"追随型赶超"和"赶超陷阱"的重要手段。为了确保上述路径在中国成功实现，本书提出了以下发展建议：

一是需对当前外需疲软和成本上升困境采取恰当的治理方式。治理外需疲软时，高技术产品可鼓励其采用边际广化和边际深化并举的方式扩大出口规模，传统优势产品则鼓励其以产品边际广化的形式扩大出口；治理成本上升时，应将重心置于非要素成本的控制，并适当控制资本成本上升的速度，进而在一定程度上"抵削"外需疲软给本土资本密集型企业带来的压力。

二是充分发挥中国的"固有优势"和"新优势"。首先，进一步发挥举国创新体制中的"政府指向"功能，促使优势企业"专攻"本产业技术深化的基础性、关键性环节，降低中国技术复杂度赶超的外部依赖程度，逐步形成内源式技术赶超的新模式；其次，充分发挥"大国大市场优势"，为本国企业所生产的高技术产品和战略性新兴产业的产品创造更多的需求；最后，进一步发挥自由贸易区和"一带一路"的带动功能，不断获得"契约型地理优势"，进而在缓解外需疲软的基础上，不断促进制造业产品技术复杂度升级。

三是重视国内人才和企业家精神的培养，鼓励企业采用技术复杂度"非常规"赶超路径。首先，以发展高新技术产业所需的基础性产业人才培养为出发点，优化基础性产业人才的培养和引进机制，促进基础性产业快速发展，为制造业技术复杂度整体性赶超提供更高的起点；其次，大力培育企业家拼搏精神，提升企业家进行生产工艺革新的主动性，逐步消除"技术革新惰性"，为产品技术复杂度升级注入更大的内部动力；最后，鼓励企业以已有优势为跳板，实施"工艺重构"或"弯道超车"等非常规赶超战略，进而实现诸如"蛙跳介入新兴产业，打造新兴产业的'先发优势'"和"重塑行业生产工艺，获得工艺优势，形成内力依赖型技术优势"等技术复杂度赶超目标。

四是重构和优化当前中国制造业发展的协作体系。首先，以国内价值链重构和国内增加值率提升为出发点，鼓励行业内企业形成以"领头羊"为核心的协作型分工体系；其次，对传统产业集聚实施"要素密集型逆转"战略，打造高技术产业集聚地和高技术研发联盟集聚地，为制造业技术复杂度赶超构建"协作型集聚动力"；最后，构建更为完善的"东中西部产能对接平台"和"东中西研发协作平台"，加快中西部产品技术复杂度的升级与赶超速度。

陈晓华　刘　慧

2016年6月

目 录

1 引言 / 1

    1.1 选题的背景和意义 ··· 1

    1.2 研究的思路与结构 ··· 3

    1.3 可能的创新点 ·· 5

2 文献综述 / 7

    2.1 产品技术复杂度研究文献的评述 ··· 7

    2.2 中国要素价格研究的文献评述 ·· 13

    2.3 外需疲软研究的文献评述 ·· 17

    本章小结 ·· 19

3 外需疲软、成本上升与制造业产品技术复杂度升级：机理分析 / 21

    3.1 五部门模型的构建与分析 ·· 21

    3.2 外需疲软、成本上升与产品技术复杂度：五部门协作的
        机理分析 ·· 24

    3.3 要素数量与产品技术复杂度升级：无约束条件下的
        机理分析 ·· 29

    本章小结 ·· 32

4 制造业产品技术复杂度的测度与分析：基于跨国与省际对比的视角 / 33

    4.1 技术复杂度测度方法的构建与选择 ·· 33

    4.2 中国微观企业层面产品技术复杂度的识别与方法检验 ············· 37

4.3　跨国层面制造业技术复杂度的测度结果与分析 ·················· 47
　　4.4　中国省际与跨国产品技术复杂度的对比分析 ·················· 53
　　本章小结 ·· 57

5　外需疲软、成本上升与制造业产品技术复杂度升级：实证检验 / 59

　　5.1　外需疲软、要素成本及非要素成本上升与制造业技术
　　　　复杂度升级 ·· 59
　　5.2　外需疲软、要素价格扭曲改善性成本上升与制造业技术
　　　　复杂度升级 ·· 71
　　5.3　产品持续出口对产品技术复杂度升级的影响：基于跨国层面的
　　　　实证分析 ·· 89
　　本章小结 ··· 106

6　制造业产品技术复杂度演进的影响效应分析：有无外需疲软双重视角 / 108

　　6.1　制造业技术复杂度演进的贸易利益效应 ······················ 109
　　6.2　制造业技术复杂度演进的就业性别歧视效应 ·················· 122
　　6.3　制造业技术复杂度演进对弱势群体就业的影响效应 ············ 136
　　6.4　外需疲软背景下制造业技术复杂度升级对劳动力价格扭曲的
　　　　影响效应 ··· 159

7　国际经验借鉴和中国企业升级模式调研 / 176

　　7.1　国际经验借鉴 ·· 176
　　7.2　中国企业技术复杂度升级模式调研 ···························· 190
　　本章小结 ··· 195

8　结论与政策启示 / 197

　　8.1　基本结论 ·· 197
　　8.2　外需疲软与成本上升背景下制造业产品技术复杂度的赶超
　　　　策略分析 ··· 202

主要参考文献 ·· 209
结束语 ·· 221

1

引　言

1.1　选题的背景和意义

在过去的 30 多年中，得益于"对内改革"与"对外开放"相结合政策的成功运用，中国经济与出口贸易迅速发展，经济总量从 1978 年的 3645.2 亿元上升到了 2015 年的 67.67 万亿元，经济的快速增长也使得中国在 2010 年前后超越了日本，成为世界上第二大经济体（杨高举，黄先海，2014），出口总量则从 1978 年的 97.5 亿美元上升到了 2014 年的 14.39 万亿元，[①] 使得中国成为世界第一大出口经济体。经济与贸易领域的不俗表现创造了为经济学界所津津乐道的"中国经济奇迹"（Rodrik，2006），也使得中国产品的技术品质发生了显著变化，根据肖特（Schott，2008）和罗德里克（Rodrik，2006）等的研究可知，中国制造业的产品结构在过去 30 年中发生了"质"的变化，从早期的以初级产品生产和出口为主的生产模式，逐渐演变成了当前以电子产品和机电产品等高技术生产和出口为主要特征的生产模式，这也使得中国制造业产品的技术复杂度发生了质的飞越。以 2002~2008 年为例，仅 7 年间中国出口产品的技术复杂度就提高了 146.61%，制成品平均产品技术复杂度从 2002 年的 10634 上升到了 2008 年的 26224（陈晓华，黄先海和刘慧，2011）。

中国制造业产品技术复杂度持续深化，在很大程度上得益于前一阶段持续快速的经济增长、低廉的成本和稳健的外需。稳健的外需使得中国制成品得以源源不断地出口，这不仅为中国制造业解决了产能过剩之忧，还帮助中国企业从生产数量上实现了规模经济。低廉的生产成本则成为中国产品融入国际市场的最重要手段，使得中国的产品总能在国内市场和国际市场中赢得订单。为此，低廉的生

[①]　统计数据来源：http://finance.ifeng.com/a/20150120/13443615_0.shtml。

产成本和稳健的外需，为中国制造业企业完成资本积累、市场经验积累、技术升级、国际竞争力提升和国际分工地位提升等方面做出了重要贡献。然而，金融危机过后，中国制造业所具备的上述两大亮点似乎正逐渐褪色，失去原有的力度，甚至成为部分企业在国际国内竞争中的包袱。具体表现为：一是在过去的几十年中，中国的劳动要素价格呈现出较为明显的扭曲（陈永伟，胡伟民，2011；罗德明，李晔和史晋川，2012；盖庆恩，朱喜和史清华，2013），劳动力要素的价格被低估，然而进入 21 世纪以后，随着劳动者法律知识、劳动技能、社会环境以及世界市场行情的变化，中国劳动力要素的价格开始逐步回归理性，劳动力价格呈现出较为显著的上涨势头，同时其他要素的价格也有明显上涨。二是外需疲软似乎成为笼罩在中国制造业企业头上挥之不去的阴云，如 2009 年中国企业总出口额同比下降 16%；[①] 虽然 2014 年中国的总出口达到了 14.39 万亿元，但总出口额仅增加了 4.9%（以人民币计算），[②] 在 2014 年 2 月、3 月，甚至出现了出口额同比分别下降 18.1% 和 6.6% 的情形；2015 年 3 月、4 月和 5 月的出口量则同比分别下降 14.6%、6.2% 和 2.8%，2015 年总出口额甚至同比下降了 1.8%。

转变经济增长方式，提高经济增长质量和效益，是党的十八大后中央经济工作会议所确立的重大发展战略之一。[③] 缩小制造业产品技术复杂度与国际先进水平的差距甚至赶超国际先进水平，是实现上述战略的核心内容和根本途径（陈晓华，刘慧，2014a），那么，外需疲软和成本上升这两个有别于中国制造业产品技术复杂度传统升级环境的新特征，会对中国制造业产品技术复杂度升级产生什么样的影响呢？成本上升可能会成为中国制造业未来发展不得不面临的"新常态"（特别是劳动力成本），外需疲软虽不至于成为未来发展的"新常态"，但其可能是中国制造业企业在技术复杂度升级中不得不面对的带有"随机发生"特征，甚至经常发生的新事物。

鉴于此，深入分析外需疲软与成本上升背景下中国制造业产品技术复杂度的升级机制，并制定相应的赶超策略可能具有重要的理论意义和现实意义。具体可能体现为：一是分析双重约束下中国制造业产品技术复杂度升级的特殊机制，揭示新背景下产品技术复杂度升级的动力与障碍，为党的十八大后制定发展方式转变方面的政策提供理论依据；二是以新升级机制的培育和完善为出发点，探索中国制造业产品技术复杂度赶超的可能路径，为制造业走出当前困境提供一定参考；三是将技术赶超理论的最新研究引入后发型大国的技术复杂度研究，探索有

---

① 统计数据来源：http：//finance. jrj. com. cn/2010/01/1101266779236. shtml。
② 统计数据来源：http：//finance. ifeng. com/a/20150120/13443615_0. shtml。
③ 坚持以提高经济发展质量和效益为中心与转变经济发展方式均属于 2014 年中央经济工作会议提出经济发展的总体要求。详见新华网：http：//news. xinhuanet. com/fortune/2014 – 12/11/c 1113611795. htm。

别于经典理论假设环境下，产品技术复杂度演进的特殊规律和赶超路径，以丰富产业转型升级和技术赶超的理论体系。

1.2 研究的思路与结构

本书首先，以产品技术复杂度衡量指标的对比与构建为切入点，在测度出中国企业和省级层面产品技术复杂度及150个经济体产品技术复杂度的基础上，刻画了中国制造业产品技术复杂度的国际地位、集聚效应和分布趋势；其次，构建五部门五要素的理论模型，以生产要素和国际需求为媒介，揭示外需疲软和成本上升对产品技术复杂度升级的作用规律；再次，以多种计量方法揭示了外需疲软和成本上升约束下中国制造业技术复杂度演进的动力机制，并分析了技术复杂度赶超的社会效应；最后，在综合分析国际技术赶超经验和中国制造业企业技术复杂度赶超实际路径的基础上，提出了中国制造业产品技术复杂度赶超的最优路径和策略。本书拟通过上述思路与分析达到以下目标：一是勾勒出中国制造业产品技术复杂度的国际地位、辐射效应和分布趋势等，从而为制定制造业协调发展、科学布局和赶超的政策提供统计学依据；二是从理论视角勾勒出双重约束背景下后发型大国制造业技术复杂度的升级规律；三是刻画出双重约束下中国制造业产品技术复杂度升级的新型动力机制、障碍和赶超的可行路径，为赶超策略的制定提供实证依据；四是提出外需疲软和成本上升背景下，中国制造业产品技术复杂度赶超的最优路径，并构建实现上述路径的相关政策建议。基于上述研究目的和思路，本书一共分为8章，内容具体如下：

第1章，引言。

第2章，文献综述，该部分的核心功能是归纳和梳理已有文献，勾勒出已有文献的不足点，本书主要从产品技术复杂度、外需疲软和成本上升三个视角分别对已有文献进行回归，最后刻画了三个领域研究的特点（如外需与制造业技术复杂度的研究较多，考虑外需疲软的研究不多；要素成本上升与制造业技术复杂度的研究虽有交叉，但目前多局限于要素成本上升的"倒逼效应"和"倒退效应"的分析），并提出了三个领域交叉研究的改进方向，以为后文的分析奠定了一定的文献基础。

第3章，外需疲软、成本上升与制造业产品技术复杂度升级：机理分析。本章的核心，是从理论视角勾勒出外需疲软和成本上升对制造业产品技术复杂度升级的作用机理。本章首先在唐海燕和张会清（2009）的两部门模型、陈晓华、黄先海和刘慧（2011）及陈晓华（2012）的三部门模型与黄永明和张文洁（2012）

四部门模型的基础上，通过引入知识资本生产部门（人力资本）和外需等形式，构建开放经济条件下的五部门模型，进而在控制内外生条件的基础上，深入分析外需疲软和成本上升对产品技术复杂度的影响，并分析外需疲软和成本上升约束下产品技术复杂度的演进机制。

第 4 章，制造业产品技术复杂度的测度与分析：基于跨国与省际对比的视角。该章在综合对比已有测度方法的基础上，构建了企业层面产品技术复杂度的识别方法，并对中国制造企业的产品技术复杂度进行识别与分析。进而基于同一测度方法，在测度出国内（省际）和国际（跨国）制造业产品技术复杂度的基础上，运用 Kernel 估计等统计分析法对国内外测度结果进行分析，以勾勒出中国制造业产品技术复杂度的国际地位、辐射效应（空间自相关性）和分布趋势等，以期为制定制造业协调发展、科学布局和赶超的政策提供统计学依据。

第 5 章，外需疲软、成本上升与制造业产品技术复杂度升级：实证检验。该章的核心内容，是借助多种计量手段，揭示外需疲软和成本上升对制造业产品技术复杂度升级的作用机制。考虑到成本上升有三种类型：要素价格扭曲程度的改善、要素价格上升和非要素成本上升，本章结合第 3 章的五部门模型，在综合考虑要素价格上升、非要素成本上升和要素价格扭曲程度改善基本特征的基础上，深入分析外需疲软与成本上升对制造业产品技术复杂度的影响，此外考虑到保持现有产品持续出口是应对外需疲软的重要措施，本章还从主动克服外需疲软视角，结合经济体地理优势特征，从跨国（地区）层面分析出口持续时间对制造业产品出口技术复杂度的影响，以期从更为全面的维度揭示外需疲软和成本上升背景下制造业产品技术复杂度的升级机制。

第 6 章，制造业产品技术复杂度演进的影响效应分析：有无外需疲软双重视角。由于制定制造业产品技术复杂度赶超战略时，不得不考虑制造业产品技术复杂度赶超可能给经济与社会发展带来的负向效应。为此，本章在综合该领域已有研究的基础上，从有无外需疲软视角分析制造业产品技术复杂度演进对贸易利益、就业性别歧视、弱势群体就业和要素价格扭曲的作用机制，进而揭示技术复杂度升级过程中可能给不同的社会因素变量带来的正向效应和负向效应，以为后文制定更为科学的技术复杂度赶超思路提供参考。

第 7 章，国际经验借鉴和中国企业升级模式调研。本章先以日本和韩国部分制造业产品技术复杂度由后发成功转变为先发的经验分析为切入点，勾勒出上述经济体技术复杂度赶超的成功经验及其对中国的启示；进而以中国企业技术复杂度赶超的实际路径为研究对象，通过对浙江、江苏、江西、广东和山东等制造业企业的赶超模式进行实地调研，进而揭示中国企业技术复杂度升级的模式、规律、不足及新型赶超路径（技术"蛙跳"）在中国企业中的应用情况，以为后文制定最优赶超路径和策略提供经验依据。

第 8 章，是结论与政策启示。本章在总结前文研究的基础上，提出了本书研究的主要结论，并勾勒出外需疲软和成本上升背景下中国制造业技术复杂度赶超的最优路径是内源式技术复杂度赶超模式。在此基础上，本章以经济增长方式优化为目标，以制造业动态比较优势增进和升级机制动态优化为核心方向，以功能性、动态性和嵌入式自主性为要求，构建优化产品技术复杂度演进路径的新型产业政策，以为最优赶超路径的实施提供制度保障。

1.3 可能的创新点

本书通过机理分析、实证分析、统计分析、国际经验分析和中国企业技术复杂度赶超案例调研等手段，试图从机理与实证视角揭示外需疲软和成本上升对制造业产品技术复杂度演进的作用机制，并构建中国制造业产品技术复杂度赶超的最优路径和策略。综合本书的研究过程与结论，可能的创新体现在以下几个方面：

一是在沿着唐海燕和张会清（2009）的两部门模型、陈晓华、黄先海和刘慧（2011）及陈晓华（2012）的三部门模型与黄永明和张文洁（2012）四部门模型的研究轨迹，通过拓展四部门模型，构建了解释一国制造业产品技术复杂度演进机制的五部门模型，并以外需和要素价格为媒介，刻画了外需疲软和成本上升对产品技术复杂度的作用机制，首次从理论视角揭示了外需疲软和成本上升对产品技术复杂度的作用机制，为该领域的实证研究提供了理论依据。此外，本书还为产品技术复杂度研究领域提供了一个更为贴近实际（由三部门拓展为五部门）的统一的基础性理论分析框架，使得产品技术复杂度领域的理论研究更进一步。

二是从企业异质性视角，构建了企业层面产品技术复杂度的识别方法，首次形成了异质性企业产品技术复杂度的测度方法，为该领域未来的理论与实证研究提供了一个更科学的分析工具。产品技术复杂度从提出至今，大量学者均不遗余力地尝试构建新的更为科学的测度方法，但已有测度方法均局限于国家或产业层面，缺乏企业层面的测度方法，本书所构建的企业层面测度方法，能够为技术复杂度的研究从国家层面或产业层面向企业层面拓展提供一定的工具基础。

三是以后发型大国的企业为研究对象，分析外需疲软和成本上升对制造业产品技术复杂度的影响机制，为技术复杂度研究领域的发展提供了后发型大国的经验证据。本书揭示了外需疲软和成本上升背景下，中国制造业产品技术复杂度动态演进的动力机制，厘清了在上述背景下中国制造业技术复杂度的主要发展方向,并通过国际国内对接的形式揭示了技术复杂度赶超的影响效应。赶超动力与效应的研究结论不仅为中国制定经济发展方式转变等方面的政策提供了参考,还为技术复杂度领域的理论发展提供了相对较新的经验证据。

四是以跨国(地区)数据与省级数据对接的形式,将150个经济体产品技术复杂度与中国省级区域产品技术复杂度进行对比分析,首次勾勒出中国省级区域产品技术复杂度的国际地位,发现了中国制造业产品技术复杂度东中西部二元结构的特征。此外,本书不仅借助多种统计手段,揭示了中国制造业产品技术复杂度的辐射效应(空间自相关性)和分布趋势,还从微观企业层面识别了中国企业的产品技术复杂度,一定程度上提高了学术界对中国制造业产品技术复杂度认知的透彻度和清晰度。

五是本书构建的赶超策略不仅考虑经验分析所得的路径,还考虑中国固有特征在赶超中的作用及新型赶超路径在中国的可行性,也注重制造业动态比较优势的增进和升级机制的动态优化。这一赶超策略不仅为中国制造业产品技术复杂赶超提供了一定的智力支持,还能在一定程度上为该领域类似政策建议的构建提供一定的参考。

2

文 献 综 述

中国产品技术复杂度的研究，主要源于国内外学者对中国出口产品构成（composition）的研究（Rodrik, 2006；Schott, 2008；Xu, Lu, 2009；杨汝岱，姚洋，2008；黄先海、陈晓华和刘慧，2010；陈晓华、黄先海和刘慧，2011；祝树金等，2010），部分学者通过对比中国与发达国家出口品的技术构成发现（如Schott, 2008；Rodrik, 2006）：中国出口产品技术复杂度远高于其经济发展水平，存在产品技术复杂度偏高于经济发展水平的现象（黄先海、陈晓华和刘慧，2010），这在很大程度上违背了豪斯曼和罗德里克（Hausmann, Rodrik, 2003）等对经济发展水平与产品技术复杂度之间关系的假设与推论。[①] 上述发现使得中国产品技术复杂度的研究，迅速成为当前研究的热点。中国制造业往往通过加工贸易和低廉成本等手段嵌入全球"价值链"（Global Value Chain），这也使得中国制造业赢得了源源不断的国际订单，因而对于中国制造业产品技术复杂度已有的升级机制而言，生产成本上升和外需疲软是两个相对较新鲜的外部环境，因而三个方面的交叉研究相对较少。有鉴于此，本章通过梳理技术复杂度、成本上升和外需疲软三个领域的已有研究，进而在勾勒出三个领域交叉点的基础上，刻画出已有研究的可完善之处。

2.1 产品技术复杂度研究文献的评述

产品技术复杂度的研究能够迅速得到国内外学者关注，主要得益于该指标的

[①] 豪斯曼和罗德里克（Hausmann, Rodrik, 2003）等的研究认为，高收入水平国家所生产的产品，其技术含量和技术复杂度往往高于低收入水平国家。而中国作为发展中经济体，其产品技术复杂度不会很高。为此，罗德里克（Rodrik, 2006）和肖特（Schott, 2008）等的研究实际上对豪斯曼和罗德里克（Hausmann, Rodrik, 2003）等的观点提出了一定的挑战。这也使得学术界对该现象进行了"揭示'里昂惕夫之谜'式"的大讨论。

基本内涵与各国经济发展方式转变相契合，产品技术复杂度的升级一定程度上能够刻画一国产品的技术含量、技术水平和国际分工地位等特征，因而产品技术复杂度的升级往往意味着一国经济发展方式和生产模式的优化。对于发展中国家而言，发展方式的优化是其发展水平赶超发达国家的关键手段，而发展方式优化同时又是发达经济体在世界竞争中继续保持原有优势的重要途径。即产品技术复杂度的变迁对于发展中经济体和发达经济体都显得十分重要，为此，经过近几年的发展，该领域积累了大量的国内外研究文献。

2.1.1 国外已有文献的评述

技术复杂度（sophistication）的研究，源于豪斯曼和罗德里克（Hausmann, Rodrik, 2003）关于发展中经济体"出口发现"（Export-discover）和"自我发现"（Self-discover）能力缺乏的阐述（Besedes, Blyde, 2010; Hausmann et al., 2007）。豪斯曼等（Hausmann et al., 2007）、罗德里克（Rodrik, 2006）和肖特（Schott, 2008）等试图从产品组成和技术复杂度等方面去剖析原因，其认为上述能力的缺乏，一定程度上是由低技术复杂度产品对国际需求"控制"能力较弱导致的。

在豪斯曼和罗德里克（Hausmann, Rodrik, 2003）提出技术复杂度的概念和内涵之后，大量学者开始尝试构建技术复杂度的测度方法，目前，西方主流的技术复杂度测度方法有人均 GDP 法（Hausmann et al., 200; Rodrik, 2006; Jarreau, Poncet, 2012; 黄先海、陈晓华和刘慧, 2010; 杨汝岱, 姚洋, 2008; 熊俊, 于津平, 2012; 祝树金等, 2008; 戴翔, 金碚, 2014）和相似度法（Schott, 2008; Lall et al., 2006; 周禄松, 郑亚莉, 2014）两类。但无论是相似度法，还是基于人均 GDP 的方法，其均源于豪斯曼和罗德里克（Hausmann, Rodrik, 2003）等的关于产品技术复杂度与人均 GDP 的假设，即同类产品中，经济发展水平较高国家生产这一产品的技术复杂度往往高于经济发展水平较低的国家。

技术复杂度两类测度方法被广泛认可后，学界对技术复杂度的研究重心逐渐由"测度方法的构建"转移到"技术复杂度升级的动力机制"方面。早期的研究（Hausmann et al., 2007; Rodrik, 2006; Schott, 2008）均认为，一国产品技术复杂度升级的主要动力是一国的经济发展水平，这一研究结论也得到了国内外学者的广泛认可。然而，影响一国经济发展水平的因素较多，为此，后续学者开始尝试分析一国产品技术升级的更深层次原因，如诺顿（Naughton, 2007）和阿斯彻（Assche, 2008）认为，当前跨国公司的全球生产布局对国际贸易模式产生了深远影响,① 以加工贸易为例,加工贸易在部分发展中国家出口中发挥着重要的作用,而发展中经济体的加工贸易往往需要从发达国家的跨国公司(发包方)采购高端中间品、原料和生产设备。国外发包方在高端中间品、原料和设备上的供应往往能够使得承包国(地区)生产出超越自身比较优势水平的产品(如,iPhone 和 iPad 在中国的组装出口),进而提高其产品技术复杂度(Assche,Granger,2008)。阿米迪和福瑞德(Amiti,Freund,2008)也指出,中国出口数量与技术含量的动态变化,在很大程度上得益于加工贸易,而加工贸易对出口品技术复杂度(结构)的作用效应尤为明显。

也有学者认为,发达国家跨国公司在发展中国家的子公司,也是促进发展中经济体产品技术复杂度升级的重要动因,如许和陆(Xu,Lu,2009)、陈晓华和刘慧(2013)等研究发现,源自发达经济体的外商直接投资均能在一定程度上促进了中国制造业的产品技术复杂度提升,而来自于经合组织跨国公司的投资对中国出口品技术复杂度的提升作用最明显。这一现象出现的机理可能在于,跨国公司到发展中经济体进行投资时,为了赢得更多的当地市场,一般会输入高于当地企业的生产技术,进而对发展中经济体产品技术复杂度产生较为明显的正效应。司文森和陈(Swenson,Chen,2014)指出,跨国公司的介入,不仅会给东道国带来新技术,还会给东道国带来新产品,进而优化东道国出口的"一揽子"产品,此外,跨国公司的介入会加剧东道国市场竞争的激烈程度,进而也会倒逼东道国本土企业进行技术复杂度革新。为此,其认为新产品、新技术和竞争加剧效应,是导致东道国技术复杂度变动的重要诱因。

多数文献围绕经济增长、加工贸易和 FDI 等视角探讨产品技术复杂度升级的动因。近些年,也有部分尝试从其他视角分析产品技术复杂度升级的动因,主要有:(1)交易成本(trade cost),如维尔德米卡尔(Weldemicael,2012)在重构伊顿和库特姆(Eaton,Kortum)模型的基础上,借助结构分析法(structural estimation method)梳理技术、交易成本和产品技术复杂度之间的关系,结果表明:技术复杂度越高的产品对交易成本越不敏感,即降低交易成本有助于提高低技术产品的技术复杂度,而对高技术产品复杂度的影响并不明显。(2)国际技术外溢(foreign spillover),技术外溢一直被认为是一国获得技术升级的重要手段之一(赖明勇等,2005;蒋仁爱,冯根福,2012),如加诺和彭塞特(Jarreau,Poncet,2009)借助中国 1997~2007 年出口数据就国际技术外溢对中国产品技术复杂度进行实证检验后发现,技术外溢促进了中国产品技术复杂度的快速提升,外资和

---

① 海闻等编著. 国际贸易学,上海人民出版社,一书提供的数据显示,跨国公司已经控制了世界工业总产值的 40%~50%,国际贸易的 60%~70%。详见该书 220 页,这一数据也印证了跨国公司对国际贸易具有非常重要的影响。

加工贸易越密集的行业，技术外溢的这种促进效应越明显。（3）汇率波动弹性（Exchange Rate Elasticities），汇率的波动会使得一国出口产品的价格发生变动，进而影响一国产品的获利能力和国际需求，最终影响该国企业改造生产技术和生产工艺的能力。威利姆和原田真人（Willem，Atsuyuki，2014）基于瑞典的数据，对汇率波动弹性和产品技术复杂度的关系进行实证分析后发现，在技术复杂度给定的情况下，汇率波动弹性越小，产品技术复杂度提升的速度越快。

当然，也有少部分学者开始关注产品技术复杂度升级的影响效应，西方的学者则主要关注产品技术复杂度升级对经济增长的影响。如加诺和彭塞特（Jarreau，Poncet，2012）基于豪斯曼等（Hausmann et al.，2007）的研究，从中国省级区域视角就产品技术复杂度对中国经济增长的影响进行实证分析后发现，拥有高产品技术复杂度的省区市，其经济增长速度往往较高，在控制经济发展水平的条件下，产品技术复杂度仍能有效地驱动（drive）增长；米西拉等（Mishra et al.，2012）通过构建服务业产品技术复杂度指数，对服务业产品技术复杂度与经济增长之间的关系进行实证分析后发现，服务业产品技术复杂度对经济增长不仅具有显著的正效应，其对经济增长的单位作用力正在加强，为此，米西拉等（Mishra et al.，2012）认为，在制造业产品技术复杂度升级受限的情况下，可以通过提升服务产品技术复杂度的形式替代（alternative）制造业技术复杂度升级的经济增长促进功能。

2.1.2 国内已有研究的评述

国内学者关于产品技术复杂度的研究虽然晚于西方学者，但由于中国正在探索经济发展方式科学转变之路，而产品技术复杂度升级是发展方式转变的主要途径之一，进而使得这一领域的国内研究热度并不亚于国外。国内学者的研究主要集中于以下几个领域：

一是构建能够刻画中国特征的产品技术复杂度测度方法。传统的罗德里克（Rodrik，2006）、豪斯曼等（Hausmann et al.，2007）和肖特（Schott，2008）的方法虽然受到国内外学者的广泛欢迎，但该方法在研究中国现象时，会遇到以下两个方面的问题：一是中国经济存在较为显著的二元结构，东中西部出口品的量和质均存在较大的差异，为此，上述方法从国家层面进行分析，所得测度结果可能包含一定的偏差（陈晓华，黄先海和刘慧，2011；姚洋，张晔，2008）。二是上述方法均以出口量来衡量中国的产品技术复杂度，为此，测度结果可能包含一定的"统计假象"。为此，部分学者力图构建适合中国特色的产品技术复杂度测度方法，如樊纲、关志雄和姚枝仲（2006）在对关志雄（2002）产品附加值原理进行进一步拓展的基础上，构建了基于市场份额法则的产品技术复杂度方法；姚洋和张晔（2008）则融合投入产出法和豪斯曼等（Hausmann et al.，2007）的方法，构建了产品技术复杂度国内构成（国内技术含量）的测度方法，并运用该方法分析了广东省、江苏省和全国层面的产品技术复杂度的变迁历程；陈晓华、黄先海和刘慧（2011）则通过剔除加工贸易中间品的形式修正豪斯曼等（Hausmann et al.，2007）的测度方法，并在考虑中国二元经济结构的基础上测度了中国各省级区域的产品技术复杂度，发现中国的实际产品技术复杂度并不像肖特（Schott，2008）和罗德里克（Rdorik，2006）测度的那么高，即肖特（Schott，2008）和罗德里克（Rdorik，2006）的测度结果有一定的虚高。

二是中国产品技术复杂度深化的动因分析，西方学者的研究已经为这一方向的研究提供了一定的答案（e.g.，Hausmann et al.，2007；Rodrik，2006；Schott，2008），而中国学者的研究则不仅对西方的研究进行了有效地补充，还有一些新的发现，如祝树金等（2010）借助1992~2006年的跨国面板数据，对产品技术复杂度的决定因素进行实证分析后发现，资本密度、人力资本和R&D对产品技术复杂度升级具有显著的正效应，而自然资源则表现出一定的负效应，但自然资源能够有效地补充制度质量较低带来的负效应；陈晓华、黄先海和刘慧（2011）的研究发现，中国产品技术复杂度的深化过程有异于普通发展中国家，普通发展中国家产品技术复杂度深化的主要动力是劳动力（唐海燕、张会清，2009），而中国产品技术复杂度升级的主要动力是物质资本，不仅如此，物质资本的推动力还表现出显著的边际递减效应。王永进等（2010）借助许（Xu，2007）和豪斯曼等（Hausmann et al.，2007）的方法，在测度出101个经济体产品技术复杂度的基础上，分析了各经济体产品技术复杂度升级的影响因素后发现，基础设施对产品技术复杂度升级具有稳健的正效应，与祝树金等（2010）较为一致的是王永进等（2010）也发现，人力资本对产品技术复杂度有显著的正效应，而自然禀赋会表现出一定的负效应。齐俊妍等（2011）则分析了金融发展与产品技术复杂度之间的关系，其认为高技术复杂度产品的研发过程与生产过程中逆向选择和不确定性问题较为突出，而金融发展则能有效地解决一国企业的逆向选择问题，为此，为生产高技术复杂度的产品提供有效的金融环境，能提升一国的整体产品技术复杂度。

三是中国产品技术复杂度升级的经济效应。这一方向的研究开始时间晚于测度方法的构建和升级动因方面的分析，但已然成为当前国内学界研究的热点。杨汝岱和姚洋（2008）较早进行了这方面的尝试，在豪斯曼等（Hausmann et al.，2007）研究的基础上，通过剔除本国影响效应的方式重构产品技术复杂度指数，进而借助该指数对产品技术复杂度与经济增长之间的关系进行了实证分析，其研究发现，产品技术复杂度的有限赶超会对一国经济增速产生显著的正效应，而且这种正效应的短期效果明显大于长期效果，其认为一国要使得产品技术复杂度对经济增长产生持续的正效应，只需延缓产品技术复杂度赶超向"比较优势零值"收敛的速度。陈晓华和刘慧（2012）借鉴杨汝岱和姚洋（2008）和豪斯曼等（Hausmann et al.，2007）的研究，基于"比较优势零值法则"从省级区域层面构建了产品技术复杂度赶超的测度方法，进而运用门槛效应模型从非线性视角，分析了产品技术复杂度对经济增长的影响，研究结果表明，产品技术复杂度赶超对经济增长的影响效应取决于本地的经济水平和要素禀赋，产品技术复杂度过度赶超和过低赶超均不利于经济的增长。刘慧、陈晓华和周禄松（2014）还用类似的方法，分析了产品技术复杂度赶超对出口产品范围广化和能源效率的影响。陈维涛、王永进和毛劲松（2014）则基于中国工业企业数据库、CHIP数据库和世界银行TPP数据库，分析了产品技术复杂度对中国人力资本投资的影响，其研究发现，产品技术复杂度升级不仅有利于农村和城镇劳动者人力资本投入的提升，还有助于提升劳动者的预期报酬，此外，还能有利于促进劳动者子女教育投入的增加，促进中国长期人力资本的积累；叶宏伟和陈晓华（2009）和叶宏伟（2011）则分别分析了出口技术复杂度对加工贸易和国际市场势力的影响。

四是中国产品技术复杂度偏高于经济发展水平现象出现的原因。罗德里克（Rodrik，2006）和肖特（Schott，2008）均发现了中国和印度的产品技术复杂度呈现出偏高于经济发展水平的状态，这不仅激发了国外学者的广泛关注，也吸引了一些国内学者的目光，常见的解释有高端中间品进口（姚洋，张晔，2009；Xu，Lu，2009）和外商的高端技术流入（Xu，Lu，2009）两类。杨汝岱和姚洋（2008）则认为，偏高于经济发展水平的产品技术复杂度赶超行为，在经济发展过程中较为常见，如经济追赶比较成功的亚洲"四小龙"均采取过赶超策略；黄先海、陈晓华和刘慧（2010）基于52个经济体的实证研究表明，异常性不仅存在于类似中国这样的发展中国家中，还存在于发达国家中，所不同的是发达国家的偏离表现出一定的收敛性和负效应，而发展中国家的偏离则表现出一定的发散性和正效应。

2.1.3 小结

综合产品技术复杂度领域的国内外已有研究文献可以发现，国内研究的步伐紧跟西方学者，主要围绕产品技术复杂度的测度方法、升级动因、升级的经济效应和中国产品技术复杂度异常性偏高的原因等四个方面展开。自豪斯曼和罗德里克（Hausmann，Rodrik，2003）提出技术复杂度概念至今已十多年，国内外学者对这一领域进行了细致而深入的研究，所得研究结论也为国际经济学、发展经济学和产业经济学关于技术赶超、出口品技术含量和发展方式转变方面的理论发展和政策制定提供了有益的经验参考。但纵观现有文献的脉络和研究方法，本书认为已有的研究还存在以下两个方面值得进一步完善，一是产品技术复杂度的研究多围绕国家层面和省级层面展开，缺乏微观企业层面技术复杂度升级的细致研究，而实际上微观企业是技术复杂度升级和赶超的微观执行者和技术复杂度升级与赶超效应的微观承受者，而宏观层面的研究结论对微观企业制定决策的参考价值相对有限，为此迫切需要从微观企业视角对该问题进行剖析；二是已有研究多局限于测度方法的构建和实证检验，虽然产品技术复杂度的研究可以从比较优势理论中找到支撑，但目前尚缺乏产品技术复杂度领域的系统性理论，尤其缺乏企业异质性层面的产品技术复杂度理论。

2.2 中国要素价格研究的文献评述

所谓成本是指，人们在经济生产活动中，为了获得一定的商品或者为了得到一定的经济收益所耗费的资源，而这些资源的货币价格往往被人们称之为成本，任何经济活动都无法避开成本一说，为此，学界关于成本的研究可谓源远流长。但是对中国而言，要素市场改革进程与经济增长并未均衡同步，前者明显滞后于后者（张杰、周晓艳和李勇，2011），使得中国要素价格长期被低估。早期的要素成本上升步伐相对较小，直到20世纪90年代要素成本（价格）上升才逐渐被学界广泛关注。综合梳理国内外已有研究发现，学者对中国要素成本（价格）的研究主要可以分为两类：一是要素价格低估（价格扭曲）的影响研究；二是中国要素价格上涨（成本上升）的影响研究。

2.2.1 要素价格低估（价格扭曲）的文献评述

要素价格扭曲是解释近十年各国收入差异（income differences）的关键变量（Jone，2011；罗德明，李晔和史晋川，2012），这使得要素价格扭曲成为要素成本研究领域的热点。要素价格扭曲性低估，一方面，使得中国的产品以低成本优势迅速赢得了国际市场的青睐（陈晓华，刘慧，2014b），另一方面，也给中国经济发展带来了一些负面的影响，为此，学者们对要素价格扭曲进行了深入分析，主要集中于以下几个方面：

一是要素价格扭曲对全要素生产率（TFP）的影响。如，何塞和柯来诺

(Hsieh, Klenow, 2009) 在构建微观企业层面价格扭曲测度方法的基础上, 对比分析了要素价格扭曲对中国、印度和美国 TFP 的影响后指出, 要素价格扭曲会降低经济体的总体 (aggregate) 全要素生产率。布兰迪等 (Brandt et al., 2012)、毛其淋 (2013) 和盖庆恩、朱喜和史清华 (2013) 均得到了类似的结论。欧兹坎和斯伦森 (Ozcan, Sorensen, 2012)、摩尔 (Moll, 2014) 和罗德明、李晔和史晋川 (2012) 等认为, 要素价格扭曲降低经济体全要素生产率现象出现的原因可能在于, 要素价格扭曲往往意味着要素错配, 进而降低经济体资源配置的效率, 从而使得经济体的实际生产函数偏离生产可能性曲线, 最终导致 TFP 被拉低。陈永伟和胡伟民 (2011) 的计量结果显示, 中国制造业各亚行业要素价格扭曲引致型资源错配使得实际产出与潜在产出之间的缺口约为 15%, 并且这一扭曲现象在近些年并未得到纠正。袁志刚和解栋栋 (2011) 指出, 劳动力错配对全要素生产率具有显著的负效应, 这种负效应在 -2% ~ -18% 之间, 不仅如此, 负效应还有进一步扩大的趋势。

二是要素价格扭曲对经济增长的影响, 如琼斯 (Jone, 2011) 借助企业层面数据和投入产出表进行分析后指出, 要素价格扭曲是造成富国与穷国间收入差距的重要原因, 即经济发展水平较好的国家往往要素价格扭曲相对较小, 而经济水平较低的国家往往要素价格扭曲较为严重。乔华诺威克 (Jovanovic, 2014) 基于内生增长模型, 就要素价格扭曲对经济增长的影响进行分析后认为, 要素价格扭曲使得实际经济增长以每年约 17% 的幅度偏离均衡增长轨迹 (Balanced Growth Path)。何塞等 (Hsieh et al., 2013) 指出, 自 1960 年以来, 人均产出增加中的 15% ~ 20% 是由要素价格扭曲程度的改善 (changing frictions) 引致的, 因而降低要素价格扭曲引致的要素配置效率改善能在不提高要素投入和生产技术的条件下, 有效地推动经济增长。

三是要素价格扭曲对收入分配的影响, 如蔡昉、王德文和都阳 (2001) 认为, 要素价格扭曲所导致的区域间要素配置效率差异是中国近些年区域间收入差距日渐扩大的深层次原因; 王云飞和朱钟棣 (2009) 将哈里斯—托达罗模型的均衡条件引入特定要素模型分析后指出, 在无要素价格扭曲的情况下, 对外贸易不仅能够有效地提高劳动力和资本的报酬 (后者的提升幅度大于前者), 劳动力流动成本的降低也会扩大资本所有者与劳动力之间的收入差距, 但是, 一旦出现劳动力要素价格扭曲后, 对外贸易对要素收入差距的作用效果会变得不确定; 桑得利斯和崴特 (Sandleris, Wright, 2014) 基于阿根廷数据的检验结果显示, 2001 年, 阿根廷经济危机 (Argentine crisis of 2001) 时期全要素生产率下降中有 10% 是部门间和部门内的要素价格扭曲导致的, 而这种要素价格扭曲同时也导致了该国福利水平和收入水平的显著下降; 蒋含明 (2013) 指出, 要素价格扭曲与刻画收入差距的泰尔指数在空间与局部层面均存在长期的协整关系，为此，要素价格扭曲是居民收入出现差距的重要动因。

四是要素价格扭曲对异质性企业决策的影响。以梅里兹（Melitz，2003）为代表的新新贸易理论出现后，大量学者对出口"自选择效应"和"生产率悖论"进行了深入讨论与争论，这激发了部分学者从要素价格扭曲视角研究企业的出口决策机制。如施炳展和冼国明（2012）基于何塞和柯来诺（Hsieh，Klenow，2009）构建的企业层面要素价格扭曲测度方法研究后发现，中国的劳动力价格扭曲促进了中国企业的出口；张杰等（2011）的研究则表明，虽然要素价格扭曲促进了中国企业的出口决策，但价格扭曲不利于本土出口企业利润的提升；耿伟（2012）认为，要素价格扭曲会提高中国企业出口多元化水平，尤其是产品的多元化。也有部分学者从企业异质性视角分析了要素价格扭曲对企业 R&D 投入决策的研究，如张杰、周晓艳和李勇（2011）研究发现，要素价格扭曲引致型"寻租"会抑制或削弱企业的 R&D 投入，进而延缓企业的技术革新速度；李平和季永宝（2014）指出，劳动和资本价格扭曲使得市场价格的三大功能（要素激励、信息传递与分配机制决定）发生扭曲，进而不利于中国的自主技术创新活动；查德胡利（Chaudhuri，2005）借助 2×2 完全就业生产框架（full-employment production structure）分析了劳动力市场扭曲对技术转移和技术进步的影响，市场出清的结果表明，劳动市场扭曲不利于他国高端技术的流入，进而在一定程度上阻碍本国的技术革新。

五是要素价格扭曲对劳动力就业的影响。这一方向的研究虽然较早，但研究的文献相对较少，盛仕斌和徐海（1999）基于要素机理与实证分析后发现，要素价格扭曲会对中国就业产生显著的负效应，为此，其认为通过降低要素价格的扭曲程度，能够在一定程度上增加就业规模；康志勇（2012）基于 2001~2007 年中国微观企业层面数据就要素价格扭曲对就业的影响进行分析后发现，要素价格扭曲虽然对不同规模企业的就业影响存在较大差异，但该变量是抑制中国制造业企业就业规模扩大的重要原因，因而缓解要素价格扭曲不仅具有提高资源配置效率的功能，还具备创造就业机会的重要民生功能。

综合要素价格扭曲的基本研究可以发现，在要素价格被低估的情况下，虽然企业生产者能够享有低成本，但要素价格扭曲会造成大量的效率损失，进而不利于一国经济增长、就业增长和全要素生产率的提升。即多数研究认为，要素价格扭曲不利于经济的健康发展，均将缓解要素价格扭曲视为中国优化自身发展模式的重要手段。

2.2.2 要素价格（成本）上升的文献评述

缓解要素价格扭曲，不仅意味着要素收入与其边际产出差距的缩小，还意味着要素成本的上升，那么，要素成本上升对中国而言意味着什么呢？对劳动力成本和原料成本迅速攀升的中国而言，[1] 探索这一问题的答案在金融危机过后显得尤为迫切。为此，这一问题也吸引了部分学者的关注。

由于中国面临的要素成本上升压力主要来自于"金融危机"之后，为此，虽然这一问题的研究具有紧迫性，但因研究历史较短，研究的文献相对有限。已有的研究，主要集中于要素成本上升的"倒退机制"与"倒逼机制"讨论方面。所谓"倒逼机制"是指，价格上涨会促进技术变革，进而推动发展方式转变和实现国际竞争力提升，而"倒退机制"是指，要素价格上涨增加了企业的成本负担，不利于企业的技术创新，进而不利于企业的技术升级。[2] 综合梳理国内文献可以发现，多数文献认为成本上升在中国将表现出"倒逼机制"，如林炜（2013）基于中国1998~2007年工业企业数据库分析了中国劳动力成本上升与创新之间的关系后发现，企业创新能力和积极性，随着劳动力成本的上升而上升。耿德伟（2013）通过统计和对比分析后发现，工资的上涨并未对中国企业的盈利能力产生显著的负面影响，相反，中国企业的盈利能力和技术水平都在迅速提升，即"倒逼机制"在中国企业中较为显著，而"倒退机制"并不明显。刘厚俊和王丹利（2013）则认为，虽然近几年中国的劳动力要素价格上升显著，但是中国产业的国际竞争优势和比较优势并未因此而下降。

陈晓华和刘慧（2011）从要素价格上涨与技术进步视角分析了要素价格上升的"倒退机制"和"倒逼机制"，该研究指出，要素价格上涨已经成为中国企业生产技术升级的重要内生因素之一，[3] 但要素价格过快上涨会使得要素成本成为企业的负担，不利于企业的技术革新，为此，其认为保持适当的价格上涨速度能够使得中国企业生产技术在"适当"的"倒逼机制"下健康升级。刘厚俊和王

---

[1] 根据魏浩、李翀（2014）提供的数据：金融危机后，中国的劳动力成本持续上涨，2007年、2008年和2009年中国的城镇单位实际工资增长幅度分别为13.1%、11.7%和12.8%，劳动者的月工资已经从2005年的150美元上升到了2010年的350美元左右。耿德伟（2013）提供的数据与魏浩、李翀（2014）有异曲同工之处。这使得中国的部分传统优势产业转移到了越南、老挝、柬埔寨等劳动力价格更具优势的经济体，传统优势产业的国际转移，不仅意味着经济发展动力的短期弱化，更会对中国就业产生显著影响，为此探索这一问题显得尤为迫切。

[2] 陈晓华、刘慧（2011）一文第三部分对"倒逼机制"和"倒退机制"的产生机制有较为详细的解释。上述观点引自该文，具体请见该文。

[3] 结合陈晓华、刘慧（2014b）的研究，这一倒逼机制出现的原因还可能在于，价格上涨一定程度上缓解了要素价格扭曲，进而释放了要素工作的积极性，使得生产过程更贴近"最优前沿"，进而促进产品技术复杂度升级。

丹利（2013）认为，"倒退机制"并未在中国出现的原因可能在于以下两个方面：一是最体现中国国际竞争力产业（制造业）的工资上升水平小于整体工资上涨的幅度，即制造业工资上涨幅度相对较小；二是劳动力价格上涨可能是劳动生产率持续提高导致的，而生产率提高引致型工资上涨不会使得中国的竞争优势上升。

2.2.3 小结

综合要素成本方面的研究，笔者发现已有研究多集中于要素价格扭曲方面，分析了要素价格扭曲对全要素生产率、经济增长、收入分配、企业决策和就业的影响，而对劳动力成本上升影响的研究主要始于金融危机之后，虽然研究者较少，但均集中于讨论和验证要素价格上涨存在"倒逼机制"。综合对比要素价格扭曲和要素成本上升两方面的研究，笔者以为"倒逼机制"出现的原因可能还有一个，要素成本上升在一定程度上意味着要素价格扭曲程度的降低，进而提高劳动者的积极性和资源配置的效率，从而释放出企业创新和生产率提升的潜力，即要素成本的合理上升能在一定程度上使得中国的生产前沿曲线（PPF）外移，进而使其表现出"倒逼机制"。

2.3 外需疲软研究的文献评述

中国大规模的外需疲软，主要出现在金融危机之后，优化外需疲软具备"难以刻画"和"时有时无"等特征，国内外学者对外需疲软的研究相对较少，[①] 国内外已有研究中与外需疲软密切相关的文献可能主要体现为，出口和内需疲软两个方面。

学界对出口的研究可谓源远流长，从早期的古典贸易理论（绝对优势理论和比较优势理论）和新古典贸易理论（HO理论和特定要素理论）到后来的当代国际贸易理论（克鲁格曼的国际贸易理论和生命周期理论）等均对出口进行了大量的描述和分析，甚至有学者提出了出口引擎说。但是，上述理论均基于宏观层面的研究，以梅里兹和本纳德（Metliz，Bernard）等为代表的学者提出新新贸易理论（也有学者称之为企业异质性理论）后，出口的研究则从传统的宏观层面和中

[①] 笔者通过Google学术搜索英文关键词insufficient foreign demand，并未发现有对应主题的外文文章，通过百度和CNKI搜索出来的多为新闻报道，并无学术方面的论文。

观层面转移到了微观层面。这一方面的研究主要源于本纳德和强森（Bernard, Jensen, 1995）的研究，其发现，出口企业与非出口企业存在较大的差异，出口企业在生产率、规模和技术工人等方面都具有比较大的优势。后续的国外学者本纳德和强森（Bernard, Jensen, 2004）、本纳德和瓦格纳（Bernard, Wagner, 2001）、伊顿等（Eaton et al., 2004）、梅里兹（Metliz, 2003）、格林维和内勒（Greenaway, Kneller, 2007）、叶普（Yeaple, 2005）、本纳德等（Bernard et al., 2011）与罗伯特和第伯特（Roberts, Tybout, 1997）及国内学者易靖韬（2009）、赵伟和赵金亮（2010）、毛其淋和盛斌（2013）、钱学锋（2008）、李春顶（2010）和张杰、李勇和刘志彪（2008）均从企业异质性视角对出口决策进行了深入分析。研究的范围也从早期的"自选择"效应争论渗入出口的各个方面，所得的理论框架与结论为外需疲软的研究提供了扎实的微观经验证据。

内需疲软（不足）又被中国学者和政府称为有效需求不足，由于需求是推动经济增长、技术进步和发展方式转变的重要途径之一，为此，学界对内需疲软问题进行了较为深入的讨论。内需疲软的研究，主要集中于内需疲软的根源（如付文林（2010），方福前（2009），李实，赵人伟（1999），刘文斌（2000），黄金辉（2000），余永定、李军（2000），陈利平（2000），朱国林，范建勇和严燕，（2002），杨永忠（2003）和袁志刚，朱国林（2002）等）与应对策略（如付文林（2010）、方福前（2009）、蔡思复（1999）、邓亚平，任小江（2000）等）等方面。上述研究发现，中国的最终消费率不仅大大低于发达经济体（如 OECD），甚至还低于东亚的部分发展中经济体（付文林，2010），有效需求不足是中国经济发展长期依赖于外需和国内投资的重要原因（方福前，2009）。产业结构不合理、收入分配制度不公、居民消费习惯（偏好储蓄）、福利保障措施缺乏（福利制度改革）和住房消费过高，被认为是导致内需不足出现的根本原因。

内需疲软的大量研究出现于 1998 年东南亚金融危机之后，外需疲软一词则大量出现在 2008 年金融危机之后，即外需疲软和内需疲软的大量研究均源自于经济危机，二者对经济增长的影响可能异曲同工。外需疲软其实是强劲外部需求的反面，因而外需疲软的影响效应也能从出口领域的前期研究中找到一些具有"逆向推理"特征的经验证据。[①] 因此，虽然外需疲软的研究文献"几乎为零"，但内需不足和出口等领域的研究方法、内容和范式，可能对本书关于外需疲软的研究具有一定的参考价值。

---

① 近几年，也有学者开始研究外需疲软相关的治理方法及治理方法可能带来的影响效应，如陈勇兵，李燕（2012），毛其淋，盛斌（2013）、邵和许（Shao, Xu, 2012）和陈晓华，刘慧（2015）认为，持续出口现有产品（即延长现有产品的出口持续时间）是治理当前外需疲软的最有效手段。

本 章 小 结

在过去很长一段时间内，中国制造业技术复杂度的动态演进与经济增长同步，甚至超越了经济增长速度，如罗德里克（Rodrik，2006）和肖特（Schott，2008）的研究表明，中国制造业的技术复杂度不仅超过了与自身经济水平相接近的经济体，甚至出现了一些人均收入较高的发达国家才具有的特征。然而，金融危机给中国经济带来了两个新的特征，外需疲软和成本上升，这两个新特征对中国经济产生了深远影响，使得中国经济的增速明显放缓，由于大面积外需疲软与成本上升共存的情形在中国并不多见，因而国内外鲜有文献就这两个特征对中国制造业技术复杂度深化的影响进行分析。前文通过梳理外需疲软、成本上升和技术复杂度三个领域的已有研究，发现外需疲软、成本上升与技术复杂度的交叉研究具有以下两大特征：

一是外需与制造业技术复杂度的研究较多，考虑外需疲软的研究不多，但能从外需研究中逆向推导出外需疲软与技术复杂度的关系。如罗德里克（Rodrik，2006）、黄先海、陈晓华和刘慧（2010）、熊俊和于津平（2012）均从不同的角度考察了外需对制造业技术复杂度的影响。基于已有研究可知，外需疲软会对制造业技术复杂度演进产生两个方面的影响，一是"倒逼"效应，当外需疲软时，企业会通过加大投资的形式提高现有产品的技术水平或介入技术含量更高的新产品以赢得市场，此时企业的产品技术复杂度会随之提高，即外需疲软"倒逼"制造业技术复杂度升级；二是"锁退"效应，当企业无能力介入高技术含量新产品或提高技术水平时，不得不被动接受外需疲软而减产甚至停产，此时企业获利能力受限，企业改进技术复杂度的能力被"锁定"，甚至出现抵押高技术资产引致型技术复杂度"倒退"现象。

二是要素成本上升与制造业技术复杂度的研究虽有交叉，但目前多局限于要素成本上升的"倒逼效应"和"倒退效应"的分析。提高产品技术复杂度、资本回报率和劳动力收入是中国实现经济发展方式转变和人民生活水平提升的重要途径，然而对于企业而言，成本上升至少表现为三方面：一是要素价格上涨；二是非要素价格上涨；三是要素价格扭曲程度降低，目前研究仅关注要素价格上涨对产品技术复杂度的影响，很少有学者关注非要素价格上涨和要素价格扭曲对产品技术复杂度的影响。

已有研究为本书的展开提供了深刻的洞见，但仍有以下几个方面可以进一步完善：一是已有研究多从国家和产业等宏观层面研究中国制造业技术复杂度动态演进，尚无微观企业层面的研究，企业是制造业技术复杂度升级与赶超策略的微观执行者，因而从企业层面研究中国制造业技术复杂度动态演进，所得结论将更为科学合理；二是成本上升和外需疲软是中国制造业技术复杂度动态演进过程中所面临的新特征，目前，尚无学者深入分析二者对制造业技术复杂度的影响，更无相应的理论分析框架；三是现有关于技术复杂度的测度方法都是基于宏观层面的，缺乏微观企业层面的识别工具，并且基于宏观企业层面的测度方法往往包含一定的"统计假象"，且现有研究均从企业外部因素层面分析制造业技术复杂度演进的动因，忽略了企业内部因素对技术复杂度演进的作用力；四是内外资及不同要素密集型制造业技术复杂度动态演进的机制可能并不相同，而已有研究并未将其严格区分，为此，所得结论难免存在偏误。

3

外需疲软、成本上升与制造业产品技术复杂度升级：机理分析

产品技术复杂度升级是一国经济发展方式转变的重要途径，因而学界对该领域进行了大量的研究，然而大面积的外需疲软和成本上升对于中国产品技术复杂度而言是两个相对较新的事物，因而目前并无学者深入分析外需疲软和成本上升对产品技术复杂度演进的作用机制，更缺乏相应的机理分析，本章在唐海燕和张会清（2009）的两部门模型、陈晓华、黄先海和刘慧（2011）与陈晓华（2012）的三部门模型与黄永明和张文洁（2012）的四部门模型基础上，将知识资本生产部门（人力资本）引入理论模型，使得产品技术复杂度的机制分析模型拓展为五部门模型。另外，首次将外需引入该理论模型，使得产品技术复杂度的原有理论模型从"相对封闭"的分析模型演变为开放型分析模型，最终形成了开放经济条件下的五部门模型，使得产品技术复杂度的理论分析框架更贴近实际。最后，借助开放条件下的五部门模型，深入分析外需疲软和成本上升对产品技术复杂度的影响机制。

3.1 五部门模型的构建与分析

假设中国与外国均能生产 Y 产品（最终产品），假设这一产品在中国生产时，其技术复杂度的最大值为 n_1，此时，中国生产和出口产品的技术复杂度为 $(0, n_1]$；假设这一产品在中国以外市场生产时，其产品技术复杂度的最大值为 n_2，此时，世界其他经济体生产和出口该产品的技术复杂度为 $(0, n_2]$。根据陈晓华、黄先海和刘慧（2011），陈晓华（2012），唐海燕和张会清（2009）与黄

永明和张文洁（2012）的研究观点可知：$n_2 > n_1$。①

（1）最终产品生产部门

借鉴唐海燕和张会清（2009），陈晓华、黄先海和刘慧（2011），陈晓华（2012）和黄永明和张文洁（2012）的研究，笔者假设所有的资本通过非熟练劳动力和熟练劳动力生产而得，并且最终生产过程只需要非熟练劳动力，熟练劳动力的功能通过资本的形式体现。与唐海燕和张会清（2009）、陈晓华、黄先海和刘慧（2011）和黄永明和张文洁（2012）的研究不同的是，本章假设企业生产每单位最终产品 Y 所涉及的要素生产部门更多，具体所需的要素投入为，一单位的非熟练劳动力、$b_f j$ 单位的金融借贷资本、$b_z j$ 单位的生产性资本、$b_s j$ 单位的生产服务性资本和 $b_h j$ 单位的知识资本（人力资本），② 此时，国内与国外生产该产品的单位成本可以分别表示为：

$$C_{bg} = \int_0^{n_1} [w^L + (b_z P_z + b_s P_s + b_f P_f + b_h P_h)j] dj$$
$$= w^L n_1 + (b_z P_z + b_s P_s + b_f P_f + b_h P_h) n^2/2 \quad (3-1)$$

$$C_{wg} = \int_0^{n_2} [w^{L*} + (b_z P_z^* + b_s P_s^* + b_f P_f^* + b_h P_h^*)j] dj$$
$$= w^{L*} n_2 + (b_z P_z^* + b_s P_s^* + b_f P_f^* + b_h P_h^*) n^2/2 \quad (3-2)$$

借鉴陈晓华、黄先海和刘慧（2011）等的研究可知：式（3-1）和式（3-2）中，w^L、P_z、P_f、P_s、P_h 和 w^{L*}、P_z^*、P_f^*、P_s^*、P_h^* 分别表示国内外非熟练劳动力、生产性资本、金融借贷资本、服务性资本和知识资本的价格，wg 和 bg 分别为国外和国内。此时，国内企业每生产 X 单位 Y 产品时，金融借贷资本、生产性资本、生产服务性资本、知识资本和非熟练劳动力的需求分别为：

$$K_z = X \int_0^{n_1} b_z j dj = X b_z n^2/2 \quad (3-3)$$

$$K_s = X \int_0^{n_1} b_s j dj = X b_s n^2/2 \quad (3-4)$$

$$K_f = X \int_0^{n_1} b_f j dj = X b_f n^2/2 \quad (3-5)$$

$$K_h = X \int_0^{n_1} b_h j dj = X b_h n^2/2 \quad (3-6)$$

$$L_Y = nX \quad (3-7)$$

---

① 陈晓华、黄先海和刘慧（2011）指出，"由于中国通过嵌入全球价值链低端的方式参与国际分工（张杰、刘志彪和张少军，2008），中国出口产业往往难以到达全球价值链的顶端，从而有 $n_2 > n_1$。

② 为了便于方程的推导，模型中知识资本（人力资本）以资本的形式体现，并且知识资本也核算入模型中一国的总资本。

另外,假定生产相同技术复杂度产品的环境与设施是一致的,即生产相同技术复杂度产品的单位成本是相等的,即:

$$w^L n + (b_z P_z + b_s P_s + b_f P_f + b_h P_h) n^2/2 = w^{L*} n + (b_z P_z^* + b_s P_s^* + b_f P_f^* + b_h P_h^*) n^2/2$$
$$(3-8)$$

两边同时消除技术复杂度变量 n 可得:

$$2w^L + (b_z P_z + b_s P_s + b_f P_f + b_h P_h) n = 2w^{L*} + (b_z P_z^* + b_s P_s^* + b_f P_f^* + b_h P_h^*) n$$
$$(3-9)$$

(2) 生产性资本生产部门

假设国内企业要生产出 K_z 单位的生产性资本,需要熟练劳动力和非熟练劳动力的量分别为 H_z 和 L_z,假设其生产函数为 C-D 函数,即生产函数为 $K_z = a_z H_z^{\lambda_z} L_z^{1-\lambda_z}(0<\lambda_z<1)$,其成本约束函数为:$C_z = H_z w_z^{H_z} + L_z w_z^{L_z}$,生产性资本生产部门根据利润最大化方式进行生产,可以测算出最优生产条件为:

$$\frac{L_z}{H_z} = \frac{w^{H_z}}{w^{L_z}} \frac{1-\lambda_z}{\lambda_z} = \theta_z \qquad (3-10)$$

$$P_z = \frac{w^{L_z} \theta_z^{\lambda_z}}{a_z(1-\lambda_z)} \qquad (3-11)$$

$$K_z = a_z H_z \theta_z^{\lambda_z} \qquad (3-12)$$

其中,w^{L_z}、w^{H_z} 分别为生产性资本生产部门非熟练劳动力和熟练劳动力的价格(工资)。

(3) 金融借贷资本生产部门

同理,假设金融借贷资本的生产函数也为 C-D 函数,为 $K_f = a_f H_f^{\lambda_f} L_f^{1-\lambda_f}(0<\lambda_f<1)$,成本约束函数为 $C_f = H_f w_f^{H_f} + L_f w_f^{L_f}$,则金融借贷资本生产部门的最优生产条件为:

$$\frac{L_f}{H_f} = \frac{w^{H_f}}{w^{L_f}} \frac{1-\lambda_f}{\lambda_f} = \theta_f \qquad (3-13)$$

$$P_f = \frac{w^{L_f} \theta_f^{\lambda_f}}{a_f(1-\lambda_f)} \qquad (3-14)$$

$$K_f = a_f H_f \theta_f^{\lambda_f} \qquad (3-15)$$

其中,w^{L_f}、w^{H_f} 分别为金融借贷资本生产部门非熟练劳动力和熟练劳动力的价格(工资)。

(4) 生产性服务资本生产部门

同理，假设生产性服务资本的生产函数也为 C-D 函数，为 $K_s = a_s H_s^{\lambda_s} L_s^{1-\lambda_s}$ （$0 < \lambda_s < 1$），成本约束函数为 $C_s = H_s w_s^{H_s} + L_s w_s^{L_s}$，则生产性服务资本生产部门的最优生产条件为：

$$\frac{L_s}{H_s} = \frac{w^{H_s}}{w^{L_s}} \frac{1-\lambda_s}{\lambda_s} = \theta_s \quad (3-16)$$

$$P_s = \frac{w^{L_s} \theta_s^{\lambda_s}}{a_s(1-\lambda_s)} \quad (3-17)$$

$$K_s = a_s H_s \theta_s^{\lambda_s} \quad (3-18)$$

其中，w^{L_s}、w^{H_s} 分别为生产性服务资本生产部门非熟练劳动力和熟练劳动力的价格（工资）。

(5) 知识资本生产部门

同理，假设知识资本的生产函数也为 C-D 函数，为 $K_h = a_h H_h^{\lambda_h} L_h^{1-\lambda_h}$（$0 < \lambda_h < 1$），成本约束函数为 $C_h = H_h w_h^{H_h} + L_h w_h^{L_h}$，则知识资本生产部门的最优生产条件为：

$$\frac{L_h}{H_h} = \frac{w^{H_h}}{w^{L_h}} \frac{1-\lambda_h}{\lambda_h} = \theta_h \quad (3-19)$$

$$P_h = \frac{w^{L_h} \theta_h^{\lambda_h}}{a_h(1-\lambda_h)} \quad (3-20)$$

$$K_h = a_h H_h \theta_h^{\lambda_h} \quad (3-21)$$

其中，w^{L_h}、w^{H_h} 分别为知识资本生产部门非熟练劳动力和熟练劳动力的价格（工资）。

3.2 外需疲软、成本上升与产品技术复杂度：五部门协作的机理分析

假设熟练劳动力在各个资本生产部门间是自由流动的，非熟练劳动力在各资本生产部门和最终生产部门间也是自由流动的，此时，熟练劳动力在不同部门间的工资是相同的，非熟练劳动力亦然，即 $w^{H_z} = w^{H_f} = w^{H_s} = w^{H_h} = w^H$，$w^{L_z} = w^{L_f} = w^{L_s} = w^{L_h} = w^L$。在熟练劳动力和非熟练劳动力完全就业的条件下，市场达到均衡的条件有两个：一是国内劳动者的消费和收入相抵，即得：

$$Hw^H + Lw^L = P(X - X_{ex}) \tag{3-22}$$

其中，P 为该产品的价格，X_{ex} 为国际需求量（净出口国）；二是非熟练劳动力和熟练劳动力市场出清，即：

$$H = H_z + H_s + H_f + H_h \tag{3-23}$$
$$L = L_Y + L_z + L_s + L_f + L_h \tag{3-24}$$

其中，L_Y 代表在最终生产部门中就业的非熟练劳动力数量。为了简化计算流程，借鉴陈晓华、黄先海和刘慧（2011）、唐海燕和张会清（2009）等的研究，进一步假设 $\lambda_z = \lambda_s = \lambda_f = \lambda_h = 0.5$，此时，$\theta_z = \theta_s = \theta_f = \theta_h$，令 $\theta = \theta_z = \theta_s = \theta_f = \theta_h$，将式（3-7）、式（3-10）、式（3-13）、式（3-16）、式（3-19）代入式（3-22），可得：

$$\begin{aligned} Hw^H + Lw^L &= P\frac{L_Y}{n} - PX_{ex} \Rightarrow Hw^L\theta + Lw^L = P\frac{L_Y}{n} - PX_{ex} \\ &= P\frac{L - L_z - L_s - L_f - L_h}{n} - PX_{ex} \\ &= P\frac{L - \theta H_z - \theta H_s - \theta H_f - \theta H_h}{n} - PX_{ex} \\ &= P\frac{L - \theta H}{n} - PX_{ex} \end{aligned} \tag{3-25}$$

此时，生产 X 单位技术复杂度为 n 的产品的总成本为：

$$TC = \frac{Xb_z n^2}{2} \times \frac{2w^L \theta_z^{\lambda_z}}{a_z} + \frac{Xb_s n^2}{2} \times \frac{2w^L \theta_s^{\lambda_s}}{a_s} + \frac{Xb_f n^2}{2} \times \frac{2w^L \theta_f^{\lambda_f}}{a_f} + \frac{Xb_h n^2}{2} \times \frac{2w^L \theta_h^{\lambda_h}}{a_h} + nXw^L \tag{3-26}$$

其边际成本为：

$$MC = \frac{b_z n^2 w^L \theta_z^{\lambda_z}}{a_z} + \frac{b_s n^2 w^L \theta_s^{\lambda_s}}{a_s} + \frac{b_f n^2 w^L \theta_f^{\lambda_f}}{a_f} + \frac{b_h n^2 w^L \theta_h^{\lambda_h}}{a_h} + nw^L \tag{3-27}$$

企业的边际收益 $MR = P$，利润最大化时 $MC = MR$，代入式（3-25）可得：

$$Hw^L\theta + Lw^L = \left(\frac{b_z n^2 w^L \theta_z^{\lambda_z}}{a_z} + \frac{b_s n^2 w^L \theta_s^{\lambda_s}}{a_s} + \frac{b_f n^2 w^L \theta_f^{\lambda_f}}{a_f} + \frac{b_h n^2 w^L \theta_h^{\lambda_h}}{a_h} + nw^L\right)\left(\frac{L - \theta H}{n} - X_{ex}\right) \tag{3-28}$$

消除两边的 w^L 可得：

$$H\theta + L = \left(\frac{b_z n^2 \theta_z^{\lambda_z}}{a_z} + \frac{b_s n^2 \theta_s^{\lambda_s}}{a_s} + \frac{b_f n^2 \theta_f^{\lambda_f}}{a_f} + \frac{b_h n^2 \theta_h^{\lambda_h}}{a_h} + n\right)\left(\frac{L - \theta H}{n} - X_{ex}\right) \tag{3-29}$$

对于式（3-29），就产品技术复杂度 n 关于外需 X_{ex} 求偏导可得：

$$\frac{\partial n}{\partial X_{ex}}\left(\frac{2b_z n \theta_z^{\lambda_z}}{a_z} + \frac{2b_s n \theta_s^{\lambda_s}}{a_s} + \frac{2b_f n \theta_f^{\lambda_f}}{a_f} + \frac{2b_h n \theta_h^{\lambda_h}}{a_h} + 1\right)\left(\frac{L - \theta H}{n} - X_{ex}\right)$$

$$-\left(\frac{b_z n^2 \theta_z^{\lambda_z}}{a_z}+\frac{b_s n^2 \theta_s^{\lambda_s}}{a_s}+\frac{b_f n^2 \theta_f^{\lambda_f}}{a_f}+\frac{b_h n^2 \theta_h^{\lambda_h}}{a_h}+n\right)\left[\left(\frac{L-\theta H}{n^2}\right)\frac{\partial n}{\partial X_{ex}}+1\right]=0 \quad (3-30)$$

进而可得:

$$\frac{\partial n}{\partial X_{ex}}=\frac{\left(\frac{b_z n^2 \theta_z^{\lambda_z}}{a_z}+\frac{b_s n^2 \theta_s^{\lambda_s}}{a_s}+\frac{b_f n^2 \theta_f^{\lambda_f}}{a_f}+\frac{b_h n^2 \theta_h^{\lambda_h}}{a_h}+n\right)}{\left(\frac{2b_z n \theta_z^{\lambda_z}}{a_z}+\frac{2b_s n \theta_s^{\lambda_s}}{a_s}+\frac{2b_f n \theta_f^{\lambda_f}}{a_f}+\frac{2b_h n \theta_h^{\lambda_h}}{a_h}+1\right)\left(\frac{L-\theta H}{n}-X_{ex}\right)-\left(\frac{b_z n^2 \theta_z^{\lambda_z}}{a_z}+\frac{b_s n^2 \theta_s^{\lambda_s}}{a_s}+\frac{b_f n^2 \theta_f^{\lambda_f}}{a_f}+\frac{b_h n^2 \theta_h^{\lambda_h}}{a_h}+n\right)\left(\frac{L-\theta H}{n^2}\right)}$$

$$=\frac{\left(\frac{b_z n^2 \theta_z^{\lambda_z}}{a_z}+\frac{b_s n^2 \theta_s^{\lambda_s}}{a_s}+\frac{b_f n^2 \theta_f^{\lambda_f}}{a_f}+\frac{b_h n^2 \theta_h^{\lambda_h}}{a_h}+n\right)}{\left(\frac{2b_z n \theta_z^{\lambda_z}}{a_z}+\frac{2b_s n \theta_s^{\lambda_s}}{a_s}+\frac{2b_f n \theta_f^{\lambda_f}}{a_f}+\frac{2b_h n \theta_h^{\lambda_h}}{a_h}+1\right)\left(\frac{L-\theta H}{n}-X_{ex}\right)-\left(\frac{b_z n \theta_z^{\lambda_z}}{a_z}+\frac{b_s n \theta_s^{\lambda_s}}{a_s}+\frac{b_f n \theta_f^{\lambda_f}}{a_f}+\frac{b_h n \theta_h^{\lambda_h}}{a_h}+1\right)\left(\frac{L-\theta H}{n}\right)}$$

$$=\frac{\left(\frac{b_z n^2 \theta_z^{\lambda_z}}{a_z}+\frac{b_s n^2 \theta_s^{\lambda_s}}{a_s}+\frac{b_f n^2 \theta_f^{\lambda_f}}{a_f}+\frac{b_h n^2 \theta_h^{\lambda_h}}{a_h}+n\right)}{\left(\frac{b_z n \theta_z^{\lambda_z}}{a_z}+\frac{b_s n \theta_s^{\lambda_s}}{a_s}+\frac{b_f n \theta_f^{\lambda_f}}{a_f}+\frac{b_h n \theta_h^{\lambda_h}}{a_h}\right)\left(\frac{L-\theta H}{n}\right)-\left(\frac{2b_z n \theta_z^{\lambda_z}}{a_z}+\frac{2b_s n \theta_s^{\lambda_s}}{a_s}+\frac{2b_f n \theta_f^{\lambda_f}}{a_f}+\frac{2b_h n \theta_h^{\lambda_h}}{a_h}+1\right)X_{ex}} \quad (3-31)$$

由此可见,外需疲软对产品技术复杂度的作用机制取决于式(3-31)的分母部分。可知:

当国际需求 $X_{ex}<\dfrac{\left(\dfrac{b_z n \theta_z^{\lambda_z}}{a_z}+\dfrac{b_s n \theta_s^{\lambda_s}}{a_s}+\dfrac{b_f n \theta_f^{\lambda_f}}{a_f}+\dfrac{b_h n \theta_h^{\lambda_h}}{a_h}\right)\left(\dfrac{L-\theta H}{n}\right)}{\left(\dfrac{2b_z n \theta_z^{\lambda_z}}{a_z}+\dfrac{2b_s n \theta_s^{\lambda_s}}{a_s}+\dfrac{2b_f n \theta_f^{\lambda_f}}{a_f}+\dfrac{2b_h n \theta_h^{\lambda_h}}{a_h}+1\right)}$ 时,出口增加会对

产品技术复杂度产生显著的正效应,此时,外需疲软意味着式(3-31)中分母变大,进而会缩小 $\partial n/\partial X_{ex}$ 的值,为此,该阶段的外需疲软虽不至于使得出口对产品技术复杂度表现出负效应,却能降低出口量对产品技术复杂度的提升力度,即在这一阶段下外需疲软将削弱出口对产品技术复杂度的正效应。这一现象出现的原因可能在于,当一国的产品刚进入国际市场时,该国企业获得了一个新的利润源,出口越大越有利于其完成资本积累和技术革新,进而使得出口有利于其产品技术复杂度的提升,因而外需疲软不利于产品的技术复杂度升级。

当 $X_{ex}>\dfrac{\left(\dfrac{b_z n \theta_z^{\lambda_z}}{a_z}+\dfrac{b_s n \theta_s^{\lambda_s}}{a_s}+\dfrac{b_f n \theta_f^{\lambda_f}}{a_f}+\dfrac{b_h n \theta_h^{\lambda_h}}{a_h}\right)\left(\dfrac{L-\theta H}{n}\right)}{\left(\dfrac{2b_z n \theta_z^{\lambda_z}}{a_z}+\dfrac{2b_s n \theta_s^{\lambda_s}}{a_s}+\dfrac{2b_f n \theta_f^{\lambda_f}}{a_f}+\dfrac{2b_h n \theta_h^{\lambda_h}}{a_h}+1\right)}$ 时,出口的增加会不利于产

品技术复杂度的升级,这一现象出现的原因可能在于,在有大量出口的情况下,出口持续增加会使得企业能够得到源源不断的利润,从而使得企业懒于进行技术革新,从而不利于其产品技术复杂度升级,即企业存在一定的"技术革新惰性"。但是,面临外需疲软时,$\partial n/\partial X_{ex}$ 的值虽然为负,但外需的减少会明显降低出口本身对产品技术复杂度的负效应,即降低"技术革新惰性",根据式(3-31)可知,当外需疲软足够严重时,企业可能完全摆脱"技术革新惰性",从负效应

区间进入正效应区间，从而使得外需疲软表现出促进产品技术复杂度升级的情况，即出现"倒逼机制"。基于前文的偏微分方程和分析结果，可以得到以下两条命题：

命题1：当一国出口量较少时，出口的扩大会对产品技术复杂度产生显著的正效应，当出口量较大时，"技术革新惰性"会使得出口对产品技术复杂度表现出一定的负效应。

命题2：外需疲软对产品技术复杂度的影响取决于出口量。当出口量较小时，外需疲软不利于一国产品技术复杂度升级，当一国出口量较大时，外需疲软会降低"技术革新惰性"带来的负效应，进而表现出一定的"倒逼效应"，并且外需疲软越明显，"倒逼效应"越明显。

在揭示了外需疲软对产品技术复杂度的作用机制之后，项目组进一步分析成本上升对产品技术复杂度的影响。进一步对均衡状态下的式（3-29）进行改进，假设外需与产品的技术复杂度呈正比、与价格呈反比，根据前文可知劳动力成本越高产品的价格越高。为简化处理，可以令 $X_{ex} = (n)^{\beta_1}(w^L)^{\beta_2}$，其中 $\beta_1 > 0$，$\beta_2 < 0$，从而有 $\partial X_{ex}/\partial n > 0$，$\partial X_{ex}/\partial w^L < 0$，代入式（3-29）可得：

$$H\theta + L = \left(\frac{b_z n^2 \theta_z^{\lambda_z}}{a_z} + \frac{b_s n^2 \theta_s^{\lambda_s}}{a_s} + \frac{b_f n^2 \theta_f^{\lambda_f}}{a_f} + \frac{b_h n^2 \theta_h^{\lambda_h}}{a_h} + n\right)\left(\frac{L - \theta H}{n} - (n)^{\beta_1}(w^L)^{\beta_2}\right)$$

（3-32）

对式（3-32）中产品技术复杂度关于劳动者工资求偏微分，可得：

$$0 = \frac{\partial n}{\partial w^L}\left(\frac{2b_z n \theta_z^{\lambda_z}}{a_z} + \frac{2b_s n \theta_s^{\lambda_s}}{a_s} + \frac{2b_f n \theta_f^{\lambda_f}}{a_f} + \frac{2b_h n \theta_h^{\lambda_h}}{a_h} + 1\right)\left(\frac{L - \theta H}{n} - (n)^{\beta_1}(w^L)^{\beta_2}\right) +$$

$$\left(\frac{b_z n^2 \theta_z^{\lambda_z}}{a_z} + \frac{b_s n^2 \theta_s^{\lambda_s}}{a_s} + \frac{b_f n^2 \theta_f^{\lambda_f}}{a_f} + \frac{b_h n^2 \theta_h^{\lambda_h}}{a_h} + n\right)$$

$$\left(-\frac{L - \theta H}{n^2}\frac{\partial n}{\partial w^L} - \beta_1(n)^{\beta_1 - 1}(w^L)^{\beta_2}\frac{\partial n}{\partial w^L} - \beta_2(n)^{\beta_1}(w^L)^{\beta_2 - 1}\right)$$

$$\Rightarrow \frac{\partial n}{\partial w^L}\left(\frac{2b_z n \theta_z^{\lambda_z}}{a_z} + \frac{2b_s n \theta_s^{\lambda_s}}{a_s} + \frac{2b_f n \theta_f^{\lambda_f}}{a_f} + \frac{2b_h n \theta_h^{\lambda_h}}{a_h} + 1\right)\left(\frac{L - \theta H}{n} - (n)^{\beta_1}(w^L)^{\beta_2}\right)$$

$$- \frac{\partial n}{\partial w^L}\left(\frac{b_z n^2 \theta_z^{\lambda_z}}{a_z} + \frac{b_s n^2 \theta_s^{\lambda_s}}{a_s} + \frac{b_f n^2 \theta_f^{\lambda_f}}{a_f} + \frac{b_h n^2 \theta_h^{\lambda_h}}{a_h} + n\right)\left[\frac{L - \theta H}{n^2} + \beta_1(n)^{\beta_1 - 1}(w^L)^{\beta_2}\right]$$

$$= \left(\frac{b_z n^2 \theta_z^{\lambda_z}}{a_z} + \frac{b_s n^2 \theta_s^{\lambda_s}}{a_s} + \frac{b_f n^2 \theta_f^{\lambda_f}}{a_f} + \frac{b_h n^2 \theta_h^{\lambda_h}}{a_h} + n\right)\beta_2(n)^{\beta_1}(w^L)^{\beta_2 - 1} \quad (3-33)$$

$$\Rightarrow \frac{\partial n}{\partial w^L}\left(\frac{b_z n \theta_z^{\lambda_z}}{a_z} + \frac{b_s n \theta_s^{\lambda_s}}{a_s} + \frac{b_f n \theta_f^{\lambda_f}}{a_f} + \frac{b_h n \theta_h^{\lambda_h}}{a_h}\right)\frac{L - \theta H}{n}$$

$$-\frac{\partial n}{\partial w^L}\left(\frac{(2+\beta_1)b_z n\theta_z^{\lambda_z}}{a_z}+\frac{(2+\beta_1)b_s n\theta_s^{\lambda_s}}{a_s}+\frac{(2+\beta_1)b_f n\theta_f^{\lambda_f}}{a_f}+\frac{(2+\beta_1)b_h n\theta_h^{\lambda_h}}{a_h}+1+\beta_1\right)$$
$$(n)^{\beta_1}(w^L)^{\beta_2}$$
$$=\left(\frac{b_z n^2\theta_z^{\lambda_z}}{a_z}+\frac{b_s n^2\theta_s^{\lambda_s}}{a_s}+\frac{b_f n^2\theta_f^{\lambda_f}}{a_f}+\frac{b_h n^2\theta_h^{\lambda_h}}{a_h}+n\right)\beta_2(n)^{\beta_1}(w^L)^{\beta_2-1} \quad (3-34)$$

令 $M=\frac{b_z n\theta_z^{\lambda_z}}{a_z}+\frac{b_s n\theta_s^{\lambda_s}}{a_s}+\frac{b_f n\theta_f^{\lambda_f}}{a_f}+\frac{b_h n\theta_h^{\lambda_h}}{a_h}$，结合前文的推导，方程（3-34）可以简化为：

$$\frac{\partial n}{\partial w^L}MX-\frac{\partial n}{\partial w^L}[(2+\beta_1)M+1+\beta_1]X_{ex}=\frac{\beta_2(Mn+n)X_{ex}}{w^L} \quad (3-35)$$

由 $\beta_2<0$ 可知，方程（3-3）的右式为负数，$\partial n/\partial w^L$ 的大小取决于方程左边数值的大小，即取决于 $MX-[(2+\beta_1)M+1+\beta_1]X_{ex}$ 的大小，根据前文推导 $w^H=\theta w^L$，由此可知，熟练劳动力工资上涨对产品技术复杂度的作用机制与非熟练劳动力一致。

综上可知，当 $MX-[(2+\beta_1)M+1+\beta_1]X_{ex}<0$ 时，成本上升会促进一国产品的技术复杂度升级，即产生"倒逼机制"；当 $MX-[(2+\beta_1)M+1+\beta_1]X_{ex}>0$ 时，要素成本上升会对一国产品技术复杂度产生负效应，即出现"倒退机制"。由此，我们可以得到命题3。

命题3：当产品出口额占该国总产出的比例超过一定临界值时，要素成本上升会对产品技术复杂度产生"倒逼效应"；当产品出口额占该国总产出的比例小于该临界值时，要素成本上升会对经济体产品技术复杂度升级产生"倒退效应"。

这一命题出现的机理可能在于，产品出口占一国的比重较小时，该产品在其国内可能处于成长阶段，成本上升使得企业觉得该产品"利润太薄"，甚至"无利可图"，从而会使得国内部分企业不愿意介入该行业，进而降低该产品在国内市场上的竞争激烈性，进而不利于该产品的技术复杂度升级。此外，产品进入市场初期，产品的技术可能相对不够成熟，需要大量资金进行研发以赢得市场的认可，也需要大量资金以维持其经营和生产，生产成本上升引致型利润下降，会降低企业在上述经营活动中的投入，进而放缓企业的技术进步步伐。当产品的出口占总产出的比重较大时，往往表明该产品的技术相对成熟，[①] 国内存在一定数量的厂商从事该产品的生产，当生产成本上升时，该产品的价格会有所上涨，此时，厂商所面临的需求量将有所下降，各厂商为了赢得原有的需求量，不得不借

---

① 根据弗农提出的生命周期理论，在产品出现初期，一国往往先供应本国消费者，此时生产技术并不成熟，当产品的生产技术比较成熟时，企业往往会选择出口。为此，出口额占总产出的比重，能在一定程度上反映该产品生产技术在该国的成熟程度。

助原有的资本积累来改进自身工艺,以提升自身产品的国际竞争力,从而使得成本上升表现出一定的"倒逼"现象。

3.3 要素数量与产品技术复杂度升级:无约束条件下的机理分析

前文分析了外需疲软和成本上升对产品技术复杂度的作用机制,本节我们要进一步分析无约束条件下要素数量对产品技术复杂度的作用机制。① 无外需疲软约束条件下,企业所生产的产品均能有效出口,此时,可以假定外需X_{ex}和产品的出口价格P均由国际市场决定,即将两个变量视为外生变量。② 此时,对式(3-29)就技术复杂度关于熟练劳动力数量进行偏微分可得:

$$\theta = \frac{\partial n}{\partial H}\left(\frac{2b_z n\theta_z^{\lambda_z}}{a_z} + \frac{2b_s n\theta_s^{\lambda_s}}{a_s} + \frac{2b_f n\theta_f^{\lambda_f}}{a_f} + \frac{2b_h n\theta_h^{\lambda_h}}{a_h} + 1\right)\left(\frac{L-\theta H}{n} - X_{ex}\right) -$$

$$\left(\frac{b_z n^2 \theta_z^{\lambda_z}}{a_z} + \frac{b_s n^2 \theta_s^{\lambda_s}}{a_s} + \frac{b_f n^2 \theta_f^{\lambda_f}}{a_f} + \frac{b_h n^2 \theta_h^{\lambda_h}}{a_h} + n\right)\left(\frac{\theta n + (L-\theta H)\frac{\partial n}{\partial H}}{n^2}\right) \quad (3-36)$$

结合前文的推导可得:

$$\theta = \frac{\partial n}{\partial H}(2M+1)\left(\frac{L-\theta H}{n} - X_{ex}\right) - (M+1)\left(\theta + \frac{(L-\theta H)}{n}\frac{\partial n}{\partial H}\right) \quad (3-37)$$

经如下推导:

$$(M+2)\theta = \frac{\partial n}{\partial H}(2M+1)\left(\frac{L-\theta H}{n} - X_{ex}\right) - (M+1)\frac{(L-\theta H)}{n}\frac{\partial n}{\partial H}$$

$$(M+2)\theta = \frac{\partial n}{\partial H}(2M+1)\frac{L-\theta H}{n} - \frac{\partial n}{\partial H}(2M+1)X_{ex} - (M+1)\frac{(L-\theta H)}{n}\frac{\partial n}{\partial H}$$

$$(M+2)\theta = \frac{\partial n}{\partial H}M\left(\frac{L-\theta H}{n}\right) - \frac{\partial n}{\partial H}(2M+1)X_{ex}$$

$$(M+2)\theta = \frac{\partial n}{\partial H}[MX - (2M+1)X_{ex}]$$

可得到式(3-38):

$$\frac{\partial n}{\partial H} = \frac{(M+2)\theta}{MX - (2M+1)X_{ex}} \quad (3-38)$$

---

① 此处无约束是指,无外需疲软和成本上升两个因素的约束,无成本上升约束是成本可以自由波动,而不是持续上涨,也不是生产成本不变。
② 陈晓华、黄先海和刘慧(2011),陈晓华(2012)与黄永明和张文洁(2012)的理论框架均采用了类似假设。

由式（3-38）可得**命题 4**：当出口量占总产出的比重大于临界值时$\left(\dfrac{M}{2M+1}\right)$，熟练劳动力数量的增加不利于产品技术复杂度升级，当出口量占总产出的比重小于临界值时，熟练劳动力的增加会促进产品技术复杂度的提升。

上述现象出现的机理和产品生命周期密切相关，当出口的比重较小时，产品的技术相对不成熟，该领域的熟练劳动力数量相对较少，此时熟练劳动力供给数量的提升能有效地改善非熟练劳动力和熟练劳动力之间的比例，进而使得熟练劳动力和非熟练劳动力比值接近最优值，最终带动一国产品技术复杂度的升级。当一国出口比重较大时，该产品的生产技术已经相对成熟（甚至是过度成熟），生产该产品的熟练劳动力相对充裕，此时熟练劳动力数量的提升，虽然提高了熟练劳动力与非熟练劳动力之比，但其会使得该比例逐步偏离最优值，进而使得要素配置效率降低，出现熟练劳动力供给数量提升无助于产品技术复杂度提升的现象。

进一步对式（3-29）关于非熟练劳动力数量求偏微分可得：

$$1 = \frac{\partial n}{\partial L}\left(\frac{2b_z n\theta_z^{\lambda_z}}{a_z} + \frac{2b_s n\theta_s^{\lambda_s}}{a_s} + \frac{2b_f n\theta_f^{\lambda_f}}{a_f} + \frac{2b_h n\theta_h^{\lambda_h}}{a_h} + 1\right)\left(\frac{L-\theta H}{n} - X_{ex}\right)$$
$$+ \left(\frac{b_z n^2 \theta_z^{\lambda_z}}{a_z} + \frac{b_s n^2 \theta_s^{\lambda_s}}{a_s} + \frac{b_f n^2 \theta_f^{\lambda_f}}{a_f} + \frac{b_h n^2 \theta_h^{\lambda_h}}{a_h} + n\right)\left(\frac{n-(L-\theta H)\dfrac{\partial n}{\partial L}}{n^2}\right) \quad (3-39)$$

经以下推导：

$$1 = \frac{\partial n}{\partial L}\left(\frac{2b_z n\theta_z^{\lambda_z}}{a_z} + \frac{2b_s n\theta_s^{\lambda_s}}{a_s} + \frac{2b_f n\theta_f^{\lambda_f}}{a_f} + \frac{2b_h n\theta_h^{\lambda_h}}{a_h} + 1\right)\left(\frac{L-\theta H}{n} - X_{ex}\right)$$
$$+ \left(\frac{b_z n\theta_z^{\lambda_z}}{a_z} + \frac{b_s n\theta_s^{\lambda_s}}{a_s} + \frac{b_f n\theta_f^{\lambda_f}}{a_f} + \frac{b_h n\theta_h^{\lambda_h}}{a_h} + 1\right)\left(1 - \frac{(L-\theta H)}{n}\frac{\partial n}{\partial L}\right)$$

$$\Rightarrow 1 = \frac{\partial n}{\partial L}(2M+1)\left(\frac{L-\theta H}{n} - X_{ex}\right) + (M+1)\left(1 - \frac{L-\theta H}{n}\frac{\partial n}{\partial L}\right)$$

$$\Rightarrow -M = \frac{\partial n}{\partial L}(2M+1)\left(\frac{L-\theta H}{n} - X_{ex}\right) - (M+1)\frac{L-\theta H}{n}\frac{\partial n}{\partial L}$$

$$\Rightarrow -M = \frac{\partial n}{\partial L}\left[(2M+1)\frac{L-\theta H}{n} - (2M+1)X_{ex} - (M+1)\frac{L-\theta H}{n}\right]$$

$$\Rightarrow -M = \frac{\partial n}{\partial L}\left[(2M+1)\frac{L-\theta H}{n} - (2M+1)X_{ex} - (M+1)\frac{L-\theta H}{n}\right]$$

$$\Rightarrow -M = \frac{\partial n}{\partial L}\left[MX - (2M+1)X_{ex}\right]$$

可得式（3-40）：

$$\frac{\partial n}{\partial L} = \frac{-M}{MX - (2M+1)X_{ex}} \quad (3-40)$$

由式（3-40）可得**命题 5**：当出口额占总出口的比重小于一定的临界值 $\left(\frac{M}{2M+1}\right)$ 时，非熟练劳动力雇用人数增加，会对产品技术复杂度产生一定的负效应；当出口额占总出口的比重超过临界值时，该行业中非熟练劳动力就业比重的增加会对产品技术复杂度提升产生显著正效应。值得一提的是，熟练劳动力的临界值与非熟练劳动力的临界值是一致的，这一方面，证实了前文两类推导的可靠性和准确性；另一方面，表明产品技术成熟的生命周期中，存在一个临界点，在这一临界点前通过增加熟练劳动力的比重能提高产品的技术复杂度，但过了该临界点则不应一味地增加熟练劳动力比例。

前文分析了无外需疲软和生产成本约束下熟练劳动力和非熟练劳动力数量增加对产品技术复杂度的作用机制，由于中国的实际生产要素不仅包含国内劳动力和资本，还有大量的外资（国际资本）进入中国从事生产。此处借助方程（3-9）和方程（3-25），进一步分析国际资本对产品技术复杂度的影响，由于产品价格由国际市场外生决定，劳动力的工资则由价格决定，此时由方程（3-25）可以得：

$$w^L = P\frac{L - \theta H}{n(L + \theta H)} - \frac{PX_{ex}}{(L + \theta H)} \quad (3-41)$$

将式（3-11）、式（3-14）、式（3-17）、式（3-20）代入式（3-9）可得：

$$2w^L + \left(\frac{2b_z w^L \theta_h^{\lambda_h}}{a_h} + \frac{2b_s w^L \theta_s^{\lambda_e}}{a_s} + \frac{2b_f w^L \theta_f^{\lambda_f}}{a_f} + \frac{2b_h w^L \theta_h^{\lambda_h}}{a_h}\right)n$$
$$= 2w^{L*} + (b_z P_z^* + b_s P_s^* + b_f P_f^* + b_h P_h^*)n \quad (3-42)$$

将式（3-41）代入式（3-9），并令 $N = \frac{2b_z \theta_h^{\lambda_h}}{a_h} + \frac{2b_s w^L \theta_s^{\lambda_e}}{a_s} + \frac{2b_f \theta_f^{\lambda_f}}{a_f} + \frac{2b_h \theta_h^{\lambda_h}}{a_h}$，可得：

$$\frac{2P(L - \theta H)}{n(L + \theta H)} - \frac{PX_{ex}}{(L + \theta H)} + \frac{2P(L - \theta H)N}{(L + \theta H)} - \frac{PX_{ex}Nn}{(L + \theta H)}$$
$$= 2w^{L*} + (b_z P_z^* + b_s P_s^* + b_f P_f^* + b_h P_h^*)n \quad (3-43)$$

对式（3-43）就产品技术复杂度关于生产性资本的价格求偏导可得：

$$-\frac{2P(L - \theta H)}{n^2(L + \theta H)}\frac{\partial n}{\partial P_z^*} - \frac{PX_{ex}N}{(L + \theta H)}\frac{\partial n}{\partial P_z^*} = b_z n + (b_z P_z^* + b_s P_s^* + b_f P_f^* + b_h P_h^*)\frac{\partial n}{\partial P_z^*}$$

$$\Rightarrow \frac{\partial n}{\partial P_z^*} = -\frac{b_z n}{\frac{2P(L-\theta H)}{n^2(L+\theta H)}\frac{\partial n}{\partial P_z^*} + \frac{PX_{ex}N}{(L+\theta H)}\frac{\partial n}{\partial P_z^*} + (b_z P_z^* + b_s P_s^* + b_f P_f^* + b_h P_h^*)} < 0$$

(3-44)

同理可得：$\frac{\partial n}{\partial P_s^*} < 0$，$\frac{\partial n}{\partial P_f^*} < 0$，$\frac{\partial n}{\partial P_h^*} < 0$。

由式（3-44）可知，国外资本价格上涨不利于中国产品技术复杂度的升级，陈晓华、黄先海和刘慧（2011）认为，资本都有逐利性，国外资本的价格提升往往意味着资本在国外的回报率提升，从而会使得进入中国的国际资本数量降低，甚至使得部门国内资本流向国际市场，进而使得国际资本对中国产品技术复杂度升级表现出一定的负效应。

由此，我们可以得到**命题6**：国际资本的流入量增加，能够显著地提升中国制造业的产品技术复杂度，相反国际资本的流出会对中国制造业产品技术复杂度产生负效应。

本 章 小 结

前文首次构建了解释一国出口技术复杂度升级的五部门模型（最终产品生产部门、服务性资本生产部门、生产性资本生产部门、金融借贷资本生产部门和知识资本部门），并将需求细分为国内需求和国外需求两类。以国外需求和生产要素为外需疲软和成本上升的作用媒介，通过控制内外生条件的形式，借助偏微分方法分析了有无外需疲软和成本上升约束下制造业产品技术复杂度的升级机制。

将本章的模型与唐海燕和张会清（2009），陈晓华、黄先海和刘慧（2011），陈晓华（2012）与黄永明和张文洁（2012）等已有研究进行对比，可知本章的改进之处主要体现于以下几个方面，一是拓展了生产部门，将知识资本生产部门纳入了本章的分析，使得原有的分析模型被拓展为五部门模型；二是首次将外需引入分析模型的左侧（即国内分析部分），将"原本相对封闭"的分析模型拓展为开放经济分析模型；三是拓展了生产要素，将国际资本纳入本章的研究，部门的拓展与生产要素的拓展均使得该模型更接近于中国的生产实际；四是首次在外需疲软和成本上升背景下，分析了各因素对中国产品技术复杂度升级的影响机制，为中国应对当前外需疲软和生产成本持续上升的困境提供一定的参考。基于前文可以发现，优化熟练劳动力与非熟练劳动力配置比例、消除和降低"技术革新惰性"、增强"倒逼效应"的作用力和加大外资引进力度等措施，能有效地促进中国制造业产品技术复杂度的升级与赶超。

4

制造业产品技术复杂度的测度与分析：基于跨国与省际对比的视角

科学核算制造业产品技术复杂度，是分析外需疲软和成本上升等因素对产品技术复杂度影响的关键所在。在豪斯曼和罗德里克（Hausmann，Rodrik，2003）、劳尔等（Lall et al.，2006）、罗德里克（Rodrik，2006）、肖特（Schott，2008）和豪斯曼等（Hausmann et al.，2007）等研究之后，学术界对复杂度的测度方法进行了大量的分析，从多个层面对各国的制造业进行了测度与分析，令人遗憾的是目前的测度研究均局限于跨国层面或省际层面，尚无中国省级层面产品技术复杂度与其他国家产品技术复杂度的对比分析，本章借助统一的测度方法，在测度出国内（省际）和国际（跨国）制造业产品技术复杂度的基础上，运用 Kernel 估计等统计分析法对国内外测度结果进行分析，以勾勒出中国制造业产品技术复杂度的国际地位、辐射效应（空间自相关性）和分布趋势等，以期为制定制造业协调发展、科学布局和赶超的政策提供统计学依据。

4.1 技术复杂度测度方法的构建与选择

4.1.1 技术复杂度已有测度方法的回顾

目前，测度产品技术复杂度的方法多采用一国出口数据，目前主要有基于相似度的方法和基于人均 GDP 及 RCA 指数的方法两类（黄先海、陈晓华和刘慧，2010）。根据唐海燕和张会清（2009）的研究可知，基于相似度的测度方法如下：

$$FZD_{tab} = \sum_p \min\left(\frac{V_{tpa}}{V_a}, \frac{V_{tpb}}{V_b}\right) = \sum_p \min(S_{tpa}, S_{tpb}) \qquad (4-1)$$

FZD_{tab} 表示经济体 a 和 b 的出口相似度, 当 b 国为高技术复杂度参照国时, 肖特 (Schott, 2008) 与唐海燕和张会清 (2009) 等认为, FZD_{tab} 可以刻画 a 经济体的产品技术复杂度。V_{tpa} 和 V_{tpb} 则为两个经济体 p 类产品的出口额, V_a 和 V_b 为两个经济体的总出口额, 而 S_{tpa} 和 S_{tpb} 为 p 产品占该国总出口的比例, 该方法的最大特点是, 需要寻找一个高技术复杂度的经济体作为参照国 (Schott, 2008), 由于美国产品的技术复杂度在世界各经济体中排名前茅, 很多文献选择采用美国作为参照国 (如, 陈晓华, 刘慧, 2013), 也有学者采用发达国家组合的形式作为参照国 (如, 唐海燕, 张会清, 2009)。

根据陈晓华、黄先海和刘慧 (2011), 王永进等 (2012)、祝树金等 (2008) 和毛其淋 (2012) 的研究可知, 基于人均 GDP 和 RCA 指数法的测度方法如下:

$$PRODY_i = \frac{x_{i1}/\sum x_{k1}}{\sum(x_{im}/\sum x_{km})}Y_1 + \frac{x_{i2}/\sum x_{k2}}{\sum(x_{im}/\sum x_{km})}Y_2 + \cdots\cdots + \frac{x_{in}/\sum x_{kn}}{\sum(x_{im}/\sum x_{km})}Y_n$$

$$= \sum_{c=1}^{n} \frac{x_{ic}/\sum x_{kc}}{\sum(x_{im}/\sum x_{km})}Y_c \qquad (4-2)$$

其中, $PRODY_i$ 表示产品的技术复杂度, x 为具体 HS 码或 SITC 码产品的出口额, c 和 m 分别表示经济体出口品种类数, Y 表示经济发展水平, 通常采用经济体的人均 GDP 表示。[①] 结合国际竞争力领域的相关研究可以发现, 经济发展水平高的指数与 RCA 指数极为相似, 因而产品的技术复杂度实际上是该产品所有生产国经济发展水平的加权平均值, 权重即为 RCA 指数。在测度出产品的技术复杂度后, 通过加权平均的形式, 可以得到各国制造业产品的平均技术复杂度。方法如下:

$$PRODYT_n = \frac{x_{1n}}{\sum x_{jn}}PRODY_1 + \frac{x_{2n}}{\sum x_{jn}}PRODY_2 + \cdots + \frac{x_{mn}}{\sum x_{jn}}PRODY_m$$

$$= \sum_{i=1}^{m} \frac{x_{jn}}{\sum x_{jn}}PRODY_j \qquad (4-3)$$

其中, $\frac{x_{jn}}{\sum x_{jn}}$ 为经济体 j 产品的出口占总出口的比重。

[①] 相关变量的详细解释, 可以参见陈晓华 (2014) 一文, 此处的解释引自陈晓华、黄先海和刘慧 (2011), 王永进等 (2012)、祝树金等 (2008), 毛其淋 (2012) 和陈晓华 (2014) 等文献的综合解释。

上述方法均采用一国的出口额进行测度，① 部分学者（如，陈晓华、黄先海和刘慧，2011；姚洋和张晔，2008；Assche，2006）认为，此类测度方法面临着两方面的挑战：一是无法剔除出口中从国外引进的中间品，从而将国外高技术复杂度中间品的技术含量包含在该出口国中，进而使得该出口国的产品中包含"统计假象"；二是缺乏企业异质性层面的测度方法，实际上企业是产品技术复杂度的微观生产者和承受者，因而基于微观企业层面的测度结果可能更为准确。

对于第一个挑战，可以从降低"统计假象"的视角来解决（Assche，2006；Assche，Gangnes，2008；陈晓华，黄先海和刘慧，2011）。受限于统计数据的约束，鲜有学者从剔除"统计假象"的视角，测度经济体产品技术复杂度，仅有毛其淋（2012）、陈晓华和刘慧（2013）与陈晓华、黄先海和刘慧（2011）等文献从剔除加工贸易引进型中间品的形式，修正基于相似度和人均GDP的测度方法，构建了降低"统计假象"影响的测度方法。其中，陈晓华和刘慧（2013）② 构建的基于相似法则的剔除"统计假象"的方法如下：

$$FZD_{tij} = \left[\sum_p \min\left(\frac{V_{tpi} - V_{tpi}^*}{V_i - V_i^*}, \frac{V_{mpj}}{V_j}\right) \right] \quad (4-4)$$

其中，V_{tpi}^* 为 i 国 t 产业中以加工贸易形式引进的中间品，V_i^* 是 i 国以加工贸易形式引进的中间品总和，采用这一做法的前提是，中国有着较为大量的加工贸易量，因而剔除加工贸易形式引进的中间品能在很大程度上消除"统计假象"给中国产品技术复杂度带来的影响。但是，这一方法也无法完全消除"统计假象"的影响。毛其淋（2012）和陈晓华、黄先海和刘慧（2011）也基于这一基本原理，对基于人均GDP的方法进行了修正，具体如下：

$$FZDI_i = \frac{(1-\theta_{i1})x_{i1}/\sum_{m=1}^{\infty}(1-\theta_{m1})x_{m1}}{\sum_{c=1}^{n}\left[(1-\theta_{ic})x_{ic}/\sum_{m=1}^{\infty}(1-\theta_{mc})x_{mc}\right]}Y_1 + \frac{(1-\theta_{i2})x_{i2}/\sum_{m=1}^{\infty}(1-\theta_{m2})x_{m2}}{\sum_{c=1}^{n}\left[(1-\theta_{ic})x_{ic}/\sum_{m=1}^{\infty}(1-\theta_{mc})x_{mc}\right]}Y_2$$

$$+ \cdots + \frac{(1-\theta_{in})x_{in}/\sum_{m=1}^{\infty}(1-\theta_{mn})x_{mn}}{\sum_{c=1}^{n}\left[(1-\theta_{ic})x_{ic}/\sum_{m=1}^{\infty}(1-\theta_{mc})x_{mc}\right]}Y_n$$

---

① 也有学者将基于这一测度方法的测度结果称为出口技术复杂度，根据国际贸易学的基本理论和前文的五部门模型，当一国以自身竞争优势加入国际竞争时，为了在国际市场上达到利润最大化，会充分利用其所生产的产品参与国际贸易，因而一国制造业出口产品的技术复杂度应与一国制造业生产的产品的技术复杂度一致。因而笔者认为，出口技术复杂度能够有效地反映一国制造业的产品技术复杂度，即二者可以相互表示。

② 具体构建过程，请参见陈晓华，刘慧（2013）第二部分。

$$= \sum_{c=1}^{n} \frac{(1-\theta_{ic})x_{ic}/\sum_{m=1}^{\infty}(1-\theta_{mc})x_{mc}}{\sum_{c=1}^{n}(1-\theta_{ic})x_{ic}/\sum_{m=1}^{\infty}(1-\theta_{mc})x_{mc}} Y_c \qquad (4-5)$$

其中，θ 为加工贸易形式引进的中间品占总出口的比重，$FZDI$ 为产品层面技术复杂度，在得到产品层面的复杂度之后，借鉴豪斯曼等（Hausmann et al.，2007）的研究，采用加权平均的形式进行加总，可以得到：

$$FZD_n = \frac{(1-\theta_1)x_{1n}}{\sum_{i=1}^{k}(1-\theta_i)x_{in}} FZDI_1 + \frac{(1-\theta_2)x_{2n}}{\sum_{i=1}^{k}(1-\theta_i)x_{in}} FZD_2 + \cdots \frac{(1-\theta_k)x_{kn}}{\sum_{i=1}^{k}(1-\theta_i)x_{in}} FZDI_k$$

$$= \sum_{i=1}^{k} \frac{(1-\theta_i)x_{in}}{\sum_{i=1}^{k}(1-\theta_i)x_{in}} FZDI_i \qquad (4-6)$$

其中，FZD 为该国制造业产品平均技术复杂度。

4.1.2 微观层面技术复杂度测度方法的构建

虽然陈晓华和刘慧（2013）、毛其淋（2012）和陈晓华、黄先海和刘慧（2011）在其文章中借助中国的数据，通过将测度结果与罗德里克（Rodrik，2006）及肖特（Schott，2008）对比的形式证实了其修正后测度方法的科学性，但上述方法仍然不能反映企业层面的技术复杂度。为此，本书基于林毅夫（2002）和康志勇（2013）的研究，构建企业层面的产品技术复杂度的识别方法。

根据林毅夫（2002）和康志勇（2013）的研究可知，企业的技术选择（技术复杂度）内生决定于该产业的要素禀赋和产业特征。为此，可以通过最优资本密集度的形式，来判断一个企业生产所用技术的复杂程度。林毅夫（2002）指出，制造业最优资本密集度与该经济体的劳动力和资本要素具有如下关系：

$$\left(\frac{K_i}{L_i}\right)^* = F\left(\frac{K}{L}\right) \qquad (4-7)$$

其中，K 表示资本，L 表示劳动力，i 表示具体的制造业行业。将式（4-7）进行一阶泰勒展开可以得到方程（4-8）：

$$\left(\frac{K_i}{L_i}\right)^* = \omega\left(\frac{K}{L}\right) \qquad (4-8)$$

其中，ω 为常数项，该常数项实际上是"比较优势零值"曲线的斜率，[①] 可以通过方程（4-8）回归的形式得到。考虑到不同制造业的要素密集度禀赋存在比较大的差异，笔者将方程（4-8）的右式修正为各制造业行业的资本密集度，将方程（4-8）的左式修正为各行业内企业的资本密集度。[②] 具体如下：

$$\left(\frac{K_{tij}}{L_{tij}}\right)^* = \omega \left(\frac{\sum_{j=1}^{J} K_{tij}}{\sum_{j=1}^{J} L_{tij}}\right) \quad (4-9)$$

其中，K_{ijt} 和 L_{ijt} 分别表示 t 年行业[③] i 中 j 企业的资本和劳动力。此时，该行业中位于"比较优势零值"曲线上企业的技术选择，可以定义为：

$$TCI^* = (K_{ijt}/L_{ijt})^* / \left(\sum_j K_{ijt} / \sum_j L_{ijt}\right) = \omega \quad (4-10)$$

而企业的实际技术选择为 $TCI_{tij} = (K_{ijt}/L_{ijt})/\left(\sum_j K_{ijt}/\sum_j L_{ijt}\right)$，康志勇（2013）指出，当 TCI_{tij} 大于 TCI^* 时，可以判断该企业具有较强的创新能力和较高的技术复杂度。考虑到本章采用的是大样本微观企业数据，企业的劳动力流动性较高，为此，企业的资本密集度难免出现偏离"比较优势零值"的情况。在对比陈晓华、黄先海和刘慧（2011）及罗德里克（Rodrik，2006）研究的基础上，本章采用如下标准判定企业技术复杂度的高低：当企业实际技术选择大于"比较优势零值"技术选择两倍时，即 $TCI > 2\omega$，判定企业为高技术复杂度生产型企业，而 TCI 本身则可以作为刻画企业技术复杂度的重要变量。

4.2 中国微观企业层面产品技术复杂度的识别与方法检验

在得到微观层面测度方法后，笔者进一步运用该测度方法对中国微观企业层面产品的技术复杂度进行分析，以分析中国微观企业层面技术复杂度的分布情况，并验证微观企业层面测度方法的科学性。

[①] 根据林毅夫（2002），杨汝岱、姚洋（2008）和陈晓华、刘慧（2012）可知，"比较优势零值"曲线实际上是企业资本密集度和行业资本密集度的拟合曲线，位于该曲线上的点被称为"比较优势零值"点。

[②] 以设备制造业和纺织业为例，设备制造业的资本密集度明显要高于纺织业，如果以全国的资本与劳动力之比作为衡量标准，实际上会拉低资本密集型行业"比较优势零值"曲线的斜率，拉高劳动密集度行业的"比较优势零值"曲线的斜率，本章修正后的方法实际上是以具体行业的资本密集度标准去识别该行业内企业的技术复杂度动态演进行为。因而，所得结果将更可靠。

[③] 行业精确到国民经济行业四位码，并以国民经济行业二位码下所有的四位码企业数据为样本，求出各二位码行业的 ω。

4.2.1 微观企业层面产品技术复杂度的测度结果与分析

本章的数据采集自 2000~2007 年的《中国工业企业数据库》，该数据库中 2004 年的出口交货值缺失，而外需是后文外需疲软的核心研究变量，为此，笔者借鉴包群和邵敏（2010）的研究将 2004 年的数据剔除。考虑到制造业中有些行业很少有外资涉足（如，烟草制品产业，行业代码为 16），有些行业外资的起始统计时间和内资不一致（如，电器机械及器材制造业，行业代码为 39），笔者并未将所有的制造业纳入本章的实证分析中，最终选定的产业有 27 个。[①] 最后，由于该数据库所包含的样本容量较大，统计数据难免存在一些错漏和异常，本章参照刘慧（2013）的方法剔除了相应的异常值，同时以行业（21）~行业（42）为资本密集型产业，行业（13）~行业（20）为劳动密集型产业。数据样本共 965992 组。

基于上述数据和方法，我们对 2000~2007 年间中国 27 类制造业企业技术复杂度情况进行了判定。表 4-1 从要素密集度异质性视角报告了中国制造业不同技术复杂度企业的分布情况，可知，首先，2000~2007 年间劳动密集型行业和资本密集型行业中，高技术复杂度企业的数量呈现出明显的上升趋势，其中，劳动密集型行业的高技术复杂度企业数量从 2000 年的 6251 家增加到了 2007 年的 26361 家，增幅达到了 321.7%，资本密集型行业的高技术复杂度企业数量从 2000 年的 4392 家增加到了 2007 年的 14290 家，增幅达到了 225.36%，劳动密集型行业和资本密集型行业高技术复杂度企业数量的大幅增加，一定程度上促使罗德里克（Rodrik，2006）、肖特（Schott，2008）和黄先海、陈晓华和刘慧（2010）等所描述的"中国制造业技术复杂度快速赶超其他国家"现象的出现。其次，高复杂度的生产技术往往掌握在少数企业手中，以 2007 年为例，在两倍门槛、三倍门槛和四倍门槛条件下，劳动密集型行业和资本密集型高技术复杂度企业所占的比重分别为 18.4%、10.44%、5.19% 和 23.21%、14.04%、6.95%，这一统计结果表明，资本密集型行业的高技术复杂度企业比例明显高于劳动密集型行业。最后，劳动密集型高技术复杂度企业数量的增幅明显高于资本密集型行

[①] 27 个产业具体为：（13）农副食品加工业；（14）食品制造业；（15）饮料制造业；（17）纺织业；（18）纺织服装、鞋、帽制造业；（19）皮革、毛皮、羽毛（绒）以及其制品业；（20）木材加工及木、竹、藤、棕、草制品业；（21）家具制造业；（22）造纸及纸制品业；（23）印刷业和记录媒介的复制；（24）文教体育用品制造业；（25）石油加工、炼焦及核燃料加工业；（26）化学原料及化学制品制造业；（27）医药制造业；（28）化学纤维制造业；（29）橡胶制品业；（30）塑料制品业；（31）非金属矿物制品业；（32）黑色金属冶炼及压延加工业；（33）有色金属冶炼及压延加工业；（34）金属制品业；（35）通用设备制造业；（36）专用设备制造业；（37）交通运输设备制造业；（40）通信设备、计算机及其他电子设备制造业；（41）仪器仪表及文化、办公用机械制造业；（42）工艺品及其制造业。

业,导致这一现象出现的原因可能在于,资本密集型行业高技术复杂度判定门槛(2ω)明显高于劳动密集型行业,[①] 进而使得资本密集型企业跻身本行业高技术复杂度行列的难度较大,从而降低了资本密集型行业高技术复杂度企业数量提升的幅度。

表4-1　　要素密集度异质性制造业企业技术复杂度分布情况　　（单位：个数）

类型	劳动密集型制造业					资本密集型制造业				
复杂度	$TCI < \omega$	$\omega < TCI < 2\omega$	$TCI > 2\omega$	$TCI > 3\omega$	$TCI > 4\omega$	$TCI < \omega$	$\omega < TCI < 2\omega$	$TCI > 2\omega$	$TCI > 3\omega$	$TCI > 4\omega$
2000年	50766	7581	6251	3520	1787	17580	4811	4392	2567	1314
2001年	54780	8888	7380	4080	2094	19485	5260	5009	2925	1514
2002年	57807	10312	8598	4844	2490	19530	5545	5089	2980	1526
2003年	62915	12329	10051	5561	2805	22188	6655	6166	3505	1738
2005年	83353	19695	17758	9943	4889	26413	9072	8672	4926	2419
2006年	86535	23421	20917	11572	5550	27861	10581	10371	5821	2823
2007年	89259	27641	26361	14954	7440	30797	13627	14290	8242	4082
权重(%)	62.31	19.29	18.4	10.44	5.19	52.45	23.21	24.34	14.04	6.95
增幅(%)	75.82	264.61	321.7	324.8	316.3	75.18	183.2	225.36	221.08	210.7

注：权重为2007年权重，增幅为2000~2007年间增幅，表4-2同。
资料来源：根据中国工业企业数据库的企业数据整理而得。

表4-2从内外资企业视角,报告了中国制造业不同技术复杂度企业的分布情况,[②] 可知,首先,高技术复杂度外资制造业比重明显高于内资企业,以2007年为例,在两倍门槛、三倍门槛和四倍门槛条件下,本土与外资的高技术复杂度企业比重分别为18.2%、9.98%、4.69%和27.59%、27.59%、9.63%,这一现象出现的原因在于,外资企业往往比本土企业拥有更强的创新能力,从而使得外资企业更有能力运用高复杂度的技术进行生产。其次,本土制造业高技术复杂度企业数量的提升幅度明显高于外资制造业,2000~2007年间内资制造业高技术复杂度企业数量增加了346.1%,外资制造业增加了179.34%（两倍门槛）,导致

[①] 由前文所知,判定企业是否属于高技术复杂度企业很重要的依据是,该企业所属产业的资本密集度,资本密集型产业的资本密集度明显大于劳动密集型产业,为此,判定资本密集型企业是否为高技术复杂度的门槛大于劳动密集型企业。

[②] 外资制造业包括来自港澳台的外资企业（代码200、210、220、230和240）和来自港澳台以外的外商直接投资企业（代码300、310、320、330和340）两类。内资制造业包含国有企业（代码110）、集体企业（代码120）和私有企业（统计代码170、171、172、173和174）三类。

这一现象出现的机制可能在于，实现本土制造业技术复杂度赶超是中国转变经济发展方式的重要途径之一，在过去的几年中大量的内资制造业采取了赶超的策略（魏伟，杨勇和张建清，2011），这在一定程度上导致了"本土高技术复杂度企业数量的增幅超越外资"现象的出现。最后，林毅夫（2002）和康志勇（2013）的研究还表明，TCI_{tij}不仅能判定企业的技术复杂度选择和升级，还能在一定程度上反映企业技术复杂度的赶超情况，结合外资制造业高技术复杂度企业数量大幅增加的事实可知：不仅本土企业采取了技术复杂度赶超策略，外资企业也采取了赶超策略。

表4-2　　　　　　　　内外资制造业企业技术复杂度分布情况　　　　　　（单位：个数）

类型	本土制造业					外资制造业				
复杂度	$TCI < \omega$	$\omega < TCI < 2\omega$	$TCI > 2\omega$	$TCI > 3\omega$	$TCI > 4\omega$	$TCI < \omega$	$\omega < TCI < 2\omega$	$TCI > 2\omega$	$TCI > 3\omega$	$TCI > 4\omega$
2000年	60421	9285	6548	3486	1661	7925	3107	4095	2601	1440
2001年	64885	10628	7868	4153	2028	9380	3520	4521	2852	1580
2002年	66886	11915	8946	4867	2384	10451	3942	4741	2957	1632
2003年	72362	14218	10618	5629	2633	12741	4766	5599	3437	1910
2005年	90881	21829	18242	9805	4539	18885	6938	8188	5064	2769
2006年	94724	26399	22263	11868	5369	19672	7603	9025	5525	3004
2007年	99121	32174	29212	16017	7530	20935	9094	11439	7179	3992
权重（%）	61.75	20.05	18.2	9.98	4.69	50.48	21.93	27.59	17.31	9.63
增幅（%）	64.05	246.52	346.1	359.5	353.3	164.2	192.7	179.34	176.01	177.2

资料来源：根据中国工业企业数据库的企业数据整理而得。

为了进一步了解中国高技术复杂度企业的区域分布情况，本章测算了历年各省级区域高技术复杂度企业的数量。图4-1报告了2007年的测度结果，[①] 可知，高技术复杂度企业数量最多的六个省级区域分别为：浙江、江苏、山东、广东、辽宁和上海，而数量最少的六个省级区域分别为：西藏、青海、海南、宁夏、贵州和甘肃。这表明，发达区域比欠发达区域拥有更多的高技术复杂度企业。这一研究结论不仅从微观企业层面印证了豪斯曼等（Hausmann et al.，2007）和罗德里克（Rodrik，2006）等研究结论的正确性（经济发展水平较高的区域往往更有

[①] 其他年份的测度结果与2007年的测度结果较为接近，此处仅给出2007年的测度结果，其他年份不再赘述。

能力生产和出口高技术复杂度产品），还揭示了豪斯曼等（Hausmann et al., 2007）和罗德里克（Rodrik, 2006）等研究结论出现的微观机制，发达区域能够生产和出口更多高技术复杂度产品，主要得益于其拥有更多的高技术复杂度企业。

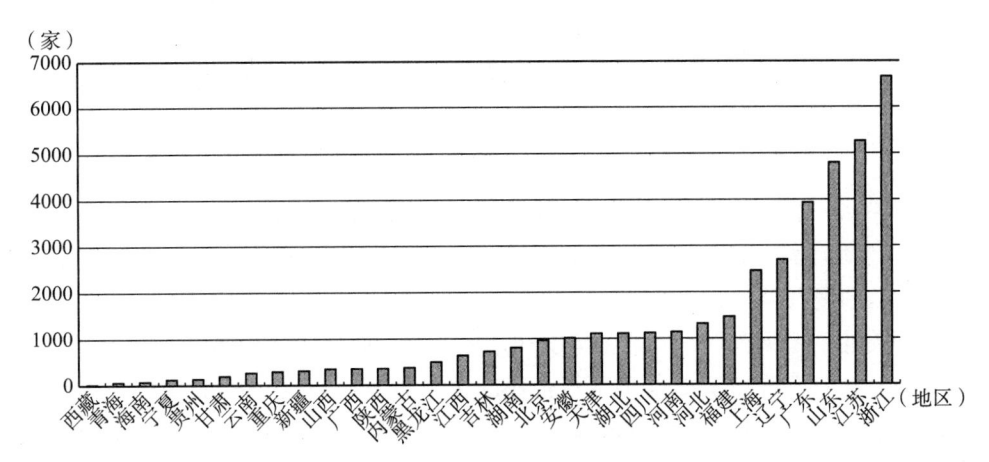

图 4-1　2007 年高技术复杂度企业（两倍门槛）的省际分布

资料来源：根据中国工业企业数据库的企业数据整理而得。

4.2.2　微观测度方法的科学性检验

根据豪斯曼和罗德里克（Hausmann, Rodrik, 2003），劳尔等（Lall et al., 2006），罗德里克（Rodrik, 2006），肖特（Schott, 2008），豪斯曼等（Hausmann et al., 2007），黄先海、陈晓华和刘慧（2010），唐海燕和张会清（2009），杨汝岱和姚洋（2008），祝树金等（2010）等的研究可知，基于 RCA 指数和相似度法则的测度方法均包含一个假设，一个产品如果在发达经济体生产，则所包含的技术复杂度和技术含量会高于发展中经济体生产的同类产品。该假设的正确性已经被大量文献所证实，但是基于该假设所构建的测度方法往往容易产生如下缺陷，赋予发达经济体低技术企业产品过高的技术复杂度，赋予欠发达经济体高技术企业过低的技术复杂度（刘慧、陈晓华和吴应宇, 2013）。为此，前文基于企业异质性理论，在修正林毅夫（2002）和康志勇（2013）研究方法的基础上，构建了企业异质性层面技术复杂度的识别方法。由于该方法并未采用一国出口交货值作为产品技术复杂度的衡量指标，而是采用企业生产中资本和劳动力的配比情况，因而能有效降低"统计假象"给产品技术复杂度带来的偏差。

罗德里克（Rodrik, 2006）和陈晓华、黄先海和刘慧（2011）认为，一国制造业产品技术复杂度的均值往往与其经济发展水平成正比，为此，一旦产品技术复杂度与其人均 GDP 的拟合关系为正，则能在很大程度上表明该测度结果的合理性。[①] 基于 RCA 指数和相似度法则的测度方法的假设虽然并未深入考虑企业层面产品技术复杂度，但该假设实际上可以拓展到企业层面，由于经济发展水平越高的经济体，其生产率往往越高，为此，该假设企业层面的内涵可以表述为，劳动力单位产出（劳动生产率）越高的企业，其产品的技术复杂度往往越高。本书基于上述观点，对本章所构建的企业层面测度方法进行合理性检验。即以企业的单位产出（生产率）来替代宏观层面的人均 GDP，来检验前文微观测度方法的合理性。

图 4-2~图 4-4 分别给出了不同所有制、要素密集度和产业中企业 TCI 与劳动生产率关系的散点图，由三大组图的拟合曲线（Fitted value）可以看出，企业产品技术复杂度与其生产率之间的关系均呈现出显著的正向相关性，而且这种正向相关性不因所有制、要素密集度和产业的变化而变化。为确保前文测度结果的合理性，我们进一步拟合 TCI 与企业的全要素生产率（TFP），企业生产率通过修正列文肖恩和皮特伦（Levinsohn，Petrin，2003）的方法测出。[②] 不同所有制、要素密集型和产业内企业 TCI 与全要素生产率的拟合情况与劳动生产率的情况相同，即拟合曲线的斜率显著为正。[③] 结合豪斯曼和罗德里克（Hausmann，Rodrik，2003）和罗德里克（Rodrik，2006）等的已有研究，我们可以推定前文的测度方法是科学合理的。

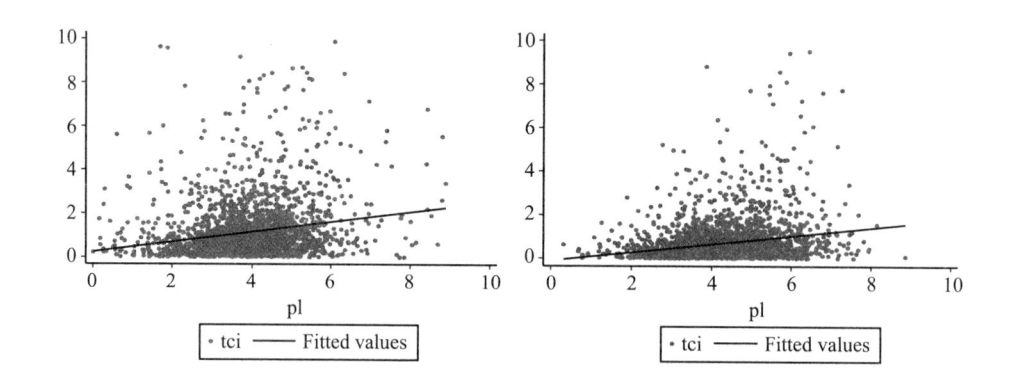

[①] 罗德里克（Rodrik，2006）和陈晓华、黄先海和刘慧（2011）的研究中均有类似的做法。
[②] 此处所采用的全要素生产率的测度方法，请见 5.1 节部分。
[③] TFP 的散点图与劳动生产率的散点图相似，即拟合曲线的斜率均为正，为避免长篇累赘地说明同一结论，此处略去了 TCI 与全要素生产率的散点图。

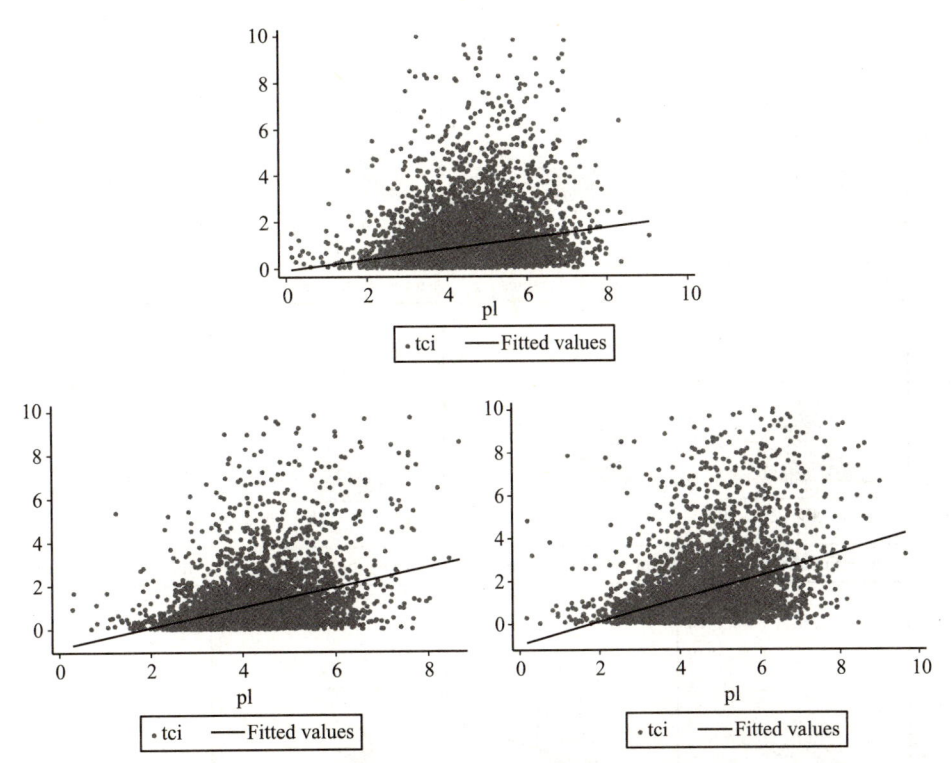

图 4-2 不同所有制企业 TCI 与劳动生产率的散点图

注：为了提高散点图的可阅读性，减少散点的过多重叠，此图中给出的是 2007 年度的散点图，图 4-3 也是 2007 年一年的散点图。上左上右分别为国有企业和集体企业，中为私营企业，下左下右分别为来自港澳台地区的外资企业和非港澳台地区的外资企业。虽然外资企业包含港澳台资企业，但为了揭示港澳台资外资企业和非港澳台资外资企业 TCI 与劳动生产率的差异，笔者将港澳台资外资企业与非港澳台资外资企业分开计算。

资料来源：根据中国工业企业数据库的企业数据计算而得。

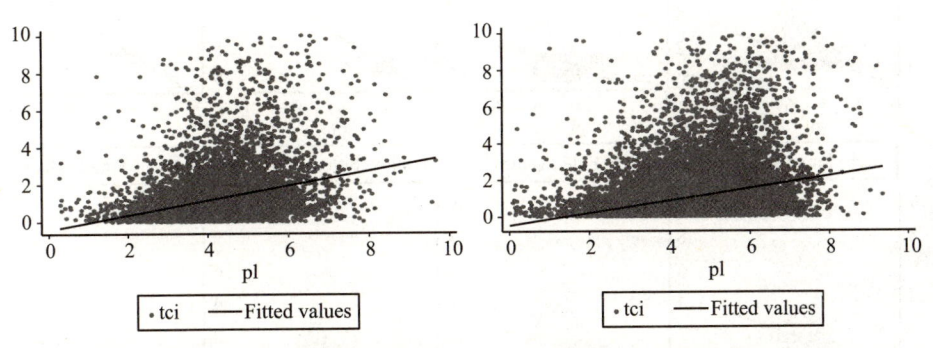

图 4-3 不同要素密集型企业 TCI 与劳动生产率的散点图

注：左图为劳动密集型企业，右图为资本密集型企业。
资料来源：根据中国工业企业数据库的企业数据计算而得。

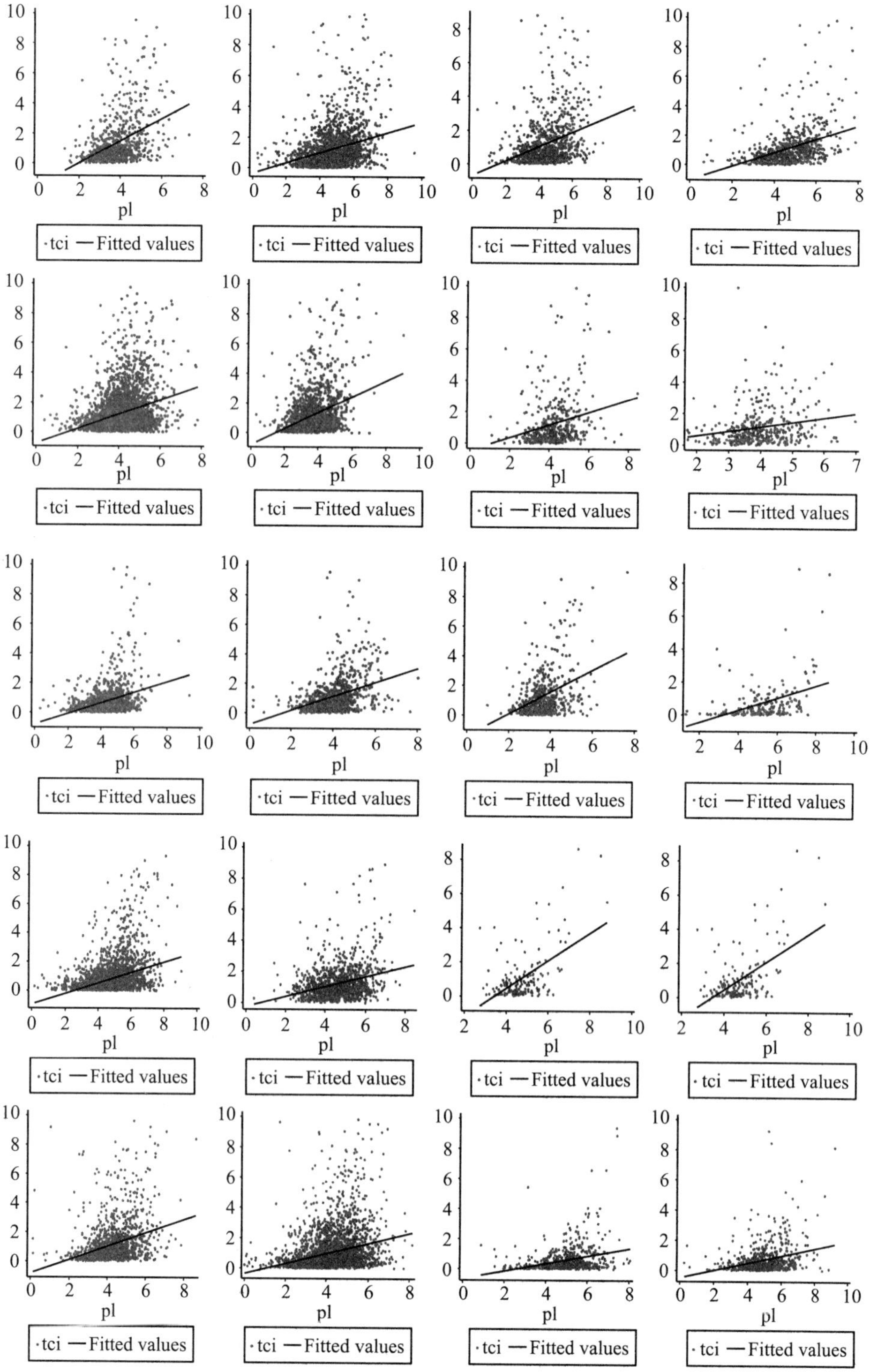
pl
·tci —Fitted values

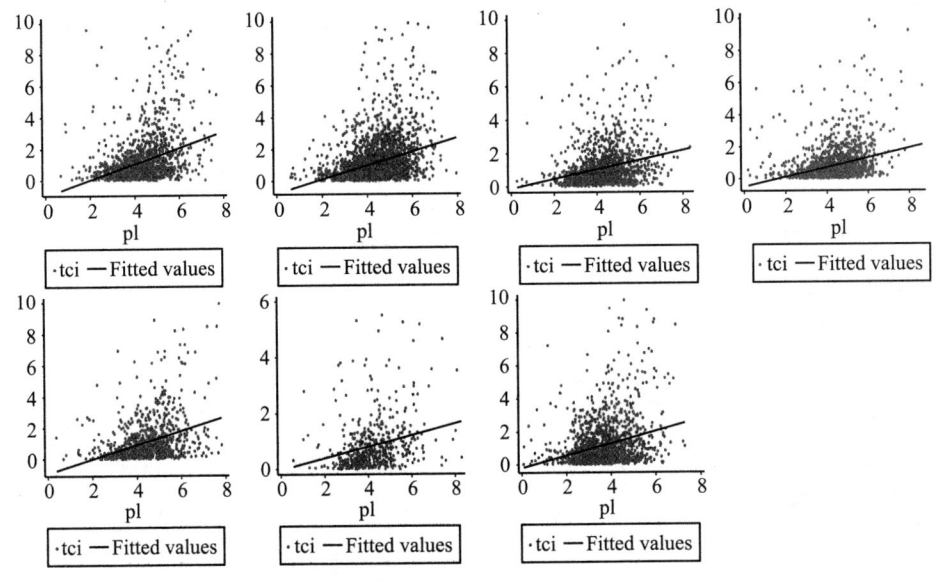

图 4-4 不同制造行业内企业 TCI 与劳动生产率的散点图

注：第一排从左往右，其制造业行业代码分别为 (13) (14) (15) (17) (18) (19) (20) (21) (22) (23) (24) (25) (26) (27) (28) (29) (30) (31) (32) (33) (34) (35) (36) (37) (40) (41) 和 (42)。

资料来源：根据中国工业企业数据库的企业数据计算而得。

4.2.3 不同测度方法的评述与后文测度方法的说明

自罗德里克（Rodrik, 2006）和肖特（Schott, 2008）发现中国产品技术复杂度偏高以来，学术界对产品技术复杂度测度方法的争论始终未停止过，各种方法均各存利弊（戴翔，金碚，2014）。本章则在前人研究的基础上，首次从企业异质性层面构建了微观企业产品技术复杂度的识别方法，由于该方法无须微观企业出口交货值，在很大程度上规避了"统计假象"所带来的偏差，因而相对于基于出口额的 RCA 法和相似度法则而言，是一个相对更优的测度方法。在大量梳理已有研究的基础上，可以发现已有方法具有以下特征：

一是直接采用出口量的测度方法，虽然测度结果包含一定的"统计假象"，但该方法的数据适应性更强。每个经济体的出口中均包含一定的"统计假象"，将出口量中"统计假象"剔除的方法往往无法完全剔除"统计假象"，反而有可能使得结论带有一定的随意性。另外，能够大量引进高技术复杂度中间品，并将其加工为最终产品出口，这一行为本身就要求生产商具备一定的技术水平，因而简单地将国外引进的中间品从最终出口额中剔除，一定程度上忽略了企业自身的加工水平，即"剔除不恰当"反而有可能会降低一国产品的技术复杂度，此外，基于出口量的测度方法（如 Rodirk，2006；Schott，2008）对数据要求较低，只需要获得各国各分类产品的出口数据，便能核算出产品的技术复杂度，因而该方法不仅能用于国内层面的研究，还被广泛地应用于跨国对比方面的研究，在省际出口数据和跨国数据统计标准一致的情况下，还能有效地进行省际与国际对比分析。

二是尝试剔除出口数据中"统计假象"的方法，虽然能在一定程度上反映一国产品的真实技术复杂度值，但该方法对数据要求较高，对"剔除的力度和方法"要求也较高。如陈晓华、黄先海和刘慧（2011），陈晓华和刘慧（2013）与毛其淋（2012）采用剔除加工贸易引进型原料，在一定程度上能降低"统计假象"，但世界上多数统计数据库中，并无各分类产业以加工贸易形式引进原料方面的统计指标，中国海关的公开统计数据中，仅有 2002～2008 年的统计数据中包含该指标，其他年份的公开统计数据中并无该类指标。因而，陈晓华、黄先海和刘慧（2011）与陈晓华和刘慧（2013）只分析了 2002～2008 年各省级区域出口技术复杂度，而无法分析 2008 年后的产品技术复杂度情况，更无法进行跨国层面的经验研究。

三是前文所构建的企业异质性层面的产品技术复杂度的识别方法，虽然有效地规避了"统计假象"的不良影响，但该方法对数据的要求比"从出口中剔除中间引进品"方法的要求更高。该方法要求核算者获得企业层面的资本和劳动力数量，由于统计制度的差异，部分发展中国家几乎无微观企业层面的统计数据，各国之间企业统计的标准也不一致。因而笔者以为，该方法在测度上虽然规避了"统计假象"，能从微观企业层面更有效地反映一个企业，甚至一个地区（通过区域内企业加权平均的形式获得）的产品技术复杂度，但在各国企业统计标准不一致的情况下，无法进行跨国层面的研究，只能进行一国国内层面的经验分析。

综上所述，微观企业层面的测度方法虽然可以规避"统计假象"之扰，但该方法仅擅长于国内研究，基于出口数据的 RCA 法和相似度法虽然包含所谓的"统计假象"，但其有效地刻画了一国的加工水平和加工技术，即产品技术复杂度的测度方法具有"各有所长，各有所短"的特征，戴翔和金碚（2014）的研究也得到了类似的结论。综合本书获得的数据（中国工业企业统计数据库、联合国统计数据库中各经济体历年 HS 码出口数据，中国海关 HS 码历年出口数据），笔者在后文的研究中关于中国国内层面出口技术复杂度的分析采用本章构建的微观企业层面的识别方法，[①] 研究国内与跨国产品技术复杂度的对比与经验研究时，

[①] 虽然世界银行也提供了各经济体企业方面的数据库，但该数据库中企业的指标和数量与中国工业企业数据库相差甚远，为更好地刻画外需疲软与成本上升对中国制造业企业产品技术复杂度的作用机制，笔者采用中国工业企业数据库进行研究。

采用基于相似度法则的测度方法（基于 RCA 和相似度的方法具有异曲同工的特征，所以采用基于相似度的方法），以提高研究结论的可靠性和可对比性。

4.3 跨国层面制造业技术复杂度的测度结果与分析

4.3.1 数据的来源与国别的选择

由于美国是世界上主要的进口国之一，不仅进口量较大，而且因美国经济发展水平较高等原因，对高技术复杂度的产品需求量较大，为此，黄先海、陈晓华和刘慧（2010）等认为，美国的进口数据能够较好地反映一国产品的技术复杂度情况。笔者借鉴黄先海、陈晓华和刘慧（2010）的研究，以美国的进口数据研究各国产品的技术复杂度，采集了 1994~2011 年间美国的 HS 码进口数据，[①] 测度方法采用前文提及的能够刻画一国最终产品加工技术的相似度法，即方程（4-1），并以美国为参照国。

为了更加细致地揭示中国省级区域的国际分工情况，笔者借鉴刘慧、陈晓华和周禄松（2014）的研究，测度了 150 个经济体的产品技术复杂度，分别为，津巴布韦、赞比亚、也门、越南、委内瑞拉、乌兹别克斯坦、乌拉圭、阿拉伯联合酋长国、乌克兰、英国、乌干达、土库曼斯坦、土耳其、突尼斯、特立尼达和多巴哥、多哥、泰国、坦桑尼亚、塔吉克斯坦、叙利亚、瑞士、瑞典、苏里南、斯里兰卡、西班牙、南非、索马里、斯洛文尼亚、斯洛伐克、新加坡、塞拉利昂、塞舌尔、塞内加尔、沙特阿拉伯、萨摩亚群岛、卢旺达、俄罗斯、罗马尼亚、卡塔尔、葡萄牙、波兰、菲律宾、秘鲁、巴拉圭、巴布亚新几内亚、巴拿马、巴基斯坦、阿曼、挪威、尼日利亚、尼日尔、尼加拉瓜、新西兰、新喀里多尼亚、荷兰、尼泊尔、摩洛哥、蒙古国、摩尔多瓦、墨西哥、毛里求斯、马耳他、马里、马来西亚、马拉维、马达加斯加、中国澳门、立陶宛、利比里亚、黎巴嫩、拉脱维亚、老挝、吉尔吉斯斯坦、科威特、韩国、基里巴斯、肯尼亚、哈萨克斯坦、约旦、日本、牙买加、意大利、以色列、爱尔兰、伊朗、印度尼西亚、印度、冰岛、匈牙利、中国香港、洪都拉斯、海地、圭亚那、几内亚、危地马拉、格陵兰、希腊、直布罗陀、加纳、德国、格鲁吉亚、冈比亚、加蓬、法国、芬兰、斐

[①] 其中，2007~2011 年美国的进口数据源自 UN Comtrade 数据库，1994~2006 年美国的进口数据源自 NBER 统计数据库（Feenstra 等整理）。

济、埃塞俄比亚、爱沙尼亚、埃及、厄瓜多尔、多米尼加、吉布提、丹麦、捷克、塞浦路斯、克罗地亚、哥斯达黎加、刚果、哥伦比亚、中国、智利、乍得、加拿大、喀麦隆、柬埔寨、中非、缅甸、布基纳法索、保加利亚、巴西、波斯尼亚、玻利维亚、百慕大、贝宁、伯利兹、白俄罗斯、比利时、巴巴多斯、孟加拉国、巴林、巴哈马、阿塞拜疆、奥地利、澳大利亚、亚美尼亚、阿根廷、安哥拉、阿尔及利亚、阿尔巴尼亚和阿富汗。

4.3.2 测度的结果与分析

表4-3报告了1997~2011年150个经济体（简略表）制造业产品技术复杂度的测度结果，由该表测度结果可以得到以下结论：一是发达经济体制造业的产品技术复杂度高于发展中经济体，产品技术复杂度排名前20的经济体中发展中经济体只有5个（墨西哥、波兰、中国、巴西、泰国），其余15个均为发达经济体，而排名倒数20的经济体均为发展中经济体，这一结论与罗德里克（Rodirk，2006）和肖特（Schott，2008）等的研究颇为一致，可见，高技术复杂度的产品往往为发达经济体所主导，而发展中经济体多生产低技术复杂度产品，即发达经济体在国际分工中处于相对有利的地位，而发展中经济体往往处于相对不利地位；二是部分经济体的产品技术复杂度具有被美国逐渐"甩远"的迹象，其产品技术复杂度与美国的差距呈现出逐渐扩大的趋势，如，缅甸、卢旺达和利比里亚等制造业产品与美国的相似度呈现出明显的下降趋势。

表4-3　1997~2011年各经济体制造业产品技术复杂度的测度结果

No.	经济体	1997年	1999年	2003年	2005年	2007年	2009年	2011年	均值
1	英国	0.674	0.6719	0.6914	0.7257	0.6849	0.6439	0.6921	0.6858
2	墨西哥	0.6146	0.5901	0.6242	0.6684	0.6363	0.6366	0.653	0.6259
3	加拿大	0.6087	0.5911	0.6434	0.6384	0.6184	0.6296	0.6003	0.6234
4	意大利	0.5701	0.5886	0.612	0.6411	0.6309	0.6117	0.6502	0.621
5	西班牙	0.5491	0.5494	0.6181	0.5882	0.6816	0.6476	0.6357	0.6118
6	瑞典	0.5802	0.5964	0.6019	0.6352	0.5657	0.6018	0.6541	0.6111
7	德国	0.5944	0.5873	0.5907	0.5929	0.5883	0.5731	0.5729	0.5882
8	芬兰	0.5086	0.5569	0.5822	0.6501	0.6499	0.623	0.5653	0.5851
9	葡萄牙	0.5212	0.5089	0.6001	0.5978	0.626	0.5961	0.5897	0.582
10	韩国	0.5755	0.5714	0.5609	0.5894	0.6143	0.5693	0.5777	0.5784
11	法国	0.5683	0.5546	0.5699	0.5946	0.5801	0.5825	0.5826	0.5736
12	捷克	0.5829	0.5924	0.5685	0.5613	0.5489	0.5844	0.5893	0.5721

续表

No.	经济体	1997年	1999年	2003年	2005年	2007年	2009年	2011年	均值
13	奥地利	0.5912	0.6159	0.5842	0.5598	0.4911	0.5586	0.5576	0.5711
14	波兰	0.4982	0.5362	0.5564	0.5841	0.5793	0.557	0.5452	0.5624
15	日本	0.5529	0.5632	0.5621	0.5621	0.544	0.5668	0.5557	0.5588
16	荷兰	0.5193	0.5469	0.5529	0.5684	0.5622	0.5802	0.5743	0.5582
17	中国	0.5199	0.5484	0.5555	0.5608	0.5588	0.5571	0.5671	0.5558
18	比利时	0.5341	0.5236	0.5672	0.6059	0.582	0.5028	0.5497	0.5543
19	泰国	0.5243	0.5361	0.5646	0.559	0.5704	0.5619	0.5481	0.5538
20	巴西	0.4881	0.4942	0.6034	0.5991	0.5837	0.5294	0.4936	0.5458
71	喀麦隆	0.2675	0.2636	0.2558	0.2484	0.2501	0.2405	0.2156	0.2447
72	委内瑞拉	0.2561	0.2734	0.2515	0.2307	0.2169	0.2031	0.2036	0.2383
73	卡塔尔	0.2558	0.2598	0.2911	0.287	0.2292	0.1902	0.2016	0.2369
74	塞内加尔	0.2593	0.2692	0.2765	0.3825	0.2392	0.2598	0.1548	0.2337
75	白俄罗斯	0.1927	0.1355	0.2863	0.2815	0.2233	0.235	0.3019	0.2334
76	黎巴嫩	0.1874	0.1959	0.2187	0.2446	0.2208	0.2686	0.3134	0.2288
77	尼日尔	0.0711	0.3279	0.2437	0.2037	0.2128	0.1876	0.1882	0.2266
78	吉尔吉斯斯坦	0.0873	0.1601	0.0803	0.1581	0.2537	0.2972	0.2218	0.2266
79	加纳	0.0882	0.1854	0.2813	0.2851	0.2497	0.0975	0.2204	0.2251
80	沙特阿拉伯	0.226	0.2439	0.2135	0.2008	0.1892	0.1899	0.1954	0.2099
81	塞舌尔	0.2982	0.1803	0.2821	0.1649	0.134	0.1808	0.2853	0.2018
82	危地马拉	0.1748	0.1747	0.1998	0.184	0.2148	0.2052	0.2235	0.2015
83	阿塞拜疆	0.0895	0.2481	0.0931	0.2703	0.1782	0.1761	0.1773	0.2007
84	刚果	0.2104	0.2178	0.2157	0.1846	0.1796	0.1794	0.1809	0.1959
85	科威特	0.1842	0.1978	0.2205	0.2047	0.1802	0.1779	0.1779	0.1943
86	乌拉圭	0.1581	0.1655	0.2109	0.2578	0.1465	0.1586	0.122	0.1924
87	智利	0.1806	0.207	0.2352	0.2199	0.1603	0.1388	0.1431	0.1894
88	土库曼斯坦	0.0346	0.083	0.1964	0.2511	0.2319	0.2302	0.2423	0.1883
89	直布罗陀	0.1693	0.0898	0.0856	0.128	0.1154	0.2002	0.2342	0.1873
90	洪都拉斯	0.1354	0.1443	0.1643	0.213	0.2307	0.2084	0.2385	0.1871
131	老挝	0.0787	0.078	0.0687	0.112	0.0727	0.1518	0.1119	0.0883
132	吉布提	0.0099	0.0714	0.0978	0.108	0.056	0.071	0.0225	0.0831
133	马达加斯加	0.0982	0.0944	0.0597	0.0697	0.0741	0.0773	0.1009	0.0807
134	几内亚	0.0471	0.1053	0.0618	0.0549	0.2208	0.0385	0.048	0.074
135	孟加拉国	0.0796	0.0734	0.0706	0.0714	0.0723	0.0661	0.0725	0.073
136	摩洛哥	0.0725	0.0632	0.1055	0.1067	0.077	0.0599	0.0813	0.072
137	乌兹别克斯坦	0.0545	0.0876	0.1047	0.0991	0.0405	0.0287	0.0464	0.0717
138	埃塞俄比亚	0.0362	0.0551	0.0777	0.0823	0.0696	0.0772	0.0726	0.0685

续表

No.	经济体	1997年	1999年	2003年	2005年	2007年	2009年	2011年	均值
139	摩尔多瓦	0.0533	0.0629	0.0593	0.0584	0.0639	0.0833	0.1292	0.068
140	柬埔寨	0.0791	0.0543	0.0587	0.0645	0.0563	0.065	0.0746	0.0635
141	塔吉克斯坦	0.0179	0.0385	0.0652	0.0121	0.2802	0.0305	0.068	0.0611
142	利比里亚	0.1216	0.0445	0.0737	0.027	0.0165	0.0699	0.0189	0.0572
143	赞比亚	0.0418	0.0662	0.0644	0.0409	0.0436	0.0762	0.037	0.057
144	苏里南	0.0885	0.0646	0.0551	0.0431	0.0403	0.0324	0.039	0.0516
145	乌干达	0.0222	0.0269	0.0642	0.0665	0.059	0.0354	0.0686	0.0509
146	马拉维	0.0169	0.0362	0.0539	0.0806	0.0589	0.0502	0.039	0.0499
147	伊朗	0.0268	0.0107	0.0299	0.0603	0.0222	0.0299	0.0117	0.04
148	卢旺达	0.0361	0.0478	0.0699	0.0284	0.0464	0.0239	0.0201	0.0387
149	格陵兰	0.1017	0.0441	0.0319	0.0442	0.0149	0.0096	0.0257	0.0327
150	缅甸	0.009	0.0182	0.0126	0.0264	0.02	0.0109	0.0049	0.0241

注：此处仅给出60个经济体，年份为单数的测度结果，均值为1997~2011年的均值。No.是均值排名。

资料来源：根据UN Comtrade数据库和NBER统计数据库HS码数据计算而得。

基于150个经济体制造业产品技术复杂度的测度结果，我们进一步核算了各类经济体制造业产品技术复杂度的变异系数，表4-4报告了相应的结果，可知发达经济体变异系数明显小于发展中经济体，这表明，发展中经济体内部的技术复杂度差异大于发达经济体。这一现象出现的原因可能在于，发达经济体制造业产品技术复杂度往往较高，且因为发展水平差异不大等原因，其产品的技术复杂度差异并不大，而发展中经济体不仅有技术复杂度较高的经济体，如墨西哥、波兰、中国和巴西等，还有技术复杂度较低的经济体，如，津巴布韦和卢旺达。此外，2007年后，发达经济体的变异系数有变小的趋势，而发展中经济体的变异系数有进一步扩大的趋势，可见，2007年后，发达经济体间产品技术复杂度的差异呈现出一定的收敛趋势，而发展中经济体间的内部差异呈现出一定的发散趋势。

表4-4　发达经济体与发展中经济体制造业产品技术复杂度的变异系数

年份	发达经济体	发展中经济体
1997	0.303989	0.696444
1998	0.31371	0.674841
1999	0.308011	0.677915
2000	0.314311	0.6421
2001	0.306885	0.669319

续表

年份	发达经济体	发展中经济体
2002	0.311824	0.646376
2003	0.319184	0.641467
2004	0.326375	0.613259
2005	0.332876	0.646114
2006	0.331227	0.646425
2007	0.346842	0.683893
2008	0.338623	0.696107
2009	0.326693	0.700183
2010	0.316331	0.688046
2011	0.315629	0.719913

资料来源：根据 UN Comtrade 数据库和 NBER 统计数据库 HS 码数据计算而得。

为了进一步揭示发达经济体和发展中经济体制造业产品技术复杂度的分布及变化态势，我们进一步对 150 个经济体 1997~2011 年的产品技术复杂度测度结果进行了核密度估计（Kernel 估计），图 4-5 报告了相应的 Kernel 估计结果，可知，首先，Kernel 曲线具有两个显著的"峰值"，且两个"峰值"的波段以 0.4（1998 年后有逐渐向 0.5 转移的趋势）为界限，这表明各经济体制造业的产品技术复杂度有向两个不同"均衡点"收敛的趋势，高技术复杂度经济体收敛于高"均衡点"，低技术复杂度经济体收敛于低"均衡点"。由此我们可以推断，一旦低技术经济体跨越 0.4~0.5 这一界限，将进入高技术复杂度收敛区间，会使得经济体的技术复杂度有更强的提升空间与潜力。其次，两个"峰值"间的距离并未表现出显著拉大的趋势，这表明，虽然前文发现了部分经济体的技术复杂度呈现出一定的下滑趋势，见表 4-3，但世界制造业产品技术复杂度并未呈现出"两极分化"的特征，结合 Kernel 估计曲线的"略微右移"的特征，可以推断，目前，世界各经济体制造业产品技术复杂度具有一定的"协同进步"的特征。最后，第一个"峰值"有略微下降，且"清晰度"降低，第二个"峰值"略微右移，这表明低技术复杂度"均衡点"的收敛力度有点降低，第二个"均衡点"的技术复杂度的"门槛"有所提升。这一现象出现的原因可能在于，近几年来，大量的发展中经济体执行了以提升产品技术复杂度为目标的"技术赶超"策略，从而使得部分发展中经济体制造业的产品技术复杂度得以持续提升，进而改变了产品技术复杂度的传统提升模式，使得其收敛峰值呈现出下降和"清晰度"降低的特点。高技术复杂度经济体为了保持自身产品在国际市场的竞争力，也采取了相应技术提升策略，进而使得"高均衡点"呈现出一定右移。

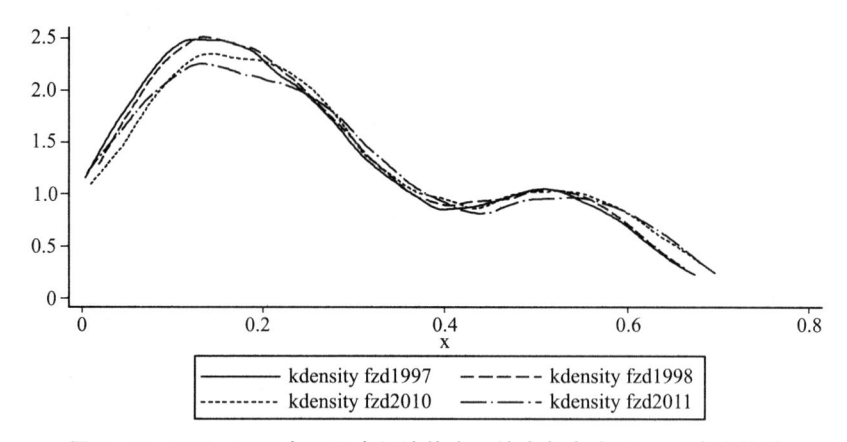

图 4－5　1997～2011 年 150 个经济体出口技术复杂度 Kernel 密度估计

注：为了避免出现大量核密度估计曲线重叠而影响阅读，此处仅给出 4 年的核密度曲线。
资料来源：根据 UN Comtrade 数据库和 NBER 统计数据库 HS 码数据计算而得。

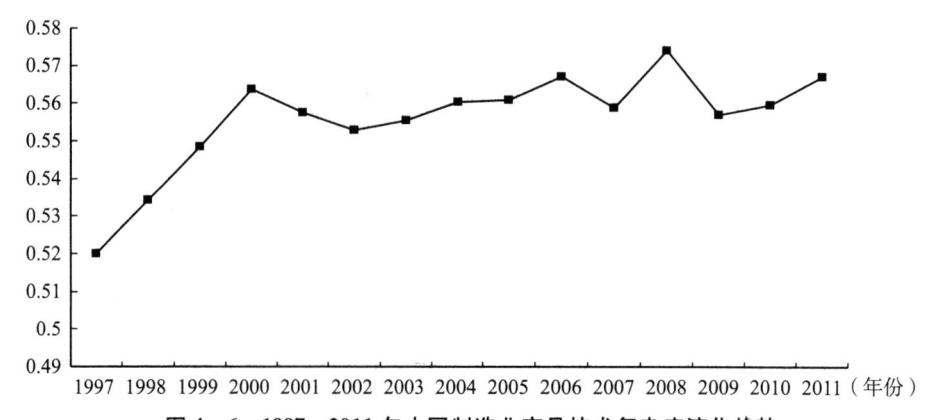

最后，图 4－6 给出了 1997～2011 年中国制造业产品技术复杂度的测度结果，可知：1997～2011 年间，中国制造业产品技术复杂度呈现出"波动式"上升的趋势，制造业产品技术复杂度已经从 1997 年的 0.5199 上升到了 2011 年的 0.5671，这表明中国与美国间制造业的技术差距正在逐步缩小，虽然该系数仅上升了 9.07%，一旦考虑美国 1997～2011 年产品技术复杂度的升级幅度，则中国制造业产品的技术复杂度将呈现出显著的上升。另外，中国制造业技术复杂度的世界排名也呈现出明显的上升趋势，世界排名已经从 1997 年的 15 名上升到了 2011 年的 12 名，可见，中国制造业呈现出技术复杂度绝对值与排名双赶超的趋势。

图 4－6　1997～2011 年中国制造业产品技术复杂度演化趋势

资料来源：根据 UN Comtrade 数据库和 NBER 统计数据库 HS 码数据计算而得。

4.4 中国省际与跨国产品技术复杂度的对比分析

4.4.1 省级层面产品技术复杂度的测度结果与分析

中国经济存在显著的二元特征，东部省市不仅经济发达，出口的90%左右都是由东部地区完成的（姚洋、张晔，2008；陈晓华、黄先海和刘慧，2011），从省级层面研究中国制造业的产品技术复杂度能在一定程度上消除二元特征带来的有偏影响，为此，相比国别（地区）层面制造业产品技术复杂度的测度结果，省级层面的测度结果能更有效地反映中国的实际。本章基于国研网提供的各省区市 HS 码出口数据与周禄松和郑亚莉（2014）提供的从海关统计数据信息网获得的各省级区域 HS 码出口数据，采用前文基于相似度法则的测度方法，以美国的出口作为高技术复杂度参照国，测度了 2002~2011 年 31 个省级区域制造业的产品技术复杂度。①

图 4-7 报告了 2002~2011 年东中西部地区制造业产品技术复杂度的均值，由图 4-7 可知，东部地区制造业产品技术复杂度最高，中部地区次之，西部最低，这一结果也符合豪斯曼等（Hausmann et al.，2007）、罗德里克（Rodirk，2006）和肖特（Schott，2008）的观点，即发达区域制造业产品技术复杂度会高于经济欠发达的区域，这在一定程度上表明，东部地区在全球价值链分工中的地位优于中部，中部则优于西部。

从变化趋势上看：首先，三个区域制造业的产品技术复杂度均呈现出逐渐上升的趋势，可见随着时间的推移，中国制造业的产品技术复杂度日益深化；其次，2008 年后中西部制造业产品技术复杂度的增幅明显大于东部，这使得东部地区与中西部地区的产品技术复杂度差距逐渐缩小，即中西部地区正在赶超东部。导致这一现象出现的原因可能源于两个方面：一是东部地区的产业转移，②近几年"用工荒"一直困扰着东部企业，使得东部地区制造业企业用工成本不断上升，导致东部地区的一些中低技术制造业逐渐失去了成本优势，部分产业逐渐

---

① 由于 31 个省区市制造业产品的测度结果排名情况及变化趋势与表 4-5 一致，为避免赘述，此处略去 31 个省区市历年制造业产品技术复杂度测度结果的表格，各省区市间对比分析也置于后文。

② 桑瑞聪、刘志彪和王亮亮（2013）的研究表明：东部产业向西部转移的力度在不断加大，就上市公司而言，仅东部的上海、广东、江苏和浙江等四省市的产业转移总额就从 2000 年的 18.15 亿元攀升至 2010 年的 935.89 亿元，10 年间增长了 50 倍左右。

转移到中西部（如富士康的部分产能从深圳转移到郑州，使得郑州在电子产品方面的技术复杂度得以迅速提升），进而提高了中西部地区制造业的技术复杂度，此外，东部地区的"腾笼换鸟"行为也使得东部地区的部分制造业转移到中西部（桑瑞聪、刘志彪和王亮亮，2013），为中西部地区制造业技术复杂度的升级与赶超不断注入活力；二是中西部的"筑巢引凤"策略。提升全球分工地位，改进制造业产品技术复杂度是区域经济发展方式转变的核心途径和关键手段，因此，中西部地区孜孜不倦地致力于改善自身的基础设施，以为优质企业的入驻提供良好的生产和经营环境，这使得中西部地区在 21 世纪后吸引了大量的高技术复杂度企业，进而推动中西部地区制造业产品技术复杂度升级。以西安和成都为例，通过完善基础设施等策略，使得投资于两地的外资日渐增加，截至 2008 年投资于西安的世界 500 强企业达到了 123 家，而截至 2013 年在西安投资的外资企业数量则达到了 2552 家，[①] 成都则被《外商直接投资》杂志评为 2011/2012 年度"亚太十大外商最佳投资战略城市"。[②]

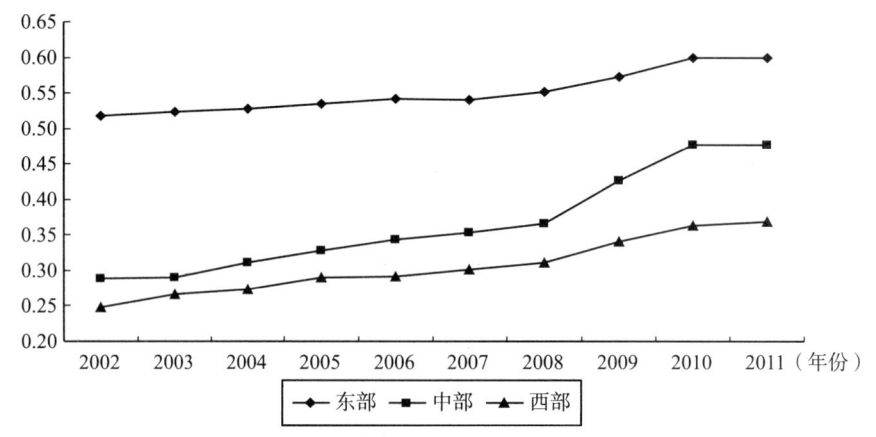

图 4-7　2002~2011 年东中西部区域产品技术复杂度均值

资料来源：根据国研网对外贸易统计数据库和海关统计数据库数据计算而得。

图 4-8 报告了 31 个省级区域制造业产品技术复杂度的 Kernel 估计结果，首先在过去的十年中，中国制造业产品技术复杂度的分布情况出现了比较大的变化，[③] 从 2002 年与 2003 年显著的"双峰值"变成了当前的"单峰值"，这表明中国制造业产品技术复杂度已经从以往的收敛于两个"均衡点"的情形逐渐转变

---

① 资料来源：阳光报 http://www.yangguangbao.com/Thread.Asp？AutoID=204721。
② 资料来源：中国新闻网 http://www.chinanews.com/df/2012/12-17/4415154.shtml。
③ 对比陈晓华、刘慧（2013）一文 Kernel 估计的示意图和图 4-8，可以发现这一变化主要源于 2008 年以后。

为收敛于一个"均衡点"的情形。这表明，中国省级区域间制造业技术复杂度的辐射力正逐步加强，使得制造业产品技术复杂度能够以"向统一的均衡点收敛"的趋势协同升级；其次，2010年和2011年"峰值"的高度明显大于2002年和2003年，表明有更多的省区市收敛于高技术复杂度区间；最后，2010年后"单峰值"的左侧曲线长度明显大于"单峰值"右侧曲线的长度，这表明，多数省区市制造业的产品技术复杂度远离均衡点，中国制造业产品技术复杂度以"非完全正态分布"的形式升级，西部欠发达区域制造业产品技术复杂度与东部地区相比仍存在较大的差距。为此，产品技术复杂度相对较低的区域，其产品技术复杂度仍有较高的提升空间。

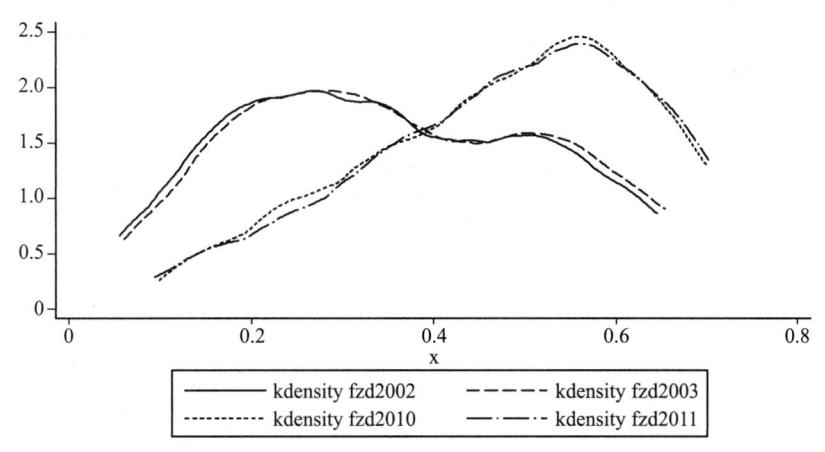

图4-8 中国省级区域制造业产品技术复杂度的Kernel密度估计示意

资料来源：根据国研网对外贸易统计数据库和海关统计数据库数据计算而得。

4.4.2 跨国与省际层面测度结果的对比与分析

综合前文150个经济体和31个省区市制造业产品技术复杂度的测度过程可知，二者的测度方法和测度标准一致（测度方法均采用基于相似度法则的肖特（Schott, 2008）法，高技术复杂度的参照国均为美国），因而跨国与省际层面的测度结果具有一定的"可对比特征"，为此，我们将150个经济体和31个省区市制造业产品技术复杂度的测度结果进行排序和对比分析。表4-5报告了跨国与省际层面制造业产品技术复杂度的对比结果，综合分析表4-5，我们可以得到如下结论：

一是制造业产品技术复杂度较高的省区市多为东部沿海省市，而制造业产品技术复杂度较低的省区市多为中西部欠发达省区市。制造业技术复杂度最高的五个省市分别为上海、浙江、江苏、广东和福建,而最低的五个省区为云南、宁夏、贵州、西藏和青海;二是中国各省级区域制造业产品技术复杂度存在较大的差异,东部省市制造业产品技术复杂度与发达经济体相似,甚至高于部分发达国家,而西部省区市制造业的产品技术复杂度则与发展中经济体相似,如既有技术复杂度排名超过英国的上海,也有排名靠后的,如青海;三是省级层面制造业产品技术复杂度也有显著的赶超特征,从表4-5可以看出:多数省区市制造业的产品技术复杂度排名存在明显的改善,仅有少数省区市的排名略微下降,因而整体而言中国制造业的产品技术复杂度仍然在持续的赶超过程中;四是"长三角"地区和"珠三角"地区已经成为中国制造业产品技术复杂度深化的"领头羊""长三角"三省市(江浙沪)和广东省的制造业产品技术复杂度稳居全国排名前列;五是中国东部地区在全球价值链中的位置优于西部地区,而且多数省区市的分工地位有一定的改善趋势。

表4-5　　中国省级区域制造业产品技术复杂度全球排名及相近经济体

省区市	2007年	2008年	2009年	2010年	2011年	相邻左	相邻右
上海	3	2	1	1	1	—	英国
浙江	5	8	2	3	3	英国	瑞典
江苏	6	5	4	5	4	英国	瑞典
广东	11	9	9	9	8	意大利	西班牙
福建	8	7	7	6	9	意大利	西班牙
四川	15	11	8	11	11	西班牙	加拿大
北京	24	18	16	14	12	西班牙	加拿大
山东	29	26	13	13	13	西班牙	加拿大
天津	39	39	31	19	18	捷克	法国
安徽	32	31	28	23	21	韩国	荷兰
陕西	38	35	29	32	24	中国	芬兰
辽宁	27	22	35	28	26	芬兰	保加利亚
广西	68	69	52	31	33	波兰	匈牙利
重庆	34	38	36	36	38	斯洛文尼亚	印度
湖北	36	40	27	34	39	斯洛文尼亚	印度
江西	58	61	59	51	42	巴西	斯洛伐克
湖南	63	62	54	45	46	土耳其	突尼斯
河北	56	56	51	43	47	土耳其	突尼斯
海南	113	99	67	49	50	挪威	菲律宾
吉林	64	64	60	53	52	菲律宾	新加坡

续表

省区市	2007年	2008年	2009年	2010年	2011年	相邻左	相邻右
河南	62	59	56	50	53	菲律宾	新加坡
黑龙江	70	68	57	58	56	马来西亚	拉脱维亚
甘肃	114	90	70	67	64	波西尼亚	爱沙尼亚
山西	128	129	91	68	65	波西尼亚	爱沙尼亚
新疆	67	81	72	69	66	波西尼亚	爱沙尼亚
内蒙古	94	92	88	91	88	塞浦路斯	巴巴多斯
云南	119	110	99	93	91	玻利维亚	尼加拉瓜
宁夏	110	108	102	103	100	直布罗陀	伯利兹
贵州	129	121	106	95	118	安哥拉	加蓬
西藏	146	141	143	142	119	安哥拉	加蓬
青海	147	151	149	149	148	阿尔巴尼亚	巴林

注：本章将150个经济体和31个省区市的制造业产品技术复杂度进行统一排序，相邻左和相邻右分别是2011年比该省区市排名靠前一位的国家和排名靠后一位的国家。限于篇幅，此处仅给出了2007～2011年31个省区市的排名情况。

资料来源：根据国研网对外贸易统计数据库、海关统计数据库、UNComtrade和NBER数据库数据计算而得。

本 章 小 结

本章以制造业产品技术复杂度测度方法的回顾为切入点，构建了微观企业层面产品技术复杂度的识别方法，为该领域的研究提供了一个全新的、规避了"统计假象"干扰的新方法，并借助该方法对中国制造业企业产品技术复杂度进行了识别与分析。笔者在综合探讨各种测度方法优劣点及数据适应性的基础上认为，微观企业层面技术复杂度的识别方法因受限于企业数据的获得难度，适合国内制造产品技术复杂度的研究；而基于出口流量层面的测度方法，因其对数据的要求相对简单，因而适合于跨国比较研究。鉴于此，该部分借助基于相似度法则的测度方法，对150个经济体和31个省区市制造业的产品技术复杂度进行了测度与对比分析，得到的主要结论与启示简单归纳为以下几点：

一是中国东部地区制造业产品技术复杂度明显高于中西部地区，而这一现象出现的本质原因是东部地区拥有更多数量的高技术复杂度企业；二是中国制造业产品技术复杂度呈现出显著的"赶超"特征，分工地位具有一定的改善趋势，制造业产品技术复杂度的绝对值和世界排名均呈现显著的上升趋势；三是中国制造业产品技术复杂度存在较大的差异，既有产品技术复杂度与发达经济体相似的"长三角"地区和"珠三角"地区，也有技术复杂度与非洲欠发达经济体相似的青海，西部地区产品技术复杂度进一步提升的空间和潜力较大；四是中国各省级区域制造业产品技术复杂度的辐射性正逐渐加强，中国制造业技术复杂度的升级模式已经从以往的"两个均衡点"型升级模式转变为"单均衡点"型协调升级，因而提升发达省区市产品的技术复杂度，能通过辐射效应推动中国制造业产品技术复杂度整体性提升；五是发达经济体仍然是当今世界高技术复杂度产品生产的主导者，发展中经济体虽然在"坚持不懈"地进行技术升级与赶超，但制造业产品技术复杂度仍明显落后于发达经济体。

5

外需疲软、成本上升与制造业产品技术复杂度升级：实证检验

综合前文研究可知，对于企业而言，其所面对的成本上升可能有3种类型：要素价格扭曲程度的改善、要素价格上升和非要素成本上升。为此，本章结合前文的五部门模型，在综合考虑要素价格上升、非要素成本上升和要素价格扭曲程度改善基本特征的基础上，深入分析外需疲软与成本上升对制造业产品技术复杂度的影响。此外，考虑到保持现有产品持续出口是应对外需疲软的重要措施，笔者在此章还从主动克服外需疲软视角，结合经济体地理优势特征，从跨国层面分析出口持续时间对制造业产品出口技术复杂度的影响，以期从更为全面的维度揭示外需疲软和成本上升背景下制造业产品技术复杂度的升级机制。

5.1 外需疲软、要素成本及非要素成本上升与制造业技术复杂度升级

改革开放以来，中国的经济表现创造了过去几十年世界经济的一大奇迹（Rodrik，2006），也使得中国成了仅次于美国的世界第二大经济体。在过去的很长一段时间内，中国制造业技术复杂度的动态演进与经济增长同步，甚至超越了经济增长速度，如罗德里克（Rodrik，2006）和肖特（Schott，2008）的研究表明，中国制造业的技术复杂度不仅超过了与自身经济水平相接近的经济体，甚至出现了一些人均收入较高的发达国家才具有的特征（陈晓华、刘慧，2014a；黄先海、陈晓华和刘慧，2010）。然而，金融危机给中国经济带来了两个新的特征：外需疲软和成本上升，这两个新特征对中国经济产生了深远影响，使得中国经济的增速明显放缓，那么，这两个特征是否会制约中国制造业技术复杂度动态演进呢？技术复杂度动态演进与中国经济发展方式转变紧密相连，因而探寻上述问题

的答案，对中国制定经济增长方式转变和技术赶超方面的政策具有较强的参考意义。另外，大面积外需疲软与成本上升共存的情形在中国并不多见，因而国内外鲜有文献就这两个特征对中国制造业技术复杂度深化的影响进行分析，为此，本章基于内外资和要素密集度异质性视角，深入分析成本上升和外需疲软对中国制造业技术复杂度动态演进的影响，所得结论不仅具有一定的政策参考价值，还能为该领域的理论发展提供相应的经验证据。

综合前文文献综述可知，虽然已有研究为本章的展开提供了深刻的洞见，但仍有以下几个方面可以进一步完善：一是已有研究多从国家和产业等宏观层面研究中国制造业技术复杂度动态演进，尚无微观企业层面的研究，企业是制造业技术复杂度升级与赶超策略的微观执行者，因而从企业层面研究中国制造业技术复杂度动态演进，所得结论将更为科学合理；二是成本上升和外需疲软是中国制造业技术复杂度动态演进过程中所面临的新特征，目前，尚无学者深入分析二者对制造业技术复杂度的影响；三是现有关于技术复杂度的测度方法都是基于宏观层面的，缺乏微观企业层面的识别工具，且现有研究均从企业外部因素层面分析制造业技术复杂度演进的动因，忽略了企业内部因素对技术复杂度演进的作用力；四是内外资及不同要素密集型制造业技术复杂度动态演进的机制可能并不相同，而已有研究并未将其严格区分，为此，所得结论难免存在偏误。

弥补上述不足，使得这一领域的研究更为科学可靠，成为本章的努力方向。本章以技术复杂度动态演进的微观主体为研究对象，在前文所判定的 2000~2007 年制造业企业技术复杂度的基础上，[①] 以内外资和要素密集度异质性为视角，结合企业异质性理论的基本观点和企业技术复杂度动态演进的内外部因素，首次就外需疲软和成本上升（要素价格上涨和非要素成本上升）对制造业技术复杂度动态演进的影响进行实证分析。

5.1.1 模型的设定与变量的选择

(1) 模型的设定

本节的主要目的是，揭示成本上升和外需疲软对制造业技术复杂度动态演进的影响。为此，被解释变量是制造业技术复杂度。考虑到高技术复杂度企业的数量越多，制造业的技术复杂度越高，本节以企业的技术复杂度程度作为被解释变

---

① 5.1 节所用的样本和企业技术复杂度的测度结果，源于 4.1.1 部分基于微观企业层面制造业产品技术复杂度的测度结果，数据的筛选方法和产业选择均与前文相同。

量，并以虚拟变量的形式来表示：当企业为高技术复杂度企业时（两倍门槛或三倍门槛），设定被解释变量为1，否则为0。考虑到 Probit 估计法能够有效地拟合具有上述特征的被解释变量（赵伟、赵金亮和韩媛媛，2011），笔者采用 Probit 估计法进行分析。基于企业异质性理论与科勒等（Cole et al.，2010）与包群和邵敏（2010）的已有研究，笔者构建如下估计方程：

$$P(GFZD_{it} = 1 \mid Z_{i(t-1)}) = \phi(a_0 + a_1 GFZD_{i(t-1)} + a_m X^m_{i(t-1)} + \beta_t W^t_{i(t-1)} + \varepsilon_{it})$$

(5-1)

其中，$\Phi(\cdot)$ 为概率密度函数（probability density function），ε_{it} 为随机扰动项，$Z_{i(t-1)}$ 表示的是企业所具备的基本特征。$X^m_{i(t-1)}$ 为解释变量，$\beta_t W^t_{i(t-1)}$ 为其他控制变量。为避免变量间"共时性"所引致的估计偏差，笔者将所有的解释变量和控制变量取滞后一期。考虑到企业的技术复杂度可能存在着"初始条件的敏感依赖性"特征（安同良，2003），笔者将企业技术复杂度的前一期状态（$GFZD_{i(t-1)}$）纳入本节的实证研究。根据企业异质性理论的已有研究可知：$GFZD_{i(t-1)}$ 实际上还表示了企业技术复杂度动态演进探索过程中的沉没成本。

(2) 变量的选择

考虑到新进及即将退出市场企业的财务运行机制较为特殊，① 进而可能会对企业成本和技术复杂度动态演进产生一定的冲击，为此，实证中本节以2000~2007年间持续存在的企业作为研究对象，以提高估计结果的可靠性。根据本节的研究目的，最终选定的解释变量有以下三个：

① 外需疲软（WX）

外需疲软会对企业技术复杂度动态演进产生两方面的效应：一是"倒逼效应"。当外需疲软时，企业不断地进行技术引进和技术革新，以保证自身产品的国际竞争优势，从而巩固原有的市场和利润，使得外需疲软"倒逼"企业加快技术复杂度升级步伐。二是"制约效应"，对于一些资金能力相对薄弱的企业而言，外需疲软会使其获利能力受限，因其进行技术改进和引进的能力相对较弱，从而不得不放缓技术复杂度升级的速度。与以往简单选择出口量来衡量外需疲软不同的是，此外以虚拟变量的形式表示外需疲软，企业当年出口交货值小于2000年至上一年度中任何一年出口交货值的10%时，设定 WX 为1，② 否则为0。

---

① 刘慧（2013）和郑亚莉、陈晓华（2014）采取了类似的处理方法。
② 当以往某一年度出口交货值的90%大于本年度出口交货值时，表明本年度的国际需求并未满足企业的实际出口产能，即存在外需疲软。运用 stata 进行测度时，采用本期出口减去以往出口的90%的正负号来表示外需疲软，为此，得到的外需疲软变量实际上是2001~2007年的数据。

②成本上升（CB）

成本上升，分为要素成本上升和非要素成本上升两类。要素价格上升，有时可能是要素质量提升引起的，[①] 为此，与非要素成本上升对制造业技术复杂度演进的作用机制可能并不相同。为了更全面地揭示成本上升对制造业技术复杂度升级的影响，此处以劳动力要素价格（WAGE）和企业人均经营管理费用（FY）两个变量来分别表示要素成本上升和非要素成本上升。[②] 其中，人均经营管理费用包括：财务费用、管理费用、营业费用和办公费用等。

③企业全要素生产率（TFP）

企业全要素生产率，是体现企业异质性的最核心变量（赵伟、赵金亮和韩媛媛，2011），目前，测度企业全要素生产率最有效的方法当属欧勒和帕克斯（Olley，Pakes，1996）与列文肖恩和皮特伦（Levinsohn，Petrin，2003）构建的能够有效地处理内生性的 OP 法和 LP 法。LP 法纳入了中间投入作为不可观测因素的代理变量，进而有效地抵销了 OP 法中"零投入"样本带来的偏差，因而 LP 法的估计结果比 OP 法更为可靠，为此，笔者采用 LP 法估计企业全要素生产率，比列文肖恩和皮特伦（Levinsohn，Petrin，2003）更进一步的是，笔者不仅考虑了中间投入变量，还纳入了企业财务费用和企业管理费用等因素作为刻画不可观测变量的代理变量。

结合前文的五部门模型推导，结合企业层面相关数据的可获得性，此处还选择了其他控制变量。具体有：（1）企业新产品决策（XCP），企业新产品决策是企业实现技术复杂度升级和赶超的关键途径之一，实证中笔者以虚拟变量的形式表示，即当企业当年新产品交货值大于零时，令 XCP 为 1，否则为 0；（2）企业规模（SIZE），一般而言，企业规模是企业实力的体现，规模越大的企业承受风险的能力越大，其执行技术复杂度升级和赶超策略的可能性就越大，此处参照刘慧（2013）的研究以企业固定资产的自然对数表示企业规模，以期同步考察企业规模和固定资产投资（即五部门模型中的物质资本）的影响效应；（3）企业享受到的补贴（SUB），一般而言，补贴会提高企业的利润，进而使得其更有能力实现技术革新和技术复杂度深化，此处以虚拟变量的形式表示，即当企业受到补贴时，令 SUB 为 1，否则为 0；（4）企业投入产出效率（MID），投入产出效率

---

① 如企业引进了更高技术水平的员工时，需对该员工支付更高的工资，企业的这一行为将表现为员工平均工资的提升。在工资成本提升的同时，企业员工的平均技能水平得以提升，进而为其进行技术复杂度的动态演进奠定了更为扎实的基础。

② 成本上升对技术复杂度动态演进的影响，也表现为正效应和负效应两个方面：为缓解成本上升压力，企业会作出如下选择：一是提高原有产品的技术效率和水平，以节约生产成本；二是介入技术含量和技术复杂度更高的产品，以提高单位产品的收益来消化成本上升；三是降低产能，以降低成本上升带来的负向冲击。前两种选择会加快企业技术复杂度升级的速度（正效应），第三种选择则会降低技术升级的速度（负效应）。

是企业要素配置能力的体现,实证中笔者用 ln(1 + 工业增加值/中间投入) 表示;(5) 企业年龄 (AGE),经营时间越长的企业,其市场经验越丰富,进而会对其技术复杂度演进模式产生影响。实证中,笔者以企业年龄的自然对数表示。

最后,笔者还进一步控制了反映异质性企业所属年份、区域、行业和所有制的因素,具体为年份虚拟变量 (year)、省区市虚拟变量 (pro)、行业虚拟变量 (ind) 和所有制虚拟变量 (type)。① 综合前文可知,本节的实际估计方程如下:

$$
\begin{aligned}
P(GFZD_{it} = 1 \mid Z_{i(t-1)}) = \phi(& a_0 + a_1 GFZD_{i(t-1)} + a_2 WX_{i(t-1)} + a_3 CB_{i(t-1)} \\
& + a_4 TFP_{i(t-1)} + \beta_1 XCP_{i(t-1)} + \beta_2 SIZE_{i(t-1)} + \beta_3 SUB_{i(t-1)} \\
& + \beta_4 MID_{i(t-1)} + \beta_5 AGE_{i(t-1)} + \sum type_j + \sum region_j \\
& + \sum ind_j + \sum year_j + \varepsilon_{it})
\end{aligned}
\quad (5-2)
$$

5.1.2 外需疲软和成本上升对制造业产品技术复杂度影响的实证分析

(1) 相关性分析

由于式 (5-2) 中涉及解释变量和控制变量较多,如果解释变量间存在较高的相关性,会导致估计结果存在多重共线性。为此,笔者先对各变量进行相关性分析。表 5-1 报告了内外资制造业各变量的相关系数矩阵,可知,员工平均工资和企业平均经营管理费用的相关系数最高(内外资分别为 0.4729 和 0.5344),二者均属于成本上升的代理变量,为此,笔者在实证分析中将这两个变量置于不同的方程进行回归。剩余的解释变量和控制变量间的相关性并不是很高,最大值不超过 0.35,为此,其余变量间的多重共线性几乎可以忽略。

表 5-1　　　　　　　样本变量的 Spearman 相关估计矩阵

系数	GFZD	WX	WAGE	FY	TFP	XCP	SIZE	MID	AGE	SUB
GFZD	1.0000	0.0133	0.2483	0.3652	0.0922	0.0459	0.4352	0.0096	-0.0723	0.0486
WX	0.0193	1.0000	0.0379	-0.0423	-0.0502	0.0098	-0.0154	-0.0154	-0.0154	-0.0126
WAGE	0.0193	0.0386	1.0000	0.5344	0.3384	0.1124	0.2300	0.0433	0.0782	0.0650
FY	0.2394	-0.0074	0.4729	1.0000	0.2802	0.1929	0.3360	-0.0064	0.0385	0.1323

---

① 其中,年份虚拟变量由企业经营所属的年份生成,省(区市)虚拟变量由企业所属的具体省(区市)生成,行业虚拟变量由企业所属的二位码制造业生成,所有制类型由企业所属的三位码企业所有制类型生成。

续表

系数	GFZD	WX	WAGE	FY	TFP	XCP	SIZE	MID	AGE	SUB
TFP	0.0039	0.0181	0.2693	0.2280	1.0000	0.1987	0.0305	0.3461	0.0713	0.1204
XCP	0.0390	0.0777	0.1217	0.1668	0.1448	1.0000	0.2468	0.0305	0.1157	0.1379
SIZE	0.3365	0.0412	0.1636	0.2791	0.2402	0.2343	1.0000	0.0586	0.0742	0.1756
MID	-0.0114	-0.0308	-0.0197	-0.0381	0.3131	0.0155	0.0626	1.0000	0.0329	-0.0113
AGE	0.0060	-0.0021	0.0936	0.1160	0.0122	0.1116	0.1940	0.1273	1.0000	0.0436
SUB	0.0630	0.0301	0.1281	0.1981	0.0896	0.1139	0.2039	-0.0262	0.0497	1.0000

注：左下为内资制造业企业各变量间的相关性，右上为外资制造业企业各变量间的相关性。
资料来源：根据中国工业企业统计数据库数据整理而得。

（2）两倍门槛标准下的估计结果与分析

本节在严格区分内外资和要素密集度异质性的基础上，就成本上升和外需疲软对异质性制造业企业技术复杂度升级的影响进行了实证分析。表5－2报告了两倍门槛标准下劳动密集型制造业和资本密集型制造业的Probit估计结果，从估计结果的相关检验上看，所有估计方程都是显著可靠的。

表5－2 两倍门槛标准下的估计结果

系数	劳动密集型企业 内资企业		劳动密集型企业 外资企业		资本密集型企业 内资企业		资本密集型企业 外资企业	
$GFZD_{i(t-1)}$	1.86*** (43.69)	1.892*** (44.76)	1.68*** (48.40)	1.698*** (48.57)	1.922*** (64.49)	1.951*** (65.66)	1.73*** (65.19)	1.69*** (62.22)
$EX_{i(t-1)}$	-0.004 (-0.09)	-0.016 (-0.31)	0.0191 (0.57)	0.018 (0.55)	-0.110** (-2.49)	-1.95*** (-2.75)	-0.025 (-0.93)	-0.0318 (-1.15)
$WAGE_{i(t-1)}$	—	0.048 (1.42)	—	-0.022 (-0.88)	—	0.0212 (0.91)	—	0.111*** (5.72)
$FY_{i(t-1)}$	-0.084*** (-4.21)	—	-0.019 (-1.08)	—	-0.094*** (-7.03)	—	0.011 (0.77)	—
$TFP_{i(t-1)}$	-0.081*** (-3.75)	-0.120*** (-5.98)	0.021 (1.14)	0.014 (0.87)	-0.031** (-2.19)	-0.077*** (-5.74)	-0.036** (-2.49)	-0.051*** (-3.89)
$NEW_{i(t-1)}$	0.0235 (0.38)	0.0050 (0.08)	-0.0003 (-0.01)	-0.016 (-0.27)	-0.058* (-1.71)	-0.080** (-2.36)	-0.0018 (-0.05)	-0.006 (-0.18)
$SIZE_{i(t-1)}$	0.289*** (14.39)	0.234*** (15.33)	0.103*** (7.11)	0.091*** (8.13)	0.340*** (25.40)	0.285*** (27.29)	0.122*** (10.34)	0.128*** (13.98)
$SUB_{i(t-1)}$	0.055 (1.25)	0.028 (0.64)	-0.030 (-0.76)	-0.032 (-0.81)	-0.028 (-0.97)	-0.051 (-0.75)	0.026 (0.87)	0.0253 (0.83)

续表

系数	劳动密集型企业				资本密集型企业			
	内资企业		外资企业		内资企业		外资企业	
$MID_{i(t-1)}$	0.020 (0.81)	0.0458* (1.83)	−0.016 (−0.84)	−0.011 (−0.61)	0.020 (1.24)	0.044*** (2.75)	0.025* (1.67)	0.029** (1.99)
$AGE_{i(t-1)}$	−0.072*** (−3.03)	−0.081*** (−3.41)	−0.069** (−2.16)	−0.073** (−2.27)	−0.086*** (−5.37)	−0.100*** (−6.26)	−0.099*** (−3.96)	−0.100*** (−3.98)
C	−2.26*** (−7.39)	−1.82*** (−5.88)	−7.39*** (−8.26)	−7.307*** (−8.16)	−8.55*** (−13.41)	−8.88*** (−14.05)	−1.54** (−2.35)	−1.82*** (−2.83)
type	Y	Y	Y	Y	Y	Y	Y	Y
region	Y	Y	Y	Y	Y	Y	Y	Y
ind	Y	Y	Y	Y	Y	Y	Y	Y
year	Y	Y	Y	Y	Y	Y	Y	Y
OBS	13776	13814	14373	14418	44792	44840	25371	25450
伪 R^2	0.4303	0.4285	0.3220	0.3223	0.4558	0.4542	0.3878	0.3889
似然值	−3417.4	−3436.6	−5128.33	−5146.2	−7250.4	−7272.0	−8476.5	−8491.3
卡方值	5161.69	5152.90	4871.94	4893.9	12144.1	12105.1	10739.30	10808.8
P 值	0.0000***	0.0000***	0.0000***	0.0000***	0.0000***	0.0000***	0.0000***	0.0000***

注：①括号内值为 Z 统计值，Y 表示以虚拟变量的形式控制了相应的变量。
②***、** 和 * 分别表示在1%、5%和10%的显著性水平显著。
资料来源：根据中国工业企业数据库的企业数据计算而得。

劳动密集型制造业企业估计结果显示，外需疲软在4个方程中的估计结果均不显著（未能通过10%的显著性检验），这表明外需疲软并不会改变劳动密集型企业技术复杂度演进的原有"轨迹"，即外需疲软不会对劳动密集型制造业增长方式转变产生显著的冲击。导致这一现象出现的原因可能在于，外需疲软引致型正向效应（倒逼效应）和负向效应（制约效应）的作用力较为接近，进而使得该变量出现不显著的估计结果。成本变量中的劳动力成本上升对劳动密集型内外资制造业的作用力并不显著，非要素成本上升对劳动密集型外资企业的作用力也不显著，但该变量对劳动密集型内资企业技术复杂度升级表现出显著的负效应（通过了1%的显著性检验），这表明非要素型成本上升不利于劳动密集型内资企业的技术复杂度升级。

资本密集型制造业企业估计结果显示，外需疲软对资本密集型内资企业具有显著的负效应（估计结果通过了至少5%的显著性检验），而对资本密集型外资制造业的作用力并不显著。这表明，外需疲软给资本密集型内资制造业带来的"制约效应"大于其"倒逼效应"。导致这一现象出现的原因可能在于，中国在资本密集型行业上的比较优势明显小于劳动密集型行业，为此，支撑起资本密集型内资企业"倒逼效应"的能力相对有限，进而促使"倒逼效应"小于"制约效应"。非要素成本上升对资本密集型内资制造业技术复杂度表现出显著的负效应，而劳动力价格上升则给资本密集型外资制造业技术复杂度表现出显著的促进作用，这表明，劳动力价格上涨给资本密集型外资制造业带来的正效应明显大于负效应。对比两类密集型制造业的估计结果，还有以下发现：

一是企业前一期技术复杂度水平的估计结果均为正，且通过了至少1%的显著性检验。这表明，前期的升级探索会对后期升级产生正效应，这一结论为安同良（2003）的"初始技术依赖理论"提供了微观企业层面的经验证据，[1] 深化了企业技术选择领域的已有研究。另外，这一结论还表明，沉没成本对中国制造业企业技术复杂度动态演进决策具有显著的"学习效应"，为此，通过鼓励企业进行技术创新和研发等形式的技术复杂度提升型探索，能有效地加快中国企业技术复杂度升级，促进经济增长方式转变。

二是全要素生产率的估计系数，均未呈现"显著为正"的特征。企业全要素生产率的估计结果显示，劳动密集型内资制造业全要素生产率提升不利于企业从低技术复杂度向高技术复杂度转变（估计结果显著为负，且均通过1%的显著性检验），劳动密集型外资制造业的估计结果并不显著（两个方程均未通过10%的显著性检验），资本密集型内外资制造业企业的估计结果显著为负。导致劳动密集型外资制造业估计结果不显著的原因可能在于，外商在中国投资的劳动密集型企业多为不含研发部门的加工组装型企业，其技术更新和赶超更多地取决于境外母公司的全球决策，从而使得全要素生产率对其技术复杂度动态演进决策不敏感。全要素生产率估计结果显著为负（劳动密集型内资企业和资本密集型内外资企业）或不显著（劳动密集型外资企业）还表明，企业在全要素生产率得以提升后，会懒于采取技术复杂度赶超其他企业的策略，即中国制造业企业存在显著的技术复杂度"赶超惰性"。"赶超惰性"在企业年龄的估计结果中也得到了印证，内外资制造业企业年龄的8个估计系数均显著为负，即经营经验越丰富的企业越懒于进行技术复杂度赶超。

三是企业规模变量的估计结果中均显著为正（通过至少1%的显著性检验），这表明规模越大的企业越有能力执行技术复杂度升级和赶超策略。由于本节的规模变量用企业固定资产表示，且该变量的估计系数明显大于同方程中被解释变量滞后项之外其他估计变量的系数，这在一定程度上表明，资本积累不仅有助于中国企业技术复杂度升级，更是赶超的核心动力和中坚力量。这一微观估计结论与

---

[1] 安同良（2003）构建了中国企业技术依赖方面的相关理论，其通过案例分析验证其理论的正确性，而本节通过实证分析的形式证实中国企业技术选择的依赖性，一定程度上深化了已有研究。

陈晓华、黄先海和刘慧（2011）与熊俊和于津平（2012）基于省级区域层面的估计结果是一致的。

最后，在控制劳动力成本变量的情况下，企业投入产出效率的提升均有助于内资制造业技术复杂度升级，这在一定程度上表明，企业在所承担的员工成本不变的情况下，员工技能的提升有助于内资制造业技术复杂度升级与赶超。[①] 补贴变量在估计结果中均不显著，未能通过10%的显著性检验，这一现象出现的症结可能在于，补贴能够提高中国企业的盈利能力，在能盈利的情况下，"赶超惰性"会促使中国企业懒于执行有一定风险的升级和赶超策略。另外，成本上升和外需疲软等变量对内外资和要素密集度异质性企业技术复杂度动态演进的作用力并不相同，这在很大程度上证明了严格区分内外资和要素密集度差异进行研究的合理性。

（3）三倍门槛标准下的估计结果与分析：兼顾被解释变量范围调整型稳健性检验

通过变更高技术复杂度门槛值的形式，我们进一步分析成本上升和外需疲软对更高门槛条件下技术复杂度演进的影响。表5-3报告了高技术复杂度企业门槛值为3ω时的估计结果。可知，各变量的显著性与预期符号和表5-2几乎一致，为此我们可以推定，首先，偏离"比较优势零值"较远型企业的技术复杂度升级和赶超的动力机制与偏离"比较优势零值"相对较近型企业是相似的；其次，无论企业技术复杂度的高低，成本上升和外需疲软对相同所有制类型和要素密集度制造业企业技术复杂度的作用力是相同的；最后，表5-4的估计结果是稳健可靠的，变更门槛值对估计结果影响不大。

表5-3　　　　　　　　　　三倍门槛标准下的估计结果

系数	劳动密集型企业				资本密集型企业			
	内资制造业		外资制造业		内资制造业		外资制造业	
$GFZD_{i(t-1)}$	1.98 *** (36.24)	2.026 *** (37.31)	1.781 *** (42.09)	1.78 *** (42.0)	2.04 *** (49.5)	2.07 *** (50.31)	1.59 *** (68.79)	1.80 *** (56.45)
$EX_{i(t-1)}$	0.029 (0.47)	0.0139 (0.22)	-0.0008 (-0.02)	-0.0047 (-0.12)	-0.119 ** (-2.07)	-0.131 ** (-2.29)	0.002 (0.10)	0.009 (0.29)
$WAGE_{i(t-1)}$	—	0.0422 (1.02)	—	0.0134 (0.45)	—	0.022 (0.77)	—	0.117 *** (5.35)

[①] 这一结论的机理在于，在劳动力成本不变的情况下，员工技能的提升会有效地促进投入产出效率提升，进而推动制造业技术复杂度动态演进。

续表

系数	劳动密集型企业				资本密集型企业			
	内资制造业		外资制造业		内资制造业		外资制造业	
$FY_{i(t-1)}$	-0.097*** (-4.07)	—	-0.0008 (-0.47)	—	-0.105*** (-6.23)	—	0.011 (0.10)	—
$TFP_{i(t-1)}$	-0.088*** (-3.47)	-0.1349*** (-5.59)	-0.0263 (-1.24)	-0.0321* (-1.71)	-0.033* (-1.92)	-0.082*** (-4.97)	-0.022* (-1.72)	-0.052*** (-3.51)
$NEW_{i(t-1)}$	-0.015 (-0.21)	-0.0385 (-0.52)	-0.03903 (-0.56)	-0.0582 (-0.84)	-0.075* (-1.73)	-0.098** (-2.27)	0.023 (0.71)	-0.009 (-0.23)
$SIZE_{i(t-1)}$	0.3155*** (13.21)	0.2531*** (14.02)	0.0953*** (5.79)	0.089*** (7.10)	0.351*** (21.11)	0.288*** (22.41)	0.127*** (12.11)	0.131*** (12.74)
$SUB_{i(t-1)}$	0.0364 (0.68)	0.0038 (0.07)	-0.0182 (-0.39)	-0.024 (-0.52)	-0.004 (-0.13)	-0.026 (-0.72)	0.0311 (1.12)	0.008 (0.25)
$MID_{i(t-1)}$	0.0367 (1.48)	0.0707** (2.40)	0.008 (0.39)	0.009 (0.42)	0.003 (0.20)	0.029 (1.56)	0.042*** (3.02)	0.0067** (2.40)
$AGE_{i(t-1)}$	-0.0501* (-1.72)	-0.0589** (-2.03)	-0.069* (-1.87)	-0.074** (-2.02)	-0.1029*** (-4.97)	-0.117*** (-5.74)	-0.050** (-2.27)	-0.104*** (-3.65)
C	-3.24*** (-8.52)	-2.895*** (-7.51)	-6.89*** (-6.89)	-6.91*** (-14.99)	-7.29 (-21.5)	-7.73*** (-23.2)	-2.358*** (-3.89)	-1.93 (-3.06)
type	Y	Y	Y	Y	Y	Y	Y	Y
region	Y	Y	Y	Y	Y	Y	Y	Y
ind	Y	Y	Y	Y	Y	Y	Y	Y
year	Y	Y	Y	Y	Y	Y	Y	Y
OBS	13776	13814	14362	14407	44780	44828	25382	25450
伪 R^2	0.4287	0.4270	0.3203	0.3204	0.4532	0.4513	0.3658	0.4055
似然	-2205.0	-2216.0	-3696.1	-3715.6	-4261.7	-4275.9	-11060.7	-6295.3
卡方	3309.2	3303.26	3483.3	3503.0	7065.0	7034.3	12756.7	8587.58
P 值	0.0000***	0.0000***	0.0000***	0.0000***	0.0000***	0.0000***	0.0000***	0.0000***

注：***、**和*分别代表在1%、5%和10%的显著性水平上显著。
资料来源：根据中国工业企业数据库的企业数据计算而得。

表5-4　　　　　　　　Tobit 估计法的稳健性检验结果

系数	劳动密集型企业				资本密集型企业			
	内资制造业		外资制造业		内资制造业		外资制造业	
$GFZD_{i(t-1)}$	0.6099*** (62.09)	0.612*** (62.75)	0.429*** (42.19)	0.4292*** (41.98)	0.643*** (128.7)	0.6439*** (128.8)	0.541*** (68.72)	0.5347*** (67.41)
$EX_{i(t-1)}$	-0.0002 (-0.04)	-0.001 (-0.15)	0.0056 (0.89)	0.0057 (0.90)	-0.011*** (-2.78)	-0.011*** (-2.98)	-0.0047 (-0.94)	-0.005 (-1.14)

续表

系数	劳动密集型企业				资本密集型企业			
	内资制造业		外资制造业		内资制造业		外资制造业	
$WAGE_{i(t-1)}$	—	0.0011 (0.26)	-0.0057 (-1.08)		0.00012 (0.06)		0.0199*** (5.41)	
$FY_{i(t-1)}$	-0.0069** (-2.54)	—	-0.0009 (-0.24)		-0.0045*** (-3.81)		0.0059 (1.11)	
$TFP_{i(t-1)}$	-0.0067** (-2.21)	-0.0097*** (-3.48)	0.0059 (1.48)	0.0060 (1.67)	-00006** (-2.05)	-0.0022* (-1.85)	-0.005** (-2.13)	-0.0063*** (-2.55)
$NEW_{i(t-1)}$	0.0068 (0.75)	0.0053 (0.58)	0.0115 (0.92)	0.0084 (0.68)	-0.0042** (-2.30)	-0.0056* (-1.73)	0.0001 (0.02)	-0.00005 (-0.01)
$SIZE_{i(t-1)}$	0.0313*** (12.93)	0.0273*** (14.29)	0.0177*** (5.91)	0.0170*** (7.09)	0.0226*** (22.60)	0.0204*** (25.67)	0.020*** (9.42)	0.02271*** (13.63)
$SUB_{i(t-1)}$	0.0095 (1.45)	0.0073 (1.14)	-0.0034 (-0.43)	-0.0036 (-0.46)	-0.0015 (-0.56)	-0.0025 (-0.93)	0.0053 (0.90)	0.0052 (0.89)
$MID_{i(t-1)}$	0.0005 (0.16)	0.0025* (1.70)	-0.0047 (-0.43)	-0.0047 (-1.20)	0.00063 (0.40)	0.0017* (2.15)	0.0046* (2.58)	0.0042* (2.50)
$AGE_{i(t-1)}$	-0.0073** (-2.28)	-0.0080** (-2.51)	-0.0104** (-2.44)	-0.0102** (-2.43)	-0.0061*** (-4.38)	-0.007*** (-5.02)	-0.0202*** (-4.17)	-0.0198*** (-4.09)
C	-0.178* (-1.67)	-0.1784* (-1.77)	-0.4148 (-1.32)	-0.4037 (-1.28)	-0.1523 (-1.25)	-0.17684 (-1.45)	0.0931 (0.73)	0.0219 (0.18)
$Sigma\_E$	0.2562*** (122.0)	0.2566*** (122.3)	0.2853*** (123.69)	0.2851*** (123.8)	0.2081*** (231.5)	0.2079*** (231.5)	0.3051*** (161.6)	0.3053*** (161.9)
type	Y	Y	Y	Y	Y	Y	Y	Y
region	Y	Y	Y	Y	Y	Y	Y	Y
ind	Y	Y	Y	Y	Y	Y	Y	Y
year	Y	Y	Y	Y	Y	Y	Y	Y
OBS	13783	13822	14384	14429	44792	44840	25383	25462
卡方	7085.55	7120.29	2909.67	2885.32	27016.79	27014.1	9707.71	9780.10
P值	0.0000***	0.0000***	0.0000***	0.0000***	0.0000***	0.0000***	0.0000***	0.0000***

注：***、**和*分别代表在1%、5%和10%的显著性水平上显著。
资料来源：根据中国工业企业数据库的企业数据计算而得。

（4）调整估计方法的稳健性检验

前文运用Probit模型从企业异质性层面就成本上升和外需疲软对中国制造业技术复杂度动态演进的影响进行了实证分析，为确保估计结果科学、可靠，我们进一步对前文估计结果的稳健性进行诊断。根据已有研究可知，对于同一研究对象,一旦 Tobit 模型的估计结果和 Probit 模型的估计结果一致,则该估计结果是稳健可靠的。为此,笔者借助 Tobit 模型进行了实证分析(见表5-4)。对比表5-2和表5-3可知,表5-2的估计结果不受估计方法变迁的影响,为此,前文的估计结果和分析是稳健的。

5.1.3 基本结论与启示

本节结合前文所构建的企业异质性层面产品技术复杂度的理论测度工具,并借助965992组企业层面数据,在前文判定2000~2007年中国劳动密集型内外资制造业企业和资本密集型内外资制造业企业技术复杂度的基础上,运用 Probit 模型从内外资和要素密集度异质性视角就成本上升和外需疲软对中国制造业技术复杂度升级的作用机制进行实证分析。得到的结论与启示主要有:

一是不仅内资企业采取了技术复杂度赶超策略,外资企业也采取了赶超策略,且高复杂度的生产技术往往掌握在少数企业手中。基于修正后的林毅夫(2002)模型的劳动密集型制造业和资本密集型制造业判定结果显示,以两倍门槛为标准的高技术复杂度企业约为总数的20%,而以四倍门槛为标准的高技术复杂度企业仅占总数的5%左右。另外,2000~2007年间,内外资高技术复杂度企业的数量均有较大幅度的提升。这表明,内资制造业企业的技术复杂度赶超,呈现出显著的"逆水行舟"特征。为此,本土企业要真正实现技术水平超越外资企业,不仅要执行赶超战略,还应注意赶超的速度和策略以免陷入"长期尾随型"赶超和"赶超陷阱"。

二是中国制造业企业在技术复杂度深化过程中,存在显著的"赶超惰性"。内外资和要素密集度异质性层面的估计结果均显示,全要素生产率提升未能对技术复杂度动态演进表现出显著的正效应,即"赶超惰性"在不同要素密集度的内外资企业中均存在,这一结论还在企业年龄的估计结果中得到了印证。高全要素生产率和历史悠久的企业往往容易成为行业标杆,其所具有的"赶超惰性"很容易感染同行业企业。为此,应积极鼓励"标杆"型企业进行技术复杂度赶超,使其对"非标杆"型企业技术复杂度升级发挥正向的示范效应和鞭答效应,以逐步消除"赶超惰性"带来的不利影响,推动中国制造业技术复杂度整体性升级和赶超,实现经济增长方式快速转变。

三是外需疲软会对资本密集型内资制造业技术复杂度升级产生负向效应,不会改变劳动密集型制造业和资本密集型外资制造业技术复杂度升级的原有轨迹。导致资本密集型内资制造业出现负效应的原因,可能还在于,资本密集型内资制造业的竞争力明显弱于劳动密集型企业,本土劳动密集型企业产品的出口量远远大于本土资本密集型企业，结合前文的五部门分析模型可知："倒逼机制"会出现于劳动力密集型本土企业，进而降低外需疲软对其产生的负效应，而"倒逼机制"的缺失使得外需疲软降低资本密集型企业的技术革新能力，从而不利于产品技术复杂度升级。

四是要素型成本上升和非要素型成本上升对技术复杂度升级的作用力并不相同。实证结果显示，非要素型成本上升不会明显提升制造业企业技术复杂度升级能力（四个估计结果要么显著为负，要么不显著），要素型成本上升不会显著降低制造业技术复杂度的升级能力（四个估计结果要么显著为正，要么不显著）。可见，非要素型成本上升给制造业技术复杂度带来的损害明显大于要素型成本上升，为此，政府在对要素价格进行宏观调控的同时，还应引导企业控制非要素型成本上升，进而更全面地降低成本上升给制造业技术复杂度动态演进带来的负向冲击。

五是资本积累和"沉没成本"对制造业技术复杂度具有显著的促进作用，现有的补贴制度并不具备调节制造业技术复杂度升级的功能。资本积累和"沉没成本"的估计结果，符合已有研究及笔者的预期，而补贴的估计结果则与政府的意图存在明显偏差，为此，有必要重新审视中国现行的制造业补贴制度，以扭转补贴在技术复杂度升级中"不作为"的不利局面。内资制造业和劳动密集型外资制造业的估计结果表明，在控制劳动力成本的条件下，企业投入产出效率提升会有效地推动上述两类制造业技术复杂度升级。为此，可逐渐将现行的企业补贴机制改为以人力资本提升为导向的员工技能培训补贴，以在不增加企业劳动力成本的条件下，帮助企业实现投入产出效率改进型人力资本积累，进而提高企业技术复杂度升级和赶超的能力，这也从微观企业层面证实了国家出资培训农民工策略的正确性。

5.2 外需疲软、要素价格扭曲改善性成本上升与制造业技术复杂度升级

改革开放以来，持续快速的经济增长逐渐成为中国制造业技术复杂度演进的主要动力（Rodrik，2006；黄先海、陈晓华和刘慧，2010），然而，随着改革开放的深入和世界经济形势的发展变化，中国经济增长出现了两个重要的制约因素：一是经济增长与要素价格扭曲的矛盾日益突出，中国的要素市场改革并未与经济发展水平同步深化，前者严重滞后于后者（张杰等，2011），形成了明显的要素价格扭曲格局，这种扭曲在部分区域和产业还呈现出日益严重的趋势（简泽，2011），这种矛盾不仅导致中国经济运行的低效率，还不断地削弱经济增长

的潜力和动力；二是外需疲软，持续稳健的外需一度是中国经济增长的助推器，然而金融危机过后，外需疲软已经成为中国制造业不得不面对的困境，以2014年2月和3月为例，中国出口额同比分别下降了18.1%和6.6%。这两大"瓶颈"对中国经济增长产生了深远的影响，使得中国经济增长的效率和速度明显下降。

这两大制约因素又会对中国制造业技术复杂度演进产生什么样的冲击呢？实现制造业技术复杂度快速升级，缩小与高技术国家的差距甚至赶超，是中国实现经济发展方式转变和经济质量提升的核心内容和重要途径，而要素价格扭曲程度的降低在一定程度上意味着企业用工的"性价比"降低，即企业的成本上升。为此，研究要素价格扭曲和外需疲软对中国制造业技术复杂度的影响，不仅对中国制定技术赶超和经济增长方式转变方面的政策具有重要的参考价值，还对中国制造业应对当前外需疲软和成本上升困境具有一定的借鉴意义。综合前文的文献回顾可以发现：已有研究虽然注意到要素价格扭曲和外需疲软对制造业技术复杂度的作用机制，但因研究历史相对较短，仍存在以下不足：一是要素价格扭曲和外需疲软对技术复杂度的作用机制仅能通过推理实现，具体的经验研究相对较少；二是要素价格扭曲现有的测度方法多为宏观产业层面的，缺乏微观企业层面的测度方法；三是企业既是要素价格扭曲和外需疲软的微观承受者，也是技术复杂度的主要推动者，要素价格扭曲、外需疲软和出口技术复杂度领域的研究并未考虑企业异质性特征，所得结论不一定能反映企业的微观行为机制；四是外需疲软与要素价格扭曲是中国制造业技术复杂度演进中所面临的相对较新的外部特征，尚无学者就二者共存对中国制造业技术复杂度演进的作用机制进行经验分析。

为弥补上述不足，本节基于企业异质性理论的最新研究结论，在考虑微观企业要素投入的内生性及不可观测性特征的基础上，构建要素价格扭曲的新型测度方法。进而基于企业异质性视角，运用Heckman两步法就要素价格扭曲和外需疲软对中国制造业技术复杂度动态演进的影响进行实证分析，以揭示二者对制造业技术复杂度的微观作用机制，并为该领域的理论发展提供可靠的微观经验证据。

5.2.1 中国制造业要素价格扭曲与外需疲软的特征分析：基于微观企业视角

（1）要素价格扭曲的测度与分析

借鉴何塞和柯来诺（Hsieh，Klenow，2009）和施炳展和冼国明（2012）的研究，本节借助 C-D 函数从微观企业层面测度中国要素价格扭曲程度，具体生产函数如下：

$$Y = AL^{\alpha}K^{\beta} \qquad (5-3)$$

其中，Y 为企业的产出，用企业工业增加值表示，L 为企业劳动投入，K 为资本投入。此时，企业的劳动和资本要素的边际产出分别为：

$$MP_k = A\beta L^{\alpha}K^{\beta-1} = \beta Y/K, \ MP_l = A\alpha L^{\alpha-1}K^{\beta} = \alpha Y/L \qquad (5-4)$$

由此，我们可以测算出要素的价格扭曲程度。

$$DK = MP_k/r, \ DL = MP_l/w, \qquad (5-5)$$

其中，r 为资本的实际报酬，用利息率表示；w 为劳动力的实际报酬，用工资表示；DK 和 DL 分别为资本和劳动价格扭曲程度。在 α 和 β 的测度方法中，列文肖恩和皮特伦（Levinsohn，Petrin，2003）提出的 LP 法不仅能够处理变量间的内生性，还能捕捉"零投资"样本信息。为此，此处采用 LP 法来测度 α、β。实际测度中，我们不仅采用了列文肖恩和皮特伦（Levinsohn，Petrin，2003）建议的企业中间投入变量，还进一步纳入企业财务及管理方面的费用作为识别 ω 的代理变量。在测度出 α 和 β 的同时，此处测度出了企业的全要素生产率（TFP）。在测算资本价格扭曲程度时，利息的测算我们参考施炳展和冼国明（2012）的做法，先测算出企业利息支出与负债合计的比值，当该比值高于 0.05 时，将其设定为该企业的利率，当比值小于 0.05 或为空缺时，以各所有制企业历年贷款的平均利率表示该企业利率。

由于数据样本相对较大，[①] 一些"非明显"异常样本在初次筛选中并未完全剔除，使得部分企业的测度结果严重偏离要素价格扭曲实际，进而呈现出显著的非正态特征（见图 5-1 左一和左二）。为此，笔者在参照张琼（2010）关于正态分布非线性估计研究结论的基础上，采用正态分布去"两端异常极值"的方式，删除了测度结果中要素价格扭曲程度大于 100 和小于 0.01 的企业。图 5-1 中右一和右二报告了 2000~2007 年去除"两端异常极值"后两类要素价格扭曲的分布情况，可见处理后的数据更接近于正态分布，更符合大样本数据的分布规律。另外，考虑到新进入和退出的企业有着不同于普通企业的运行机制，可能会加剧或缓解企业的要素价格扭曲程度，进而影响测度结果的可靠性，笔者将正态化处理后样本中持续经营的企业（2000~2007 年）作为研究对象。经过上述筛选后的企业共 34794 家。

[①] 所采集的数据和初步的处理方法与 4.1.2 部分相同，企业层面的技术复杂度也源于 4.1.2 小节的测度结果。

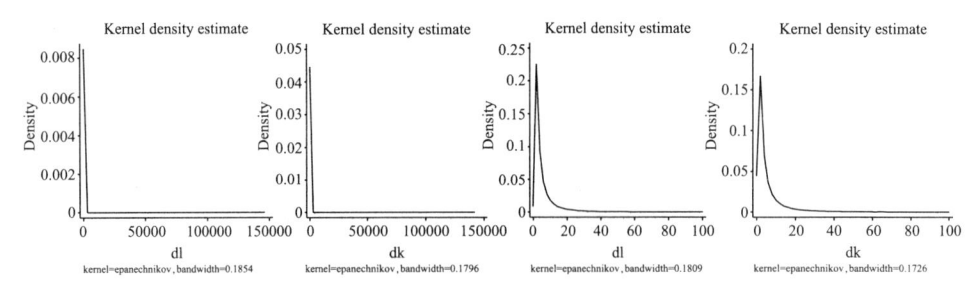

图5-1 2000~2007年劳动和资本价格扭曲程度的分布

注：图5-1左一和左二为正态化处理前，图5-1右一和右二为正态化处理后。
资料来源：根据中国工业企业数据库的企业数据计算而得。

表5-5报告了中国制造业要素价格扭曲的测度结果，整体上看劳动和资本的价格扭曲程度均呈现出上升的趋势，劳动价格扭曲程度从2000年的5.565提升到了2007年的6.176，资本价格扭曲程度从2000年的6.17提升到了2007年的7.515，资本价格扭曲的增幅明显大于劳动力。这一现象出现的原因可能在于，前几年"民工荒"的持续出现一定程度上提高了劳动力的报酬，进而放缓了劳动力价格扭曲加深的步伐，另外，中国持续采用投资推动经济增长的政策一定程度上也加剧了资本价格扭曲程度。从存在价格扭曲企业的比重上看，有劳动力价格扭曲企业的比重（大于90%）明显大于有资本价格扭曲企业的比重（大于60%），且存在资本价格扭曲企业的比重呈现出不断扩大的趋势。可见，多数中国制造业企业存在要素价格扭曲。

具体所有制的测度结果显示，集体企业和私营企业的要素价格扭曲程度是最高的，其次是两类外资，而扭曲程度最低的是国有企业，且五类所有制企业的资本价格扭曲呈现出不断加剧的趋势。内资企业的劳动力价格扭曲程度呈现出逐渐上升的趋势，外资企业和港澳台外资企业的劳动力价格扭曲程度呈现出一定的下降趋势。导致这一现象出现的原因可能在于，外资更倾向于使用中国的熟练劳动力，加入WTO以后大量外资介入中国市场，其对熟练劳动力需求的增长幅度超过了中国的培养速度，进而一定程度上拔高了在外资企业就业的熟练劳动力的工资，从而使得两类外资的劳动力价格扭曲程度呈现逐渐下降的趋势。从要素密度异质性企业要素价格扭曲均值上看，2000~2007年间，劳动密集型产业的劳动力价格扭曲程度明显小于资本密集型产业，资本密集型产业的资本价格扭曲程度明显小于劳动密集型产业。

表 5-5　　　　　　　　2000～2007 年要素价格扭曲程度的测度结果

类型		扭曲面	整体	国有企业	集体企业	私营企业	港澳台资企业	其他外资企业	劳动密集型企业	资本密集型企业
劳动价格扭曲	2000 年	90.76	5.57	3.92	6.77	5.8	6.37	5.76	5.33	6.15
	2001 年	90.77	5.62	3.44	7.58	6.11	6.37	7.77	5.31	6.02
	2002 年	91.34	5.85	4.73	7.68	6.11	6.8	5.35	5.29	6.65
	2003 年	91.64	6.33	4.24	9.91	7.15	6.31	5.06	6.21	6.6
	2005 年	91.41	6.45	4.55	7.77	6.49	5.37	4.48	7.33	6.08
	2006 年	91.24	6.77	5.43	8.41	7.2	5.37	3.83	7.01	6.16
	2007 年	90.95	6.18	5.47	8.59	7.42	5.46	3.78	6.14	6.35
	均值	91.16	6.11	4.54	8.1	6.61	6.01	5.15	6.09	6.29
资本价格扭曲	2000 年	64.8	6.17	1.75	11.8	7.08	4.44	6.92	5.37	6.98
	2001 年	66.41	5.94	1.56	13.8	6.82	3.86	6.83	5.42	6.77
	2002 年	68.53	5.27	1.68	7.61	6.47	4.42	5.49	5.66	4.97
	2003 年	70.16	5.25	2.11	7.89	6.05	4.98	6.01	6.23	4.84
	2005 年	73.64	5.75	3.78	8.74	6.84	5.43	6.74	6.84	5.32
	2006 年	75.5	7.04	3.92	10.6	8.9	6.08	7.3	6.35	7.3
	2007 年	77.14	7.52	3.35	12.4	8.12	6.15	7.55	8.85	7.02
	均值	70.88	6.13	2.59	11.1	7.18	5.05	6.69	6.39	6.17
企业数量		—	34794	2486	2513	10052	5025	5164	9481	25313

注：①扭曲面是指，要素劳动或资本价格扭曲程度大于 1 的企业占所有企业的比重。劳动密集型企业和资本密集型企业，划分标准参照刘慧（2013）。

②由于部分类型的企业难以判定其所有制性质，如代号为 130 的联营企业和代号为 150 的有限责任公司等，本部分在具体所有制分析时未将其归类，为此，各种所有制企业数量加总不等于整体数量。

③虽然外资企业包含港澳台资企业，但为了揭示港澳台资企业与其他外资企业作用机制的差异，笔者将港澳台资企业与其他外资企业分别进行实证估计。

资料来源：根据中国工业企业数据库的企业数据计算而得。

（2）外需疲软的测度与分析

大面积的外需疲软出现在金融危机之后，国内外学者对外需疲软并未形成系统的测度方法，已有文献多简单采用本年度出口额与前一年度出口额对比的形式衡量外需疲软。① 本节并未采用简单对比的形式来判定外需疲软，而以企业连续几年的出口情况来判定企业的外需疲软，具体为，企业当年出口额比 2000 年至上一年度中任何一年出口额少 10% 时，我们认定该企业为外需疲软。

图 5-2 和图 5-3 报告了 2001～2007 年中国制造业外需疲软的判定结果，由图 5-2 可知，2001～2007 年间面临外需疲软压力的企业数量呈现波动状态，

---

① 外需疲软领域专门的研究相对较少，大量的文献为报道，且多采用本年度与上一年度对比度形式来分析外需疲软，本节研究方法的优点在于，有更强的识别能力，如当第一年企业出口额为 100 万元，第二年出口额为 80 万元，第三年出口额为 85 万元，采用简单两年对比的形式第三年不会被界定为外需疲软，而实际上企业并未达到"完全开工"状态，处于外需疲软阶段，而采用本节的测度方法则能有效地捕捉该信息。

面临外需疲软的本土企业数量明显大于非本土企业的数量，且本土企业的曲线与整体层面的曲线几乎平行，这在一定程度上表明，本土企业是中国外需疲软的微观承担主体。由图5-3可知，面临外需疲软的资本密集型企业数量明显高于劳动密集型企业，但劳动密集型企业面临外需疲软的比重明显高于资本密集型企业，这在一定程度上表明，外需疲软对劳动密集型企业带来的冲击面大于对资本密集型企业带来的冲击面。这一现象出现的原因可能在于，中国劳动密集型产品的差异化程度低于资本密集型产品的差异化程度，在外需疲软时企业会采取"竞相压价"的营销措施，进而使得国际订单被多数企业所分解，导致很多企业未能得到满足自己产能的外部需求，从而出现较大面积的外需疲软。

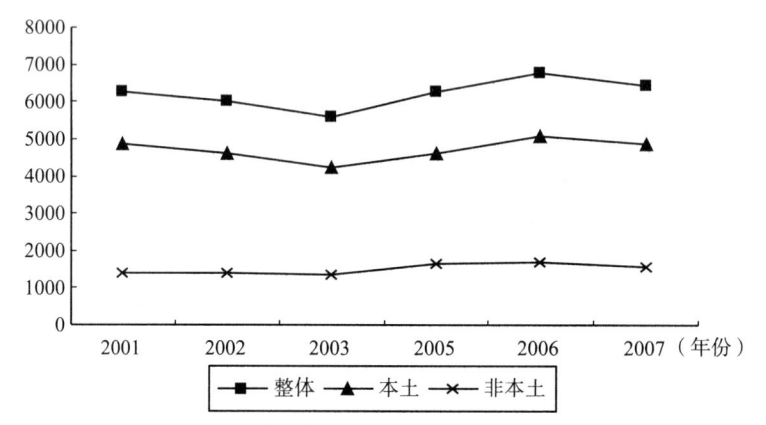

图5-2　本土企业与非本土企业外需疲软的判定结果

资料来源：根据中国工业企业统计数据库数据整理而得。

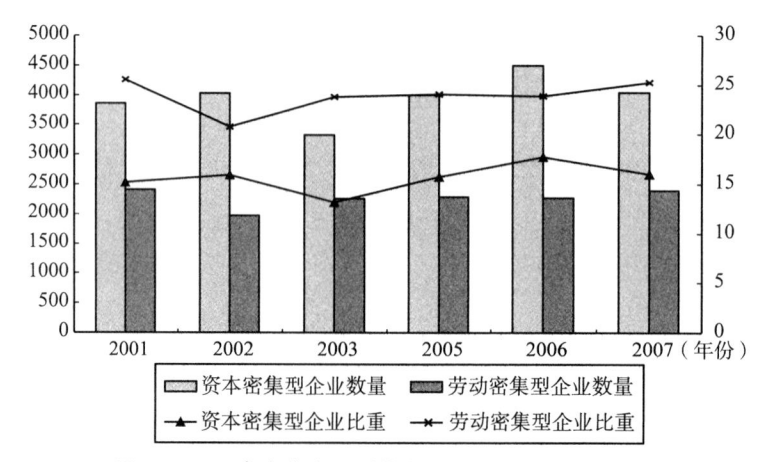

图5-3　要素密集度异质性企业外需疲软的判定结果

资料来源：根据中国工业企业统计数据库数据整理而得。

5.2.2 模型的设定与变量的选择

(1) 模型的设定

本节旨在分析要素价格扭曲和外需疲软对企业技术复杂度动态演进的影响，由于无法直接观测到企业的技术复杂度，此处借鉴林毅夫（2002）和康志勇（2013）的研究，采用资本劳动比的方法来衡量企业的技术复杂度。比林毅夫（2002）和康志勇（2013）更进一步的是，我们对上述方法做以下两方面的改进：一是考虑到不同要素密集型制造业的最优技术复杂度选择存在较大的差异，笔者将 TCI 和 TCI* 中的国家层面资本与劳动力换成具体产业层面的资本与劳动力进行核算；二是本节采用的是微观大样本数据，微观企业层面的劳动力流动性较高，进而使得企业的资本密集度很容易出现偏离"比较优势零值"的情况，在综合分析林毅夫（2002）、罗德里克（Rodrik，2006）与陈晓华、黄先海和刘慧（2011）研究的基础上，笔者设定标准如下：① 当 $TCI_i > 2TCI^*$ 时，设定被解释变量为1，否则为0。

考虑到本节的数据处理比 5.1 节更为精细，样本数量相对更少，我们借鉴赫克曼（Heckman，1979）的研究，同时，构建"质变方程"和"量变方程"来刻画要素价格扭曲和外需疲软对技术复杂度的影响，以提高估计结果的可靠性。具体方程如下：

$$P(FZD_{it} = 1 \mid Z_{i(t-1)}) = \phi(a_0 + a_1 FZD_{i(t-1)} + \lambda_m X^m_{i(t-1)} + \beta_t W^t_{i(t-1)} + \sum type_j$$
$$+ \sum region_j + \sum ind_j + \sum year_j + \varepsilon_{it}) \quad (5-6)$$

$$TCI_{it} = a_0 + \lambda_m X^m_{i(t-1)} + \beta_t W^t_{i(t-1)} + \varepsilon_{it} \quad (5-7)$$

其中，式（5-6）为"质变方程"，式（5-7）为"量变方程"。$Z_{i(t-1)}$ 为企业所具备的异质性特征，$\Phi(\cdot)$ 为概率密度函数，FZD 用来刻画企业技术复杂度的质变过程，TCI 用来刻画企业技术复杂度的量变过程。X 是解释变量，即要素价格扭曲及外需疲软，W 为其他控制变量。由于企业的技术复杂度升级可能存在"初始状态依赖"，本节将技术复杂度高低的前一期状态作为解释变量置于本节的实证方程，结合赵伟和赵金亮（2011）的研究可知，该变量还能反映企业技术复杂度升级型探索的沉没成本。另外，为了缓解变量"共时性"可能引致的估计偏差，笔者将所有的控制变量和解释变量取滞后一期。最后，在"质变方

---

① 上述两个处理方法在第4章也作了相应的解释。

程"中，我们还进一步加入了企业所有制类型（type）、省级区域（region）、行业（ind）和年份（year）的虚拟变量，以提高估计结果的可靠性。①

（2）变量的选择

本节的被解释变量为2000～2007年间持续经营企业的技术复杂度，核心解释变量为要素价格扭曲和外需疲软（EX），要素价格扭曲采用前文基于LP法的测度结果，外需疲软基于前文的研究以虚拟变量的形式表示，当企业存在外需疲软时，令EX为1，否则为0。

为了提高估计结果的可靠性，本节选择了能反映企业技术复杂度升级异质性特征的控制变量。具体有：(1) 企业全要素生产率（TFP），全要素生产率是刻画企业异质性的核心变量之一（赵伟，赵金亮，2011），本节采用前文基于修正后LP法的测度结果表示；(2) 员工技能（WAGE），员工技能是企业技术复杂度演进的智力基础，考虑到员工技能往往与工资成正比（赵伟，赵金亮，2011），笔者采用企业员工平均工资的自然对数表示；(3) 新产品（NEW），新产品不仅是企业技术复杂度高低的体现，也是企业实现技术复杂度升级的重要路径，本节以虚拟变量形式表示，当企业有新产品推出时，令NEW为1，否则为0；(4) 企业规模（SIZE），规模与企业的风险承受能力密切相关，规模越大的企业从事技术复杂度升级和赶超的能力往往越大，此处借鉴刘慧（2013）的研究，以企业固定资产的自然对数表示；(5) 投入产出效率（MID），投入产出效率越高的企业，其盈利能力越强，进而使得其提升技术复杂度的能力越强。实证中，用ln（工业增加值/中间投入+1）表示；(6) 补贴（SUB），补贴主要是用于反映政府优惠型政策对企业技术复杂度升级的影响，以虚拟变量的形式表示，当企业获得补贴时，令SUB为1，否则为0；(7) 企业年龄（AGE），企业年龄是企业生存能力和市场经验的集中体现，本节以企业存在年龄的自然对数表示。

5.2.3 外需疲软与要素价格扭曲对制造业产品技术复杂度影响的实证分析

（1）两倍门槛阀值条件下的估计结果与分析

本节首先以两倍门槛值作为质变阀值，就要素价格扭曲和外需疲软对制造业技术复杂度的影响进行实证分析。为了提高估计结果的可靠性，我们采用普通

---

① 企业所有子类型、省级区域、行业和年份4个虚拟变量的生成方式与5.1节相同。

Heckman 选择模型和 Heckman 两步法选择模型分别进行了实证估计。表 5-6 报告了整体层面的估计结果，表 5-7 和表 5-8 分别报告了不同所有制层面劳动和资本价格扭曲的估计结果。回归中 Heckman 两步法的米勒系数上均通过了至少 5% 的显著性检验，可见样本确实存在选择性偏差的风险，为此，采用 Heckman 两步法是合理的。值得一提的是，Heckman 选择模型和 Heckman 两步法选择模型的估计结果在显著性和系数方向上基本相似，见表 5-6，这在一定程度上表明，估计结果不受估计方法变化的影响，即估计结果是相对稳健的。

表 5-6、表 5-7 和表 5-8 中解释变量的估计结果表明，首先，劳动力价格扭曲在量变和质变方程的估计结果中均显著为正。这表明，劳动力价格扭曲不仅推动了中国制造业技术复杂度量变型升级，还能促进制造业技术复杂度"质变赶超"型升级（跻身高技术复杂度企业），可见，劳动力要素价格扭曲引致型促进效应大于要素价格扭曲引致型低效率所带来的制约效应。其次，资本价格扭曲有利于促进中国非国有企业技术复杂度的质变型升级和量变型升级，但对国有企业的作用力不显著，导致这一现象出现的原因可能在于，一方面，当前的代理机制降低了国有企业的经营效率和技术敏感性（刘慧、陈晓华和吴应宇，2013），使得资本价格低估对国有企业技术复杂度升级的作用力不明显；另一方面，国有企业获得资金的渠道远优于非国有企业，也在一定程度上降低了资本价格扭曲对其技术复杂度升级的影响。最后，外需疲软不利于企业技术复杂度量变型升级（量变方程估计结果未通过 10% 的显著性检验），也不利于公有制企业质变型升级，却有助于私营企业质变型技术复杂度升级。可见，在外需疲软情况下，私营企业往往倾向于采用"蛙跳型赶超"介入高端技术领域的方式赢得国际市场，而并非渐进式技术进步，即外需疲软给私营企业带来的倒逼效应大于锁退效应。上述估计结果还表明，要素价格扭曲一定程度上能冲淡外需疲软带来的负效应，二者对制造业出口技术复杂度的正向影响具有叠加特征。

综合分析表 5-6、表 5-7 和表 5-8 中其他控制变量的估计结果，还能得到以下发现：一是企业技术复杂度的前一期状态对后一期状态，具有显著的正效应（估计结果通过 1% 的显著性检验）。这一结论从微观层面证实了"企业技术初始依赖"理论的准确性，为该理论的发展提供了微观的经验证据。结合企业异质性理论的基本观点，我们还能得到如下结论，企业进行技术复杂度升级型探索所付出的"沉没成本"，有利于企业技术复杂度的升级和"蛙跳"，为此，应大力支持有能力的企业进行更高技术方面的研发和探索，以提高企业的技术复杂度。

表5-6 两倍门槛阀值条件下全样本的估计结果

系数	Heckman 选择模型				Heckman 两步法选择模型			
	劳动力价格扭曲		资本价格扭曲		劳动力价格扭曲		资本价格扭曲	
	量变方程	质变方程	量变方程	质变方程	量变方程	质变方程	量变方程	质变方程
$FZD_{i(t-1)}$		1.989*** (144.42)		1.991*** (144.56)		1.989*** (144.45)		1.9909*** (144.60)
$DL_{i(t-1)}$	0.00044*** (3.65)	0.00025*** (4.00)			0.0004*** (3.66)	0.0002*** (4.01)		
$DK_{i(t-1)}$			0.00098** (2.25)	0.0001*** (3.75)			0.00098** (2.26)	0.00010*** (3.75)
$EX_{i(t-1)}$	-0.0964 (-0.75)	0.0741*** (4.91)	-0.09714 (-0.76)	0.0735*** (4.87)	-0.0965 (-0.75)	0.0741*** (4.91)	0.0973*** (2.76)	0.07355*** (4.87)
$WAGE_{i(t-1)}$	0.3735*** (4.37)	0.1336*** (14.35)	0.3409*** (4.01)	0.1302*** (14.07)	0.3764*** (4.39)	0.1335*** (14.34)	0.3440*** (4.04)	0.13018*** (14.06)
$TFP_{i(t-1)}$	-0.3714*** (-7.08)	-0.0469*** (-7.36)	-0.3773*** (-7.16)	-0.046*** (-7.31)	-0.3737*** (-7.09)	-0.0469*** (-7.35)	-0.3799*** (-4.04)	-0.0465*** (-7.30)
$NEW_{i(t-1)}$	0.4753 (0.59)	0.0465 (0.87)	0.47801 (0.61)	0.047 (0.90)	0.4762 (0.60)	0.0465 (0.87)	0.4789 (0.61)	0.0470 (0.89)
$SIZE_{i(t-1)}$	0.5384*** (12.17)	0.1609*** (37.33)	0.55243*** (12.40)	0.1618*** (37.42)	0.5425*** (12.01)	0.1608*** (37.33)	0.5569*** (12.23)	0.16175*** (37.42)
$SUB_{i(t-1)}$	-0.2449** (-2.22)	0.0221 (1.62)	-0.24660** (-2.23)	0.0217 (1.59)	-0.2451*** (-2.22)	0.0221 (1.62)	-0.2468** (-2.24)	0.0217 (1.59)
$MID_{i(t-1)}$	0.3529*** (5.73)	0.0212*** (2.77)	0.3777*** (6.13)	0.0216*** (2.81)	0.354*** (5.74)	0.0212*** (2.76)	0.3789*** (6.15)	0.0215*** (2.81)
$AGE_{i(t-1)}$	-0.3739*** (-5.32)	-0.0890*** (-12.63)	-0.37369*** (-5.31)	-0.089*** (-12.65)	-0.375*** (-5.33)	-0.089*** (-12.62)	0.3789*** (-5.33)	-0.08926*** (-12.65)
C	0.51354 (0.15)	-2.923*** (-65.18)	0.16421 (0.05)	-2.924*** (-65.12)	0.473 (0.13)	-2.923*** (-65.18)	0.11992 (0.03)	-2.9236*** (-65.12)
type	Y	Y	Y	Y	Y	Y	Y	Y
region	Y	Y	Y	Y	Y	Y	Y	Y
ind	Y	Y	Y	Y	Y	Y	Y	Y
year	Y	Y	Y	Y	Y	Y	Y	Y
Mills					0.0677*** (2.86)		0.07104*** (2.90)	
COBS	110649		110376		110649		110376	
UOBS	18982		18953		18982		18953	
Wald	746.33***		739.09***		741.02***		733.59***	

注：①括号内值为Z统计值，COBS为识别出来的样本数，UOBS为未识别出来的样本数，以下同。
②***、**和*分别代表在1%、5%和10%的显著性水平上显著。
资料来源：根据中国工业企业数据库的企业数据计算而得。

二是企业全要素生产率的估计结果要么显著为负，要么不显著。这表明，全要素生产率提升未能有效地促进制造业技术复杂度深化，即在全要素生产率得以提升的条件下，企业会满足于全要素生产率提升所带来的利润，而懒于采取技术革新型赶超策略，可见，中国的制造业企业存在一定的"技术复杂度革新惰性"。"技术复杂度革新惰性"在企业经营经验（年龄）的估计结果中得到了印证，该变量在所有的估计方程中也显著为负（通过至少1%的显著性检验），即市场经验越丰富的企业越懒于进行技术复杂度升级与赶超。

表5-7　　两倍门槛阈值条件下不同所有制的估计结果：资本价格扭曲

系数	国有企业	集体企业	私营企业	港澳台独资企业	非港澳台独资企业	港澳台合资企业	非港澳台合资企业
$GC_{i(t-1)}$	2.295*** (44.45)	2.261*** (38.93)	2.01*** (65.14)	1.732*** (36.90)	1.791*** (38.26)	1.758*** (40.57)	0.5326*** (42.85)
$DK_{i(t-1)}$	0.0027 (1.06)	0.00004** (2.22)	0.0001* (1.92)	0.0010*** (2.84)	0.0013** (2.59)	0.0001*** (2.89)	0.0016*** (2.49)
$EX_{i(t-1)}$	-0.1635** (-2.17)	-0.2646*** (-2.68)	0.1161*** (2.98)	0.0815 (0.95)	0.0484 (1.13)	-0.0260 (-0.64)	0.0232 (0.60)
$WAGE_{i(t-1)}$	0.1917*** (5.77)	0.4405 (1.17)	0.0782*** (3.32)	0.0307* (1.93)	0.0791*** (2.61)	0.0066** (2.24)	0.1644*** (6.28)
$TFP_{i(t-1)}$	-0.1528*** (-6.55)	-0.04230* (-1.68)	-0.0381*** (-2.64)	0.0244 (1.07)	-0.0310 (-1.24)	-0.0353* (-1.75)	-0.0712 (-3.50)
$NEW_{i(t-1)}$	-0.1348** (-2.51)	-0.0303 (-0.35)	0.0212** (2.58)	0.1468* (1.77)	-0.0933 (-1.31)	0.0357*** (2.64)	-0.0513 (-1.03)
$SIZE_{i(t-1)}$	0.2204*** (12.34)	0.2351*** (12.75)	0.2051*** (19.53)	0.0751*** (4.93)	0.0781*** (4.51)	0.1095*** (7.98)	0.1448*** (10.26)
$SUB_{i(t-1)}$	0.0205 (0.42)	-0.0074 (-0.14)	-0.0097 (-0.31)	0.0588 (1.01)	-0.0032 (-0.06)	0.0563 (1.21)	0.0068 (0.16)
$MID_{i(t-1)}$	0.0784*** (2.89)	0.0066** (2.20)	0.0035** (2.20)	-0.0035 (-0.13)	0.0393** (2.41)	0.0264 (1.16)	0.0532 (1.43)
$AGE_{i(t-1)}$	-0.0798*** (-2.82)	-0.1242*** (-3.95)	-0.0218 (-1.40)	-0.0645* (-1.67)	-0.0898** (-2.20)	-0.0106 (-0.32)	-0.1210*** (-3.74)
C	-3.144*** (-19.32)	-3.537*** (-16.91)	-3.441*** (-30.73)	-2.322*** (-13.43)	-1.776*** (-10.73)	-2.159*** (-14.14)	-2.332*** (-16.94)
$DK^*_{i(t-1)}$	-0.2528 (-1.06)	0.0911** (3.04)	0.0037* (1.77)	0.00497** (2.09)	2.0284** (2.50)	0.0109*** (3.12)	0.0012*** (3.30)
$EX^*_{i(t-1)}$	-0.5488 (-0.39)	0.1911 (0.36)	-0.1149 (-0.64)	-0.3829 (-1.38)	0.3189 (1.34)	0.1113 (0.44)	-0.1332 (-0.57)

续表

系数	国有企业	集体企业	私营企业	港澳台独资企业	非港澳台独资企业	港澳台合资企业	非港澳台合资企业
Mills	0.43555*** (2.69)	-0.0894** (-2.49)	-0.3355*** (-3.91)	0.4604** (1.99)	0.553** (2.42)	0.2549** (2.3)	0.5326** (2.44)
type	Y	Y	Y	Y	Y	Y	Y
region	Y	Y	Y	Y	Y	Y	Y
ind	Y	Y	Y	Y	Y	Y	Y
year	Y	Y	Y	Y	Y	Y	Y
COBS	8561	12526	29030	7739	4985	8705	7260
UOBS	1452	917	3389	1453	2054	1968	2840
Wald	416.77***	102.93***	242.19***	287.35***	168.67***	244.52***	255.70***

注：①考虑篇幅的限制，且 Heckman 选择模型和 Heckman 两步法选择模型的估计结果较为接近，我们报告 Heckman 两步法估计结果。由于量变方程和质变方程中控制变量的估计结果较为相似，此处报告质变方程的全部结果，量变方程只报告解释变量的估计结果，本节后表同。
②***、**和*分别表示在1%、5%和10%的显著性水平上显著。
③虽然外资企业包含港澳台资企业，但为了揭示港澳台资企业与其他外资企业作用机制的差异，笔者将港澳台资企业与其他外资企业分别进行实证估计。
资料来源：根据中国工业企业数据库的企业数据计算而得。

表5-8 两倍门槛阀值条件下不同所有制的估计结果：劳动力价格扭曲

系数	国有企业	集体企业	私营企业	港澳台独资企业	非港澳台独资企业	港澳台合资企业	非港澳台合资企业
$GC_{i(t-1)}$	2.283*** (44.00)	2.163*** (30.37)	1.972*** (62.94)	1.708*** (35.61)	1.771*** (37.58)	1.704*** (38.33)	1.715*** (43.28)
$DL_{i(t-1)}$	0.0013*** (2.93)	0.0016** (2.58)	0.0051*** (7.67)	0.0064*** (3.32)	0.0017*** (2.43)	0.011*** (5.45)	0.00006** (2.47)
$EX_{i(t-1)}$	-0.1597** (-2.12)	-0.2667*** (-2.72)	0.1194*** (3.06)	0.0858 (1.06)	0.0518 (1.21)	-0.0233 (-0.57)	0.0277 (0.72)
$WAGE_{i(t-1)}$	0.2103*** (6.18)	0.0716* (1.82)	0.1344*** (5.44)	0.0636* (1.84)	0.1062*** (3.32)	0.0575* (1.89)	0.1617*** (6.17)
$TFP_{i(t-1)}$	-0.1536*** (-6.70)	-0.0739*** (-2.78)	-0.0749*** (-4.89)	0.0109 (0.46)	-0.0509** (-2.25)	-0.0872*** (-3.93)	-0.0565*** (-2.92)
$NEW_{i(t-1)}$	-0.1338** (-2.49)	-0.0443 (-0.51)	0.0204** (2.56)	0.1467* (1.78)	-0.1002 (-1.40)	0.0402*** (2.72)	-0.0526 (-1.06)
$SIZE_{i(t-1)}$	0.2168*** (12.54)	0.2594*** (13.11)	0.2134*** (20.06)	0.0686*** (4.63)	0.0878*** (5.79)	0.1174*** (8.49)	0.1331*** (10.09)
$SUB_{i(t-1)}$	0.0214 (0.44)	-0.012 (-0.22)	-0.0030 (-0.10)	0.0574 (0.99)	-0.0047 (-0.09)	0.0645 (1.38)	0.0072 (0.17)

续表

系数	国有企业	集体企业	私营企业	港澳台独资企业	非港澳台独资企业	港澳台合资企业	非港澳台合资企业
$MID_{i(t-1)}$	0.0760 *** (2.80)	0.0158 ** (2.48)	0.0028 ** (2.15)	-0.0109 (-0.42)	0.0378 ** (2.54)	0.0227 (1.01)	0.0491 (1.24)
$AGE_{i(t-1)}$	-0.0823 *** (-2.91)	-0.1341 *** (-4.30)	-0.022 (-1.44)	-0.0605 (-1.56)	-0.0916 ** (-2.25)	-0.0056 (-0.17)	-0.1171 *** (-3.63)
C	-3.140 *** (-19.41)	-3.592 *** (-17.19)	-3.467 *** (-30.90)	-2.304 *** (-13.39)	-1.833 *** (-11.13)	-2.159 *** (-14.15)	-2.311 *** (-16.90)
$DL^{*}_{i(t-1)}$	0.0082 ** (2.09)	0.0751 *** (7.74)	0.0432 *** (8.69)	0.0558 *** (4.02)	0.00035 *** (3.60)	0.0011 *** (3.93)	0.0877 *** (7.34)
$EX^{*}_{i(t-1)}$	-0.5222 (-0.37)	0.1121 (0.22)	-0.1005 (-0.56)	-0.2938 (-1.05)	0.3031 (1.28)	0.050 (0.20)	-0.1238 (-0.53)
Mills	0.4621 *** (2.73)	0.2805 ** (2.49)	-0.1105 ** (-2.22)	0.6682 *** (2.76)	0.558 ** (2.46)	0.1965 ** (2.01)	0.9262 *** (4.15)
type	Y	Y	Y	Y	Y	Y	Y
region	Y	Y	Y	Y	Y	Y	Y
ind	Y	Y	Y	Y	Y	Y	Y
year	Y	Y	Y	Y	Y	Y	Y
COBS	8574	12582	29112	7775	5008	8731	7277
UOBS	1453	922	3397	1457	2059	1969	2843
Wald	421.35 ***	185.39 ***	323.45 ***	300.24 ***	178.59 ***	247.42 ***	306.03 ***

注：①***、**和*分别表示在1%、5%和10%的显著性水平上显著。
②虽然外资企业包含港澳台资企业，但为了揭示港澳台资企业与其他外资企业作用机制的差异，笔者将港澳台资企业与其他外资企业分别进行实证估计。
资料来源：根据中国工业企业数据库的企业数据计算而得。

三是新产品有效地促进了私营企业和港澳台资企业技术复杂度的升级，对国有企业表现出显著的负效应，而对外资企业和集体企业的作用力不明显。这一现象出现的原因可能在于，首先，私营企业和港澳台资企业新产品的竞争力往往高于老产品，使其获利能力和高技术资产购买能力得到改善，进而推动了自身技术复杂度的提升；其次，外资企业的新产品决策由国外母公司的发展战略外生决定（刘慧、陈晓华和吴应宇，2013），从而使得新产品对其技术复杂度的影响不敏感；最后，因局部垄断和不当代理等原因，公有制企业对有效市场需求的捕捉能力不强，这不仅会降低其新产品的市场认可度，还可能导致新产品的销售收入难以弥补其大量研发投入，进而使得新产品对其技术复杂度的作用力不明显，甚至表现为负作用。

四是员工技能的提升和企业规模的扩大，均有助于企业技术复杂度量变和质变型升级。为此，应鼓励企业多进行员工技能培训和固定资产投资，以加快中国企业技术复杂度升级和赶超的速度。生产性补贴的估计结果，要么显著为负，要么不显著，这表明，现有的补贴制度并不能有效地促进企业进行技术复杂度升级。导致这一现象的原因可能在于，补贴的增加意味着企业在未改进技术的条件下获得更高的利润，从而在一定程度上降低了企业进行技术复杂度革新的动力，增强了企业的"技术复杂度革新惰性"。另外，投入产出效率的估计结果显示，投入产出效率的提升能有效地促进本土企业和港澳台合资企业技术复杂度的升级，但对其他类型外资企业的作用力并不显著，这在一定程度上表明，港澳台合资企业的本土化融合程度高于其他类型的外资企业。

（2）三倍门槛阀值条件下的实证估计：兼顾范围调整型稳健性检验

本节通过将质变从两倍门槛提升到三倍门槛的形式，就要素价格扭曲和外需疲软对制造业技术复杂度的影响再次进行实证分析。表5-9报告了三倍门槛条件下资本价格扭曲和外需疲软的影响效应。对比表5-6、表5-7和表5-9可知，各个变量的预期符号与显著性几乎相同，三倍门槛条件下劳动价格扭曲的估计结果与表5-6和表5-8较为相似（限于篇幅，此处不再赘述）。由此可以得到如下结论，首先，偏离"比较优势零值"较近企业与偏离"比较优势零值"较远企业的技术复杂度量变和质变型升级的机制较为相似；其次，要素价格扭曲和外需疲软对相同所有制企业技术复杂度的作用机制不随企业技术复杂度高低而变化；最后，调整门槛阀值对估计结果影响不大，前文表5-5、表5-6和表5-7的估计结果是相对稳健的。

（3）Tobit 估计和工具变量 2SLS 估计的单边稳健性检验

前文运用 Heckman 选择模型从微观层面揭示了要素价格扭曲和外需疲软对中国制造业技术复杂度演进的作用机制。考虑到 Heckman 选择模型的"质变方程"和"量变方程"分别为 Probit 模型和面板数据模型，笔者进一步采用 Tobit 模型和工具变量 2SLS 估计模型分别对 Heckman 选择模型中的 Probit 估计和面板数据模型进行单边稳健性检验。表5-10报告了资本要素价格扭曲的单边稳健性检验结果，对比表5-5、表5-6和表5-10可知，Tobit 及工具变量 2SLS 的估计结果在预期符号和显著性方面与 Heckman 估计结果颇为接近，进一步证实了前文的估计结果是稳健的。劳动要素价格扭曲得到了相似的估计结果，限于篇幅，此处不再赘述。

表5-9　　三倍门槛阀值条件下不同所有制的估计结果：资本价格扭曲

系数	整体企业	国有企业	集体企业	私营企业	港澳台独资企业	非港澳台独资企业	港澳台合资企业	非港澳台合资企业
$GC_{i(t-1)}$	2.067 *** (118.41)	2.495 *** (36.54)	2.351 *** (29.53)	2.086 *** (49.28)	1.78 *** (31.21)	1.879 *** (34.67)	1.838 *** (34.18)	1.834 *** (39.81)
$DK_{i(t-1)}$	0.0001 *** (4.17)	0.0021 (0.58)	0.00005 ** (2.29)	0.0001 ** (2.05)	0.0013 *** (3.65)	0.0004 ** (2.27)	0.0001 ** (2.23)	0.0008 ** (2.43)
$EX_{i(t-1)}$	0.0918 *** (5.13)	-0.0155 ** (-2.17)	-0.1177 ** (-2.04)	0.0859 * (1.73)	0.1008 (1.07)	0.0706 (1.47)	0.0032 (0.07)	-0.0023 (-0.05)
$WAGE_{i(t-1)}$	0.1392 *** (12.70)	0.1595 *** (3.95)	-0.0847 (1.19)	0.0790 *** (2.66)	0.0858 ** (2.22)	0.0988 *** (2.97)	0.0125 ** (2.38)	0.1534 *** (5.18)
$TFP_{i(t-1)}$	-0.0572 *** (-7.56)	-0.1468 *** (-5.29)	0.0553 *** (-2.72)	-0.0420 ** (-2.33)	-0.0229 (-0.87)	-0.0511 ** (-1.95)	-0.0527 ** (-2.23)	-0.0725 *** (-3.14)
$NEW_{i(t-1)}$	-0.0777 (-0.97)	-0.0982 (-1.48)	-0.0693 (-0.65)	-0.0258 (-0.56)	0.1535 * (1.64)	-0.1184 (-1.49)	-0.0240 (-0.36)	-0.0754 (-1.34)
$SIZE_{i(t-1)}$	0.1654 *** (32.71)	0.2091 *** (9.78)	0.2555 *** (11.21)	0.2275 *** (17.61)	0.0922 *** (5.27)	0.0765 *** (4.28)	0.1144 *** (7.28)	0.1531 *** (9.55)
$SUB_{i(t-1)}$	0.0055 (0.34)	-0.0090 (-0.15)	0.0512 (0.77)	-0.0213 (-0.55)	-0.0028 (-0.04)	0.0034 (0.06)	0.1018 * (1.90)	-0.0267 (-0.55)
$MID_{i(t-1)}$	0.0196 ** (2.16)	0.0594 * (1.80)	-0.0075 (-0.19)	-0.0085 (-0.38)	0.006 (0.20)	0.0540 ** (2.16)	0.0222 (0.82)	0.0303 (1.22)
$AGE_{i(t-1)}$	-0.0997 *** (-11.71)	-0.1217 *** (-3.63)	-0.0534 (-1.38)	-0.0274 (-1.38)	-0.1332 *** (-2.99)	-0.0911 ** (-2.02)	-0.0012 (-0.03)	-0.0823 ** (-2.24)
C	-3.182 *** (-60.29)	3.207 *** (16.33)	-3.986 *** (15.27)	-3.938 *** (-28.45)	-2.438 *** (-12.22)	-1.96 *** (-10.56)	-2.477 *** (-13.97)	-2.775 *** (-17.77)
$DK^*_{i(t-1)}$	0.00075 (1.32)	0.3988 (-0.78)	0.1752 ** (2.36)	0.0016 ** (2.58)	0.0042 ** (2.40)	0.0092 ** (2.39)	0.0087 * (1.94)	0.0013 *** (3.01)
$EX^*_{i(t-1)}$	0.1005 ** (2.44)	-1.786 (-0.62)	0.6248 (0.70)	-0.1202 (-0.35)	-0.8216 (-0.87)	0.3806 (1.09)	0.5684 (1.34)	-0.1834 (-0.51)
Mill	0.0265 (2.21)	1.497 ** (2.47)	-0.3623 ** (-2.27)	-0.5803 *** (-3.97)	0.370 ** (2.08)	0.3338 ** (2.14)	-0.1090 ** (-2.36)	0.9957 *** (3.41)
type	Y	Y	Y	Y	Y	Y	Y	Y
region	Y	Y	Y	Y	Y	Y	Y	Y
ind	Y	Y	Y	Y	Y	Y	Y	Y
year	Y	Y	Y	Y	Y	Y	Y	Y
COBS	119105	9287	12985	30835	8338	5742	9594	8355
UOBS	10224	726	458	1584	854	1297	1079	1745
Wald	444.1 ***	360.8 ***	134.3 ***	198.0 ***	185.6 ***	95.74 ***	175.3 ***	169.8 ***

注：①***、**和*分别表示在1%、5%和10%的显著性水平上显著。
②虽然外资企业包含港澳台合资企业，但为了揭示港澳台资企业与其他外资企业作用机制的差异，笔者将港澳台资企业与其他外资企业分别进行实证估计。
资料来源：根据中国工业企业数据库的企业数据计算而得。

表 5-10　Tobit 估计和工具变量 2SLS 估计的单边稳健型检验结果

系数	整体企业	国有企业	集体企业	私营企业	港澳台独资企业	非港澳台独资企业	港澳台合资企业	非港澳台合资企业
$GC_{i(t-1)}$	0.6321 *** (263.33)	0.6976 *** (88.39)	0.650 *** (73.16)	0.6030 *** (96.45)	0.3839 *** (30.77)	4796 *** (31.76)	0.4931 *** (41.70)	0.4996 *** (41.06)
$DK_{i(t-1)}$	0.00001 *** (3.75)	0.0005 *** (3.35)	0.000004 ** (2.00)	0.00001 * (1.82)	0.0002 *** (2.73)	0.00001 ** (2.04)	0.00001 ** (2.68)	0.0001 *** (3.28)
$EX_{i(t-1)}$	0.0034 ** (2.54)	-0.0233 *** (-2.68)	-0.0257 *** (-3.88)	0.0001 ** (2.03)	0057 (0.79)	0.0006 (0.07)	-0.0082 (-1.11)	0.0032 (0.38)
$WAGE_{i(t-1)}$	0.00646 *** (4.50)	0.0082 ** (2.03)	0.0028 ** (1.93)	0.0031 ** (2.07)	0.0047 *** (2.78)	0.0058 *** (2.76)	0.0078 ** (2.37)	0.028 *** (4.43)
$TFP_{i(t-1)}$	-0.0019 ** (-2.17)	-0.0148 *** (-5.29)	-0.0022 (-1.11)	-0.0009 (-0.55)	0.009 (1.15)	-0.0031 (-0.57)	0.0027 (0.68)	-0.0076 * (-1.73)
$NEW_{i(t-1)}$	-0.0031 (-1.35)	-0.0187 *** (-2.95)	-0.0001 (-0.01)	0.0027 *** (2.69)	0.0111 *** (2.69)	-0.0205 (-1.24)	0.0082 *** (2.76)	-0.0067 (-0.59)
$SIZE_{i(t-1)}$	0.0223 *** (38.35)	0.0296 *** (15.80)	0.0183 *** (14.09)	0.0226 *** (19.66)	0.01445 *** (5.21)	0.0213 *** (5.62)	0.0179 *** (6.95)	0.0303 *** (10.11)
$SUB_{i(t-1)}$	0.00306 (1.59)	0.0013 (0.24)	-0.0018 (-0.42)	-0.0028 (-0.75)	0.0056 (0.56)	0.0008 (-0.07)	0.0068 (0.78)	0.0024 (0.26)
$MID_{i(t-1)}$	0.0004 ** (2.38)	0.0063 ** (1.98)	-0.0003 (-0.12)	-0.0004 (-0.21)	-0.0067 (-1.48)	0.0048 (0.86)	-0.0026 (-0.60)	0.0049 (1.00)
$AGE_{i(t-1)}$	-0.0108 *** (-10.57)	-0.01347 *** (-4.11)	-0.0116 *** (-4.76)	-0.0041 ** (-2.24)	-0.0230 *** (-2.63)	-0.0233 ** (-1.98)	0.0011 (0.16)	-0.028 *** (-3.45)
C	-0.0653 (-1.01)	-0.0273 (-0.12)	-0.0852 (-0.77)	-0.176 (-1.07)	-0.2445 (-1.46)	0.00985 (0.05)	0.1107 (0.63)	-0.4222 ** (-2.17)
OBS	129329	10013	13443	32419	9192	7039	10673	10100
Wald	115834 ***	13297 ***	8175 ***	15925 ***	1798 ***	2086 ***	2978 ***	3717 ***
sig_u	0.1081 *** (4.94)	0.3121 *** (5.21)	0.0299 *** (4.98)	0.03572 *** (6.71)	0.1586 *** (27.87)	0.16093 *** (19.16)	0.1223 *** (18.41)	0.1355 *** (18.31)
sig_e	0.2568 *** (508.58)	0.2307 *** (141.51)	0.1802 *** (124.39)	0.2295 *** (191.93)	0.2525 *** (93.50)	0.3038 *** (79.26)	0.2787 *** (98.17)	0.3053 *** (96.17)
$DK\hat{}$	0.00041 *** (3.99)	0.0200 ** (2.15)	0.0002 *** (5.16)	0.00021 *** (2.86)	0.0029 *** (2.22)	0.0059 *** (4.48)	0.00042 ** (2.28)	0.0081 *** (4.30)
$EX\hat{}$	0.0493 ** (1.98)	0.1945 (0.61)	0.1040 (1.00)	0.0154 (0.61)	0.0811 (0.97)	-0.0446 (-0.42)	0.0707 (1.00)	0.0855 (1.00)

续表

系数	整体企业	国有企业	集体企业	私营企业	港澳台独资企业	非港澳台独资企业	港澳台合资企业	非港澳台合资企业
type	Y	Y	Y	Y	Y	Y	Y	Y
region	Y	Y	Y	Y	Y	Y	Y	Y
ind	Y	Y	Y	Y	Y	Y	Y	Y
year	Y	Y	Y	Y	Y	Y	Y	Y
$OBS^{\wedge}$	128652	9957	13349	32233	9131	7009	10612	10069
$R^{2\wedge}$	0.1337	0.0143	0.1250	0.2115	0.2411	0.1824	0.2350	0.2618
$Wald^{\wedge}$	2161.9 ***	68.98 ***	595.4 ***	1361.4 ***	340.2 ***	274.8 ***	448.1 ***	303.1 ***

注：①Tobit 估计结果中，省区市、行业、年份和所有制类型虚拟变量的估计结果未报告，与前文保持一致的是，此处，报告了 Tobit 单边稳健性检验的全部估计结果，工具变量 2SLS 的单边检验给出了解释变量的估计结果，加^的系数为工具变量 2SLS 的单边稳健性检验结果。

②***、** 和 * 分别表示在 1%、5% 和 10% 的显著性水平上显著。

③虽然外资企业包含港澳台资企业，但为了揭示港澳台资企业与其他外资企业作用机制的差异，笔者将港澳台资企业与其他外资企业分别进行实证估计。

资料来源：根据中国工业企业数据库的企业数据计算而得。

5.2.4 基本结论与启示

本节通过将经适当修正的列文肖恩和皮特伦（Levinsohn，Petrin，2003）方法引入要素价格扭曲的测算，为该领域提供了一个能够有效地处理"内生性"和"零投入"样本的微观新型测度方法。并借助该方法测度了中国 2000~2007 年 34794 家持续经营企业的要素扭曲程度，在此基础上运用 Heckman 两步法选择模型，从质变型升级视角和量变型升级视角与两倍门槛和三倍门槛层面就要素价格扭曲和外需疲软对中国制造业技术复杂度动态演进的影响进行实证分析。得到的结论与启示主要有：

一是中国制造业要素价格扭曲有一定的加剧倾向，但加剧进程明显放缓。要素价格扭曲是市场资源错配出现的一个重要诱因（罗德明、李晔和史晋川，2011），其将导致资源处于低效率使用的状态。要素价格扭曲加剧进程的放缓表明，2000~2007 年的市场化改革取得了一定的成效，但并未从根本上扭转要素价格扭曲和资源配置效率趋于恶化的趋势。为此，有必要加大市场化改革力度，更好地发挥市场导向在要素配置中的作用，促使中国要素使用效率不断向帕累托最优状态收敛。

二是要素价格扭曲已经成为中国企业技术复杂度升级和赶超的"助推型资源"。虽然劳动力价格扭曲和资本价格扭曲对技术复杂度动态演进的推力不尽相同，但两种扭曲的加剧均不仅能有效地推动中国企业技术复杂度升级，还能在一定程度上弥补外需疲软给制造业技术复杂度升级带来的负效应。企业技术复杂度升级，长期依赖于要素价格扭曲的一个直接后果是：造成大量资源浪费，抑制经济的长期可持续发展。为此，应采取完善要素市场价格体系和矫正企业技术复杂度"动力体系"的双管齐下策略，以降低企业技术复杂升级对要素价格扭曲型"助推力"的依赖性，使中国制造业逐渐形成技术复杂度升级和要素资源效率互促型升级机制。

三是外需疲软会改变本土企业技术复杂度升级的原有"轨迹"，对外资企业"升级轨迹"的影响不明显。外需疲软对各种所有制企业技术复杂度量变型升级的作用力并不明显（估计系数未通过10%的显著性检验），但却会促使低技术复杂度私营企业"蛙跳"为高技术复杂度企业，也能使得高技术复杂度公有制企业"跌出"高技术复杂度门槛，沦为低技术复杂度企业。这表明，私营企业应对外需疲软的机制和能力优于公有制企业。为此，有必要重新审视公有制企业应对外需疲软的机制和策略，以促使公有制企业更为科学地应对外需疲软，另外，应构建更为完善的公私企业合作机制，以使得私营企业的应对经验能有效地传播到公有制企业。

四是"技术复杂度革新惰性"已经成为中国制造业技术复杂度升级过程中不得不面对的难题。两倍门槛和三倍门槛的实证结果均显示，全要素生产率均未对技术复杂度表现出显著的正效应（要么显著为负，要么不显著），可见，中国各种所有制企业普遍存在"技术复杂度革新惰性"，企业市场经验（年龄）的估计结果也印证了上述观点。经验丰富的企业和高全要素生产率的企业往往是其他企业学习和模仿的"典范"，其所具备的"惰性"很容易降低同行业企业创新的积极性，从而延缓中国经济增长质量的提升速度。为此，应积极鼓励和支持"典范"型企业进行技术创新和技术复杂度赶超，使其更好地发挥行业引领功能，加快制造业增长方式整体性转变的步伐。

五是人力资本和物质资本是中国制造业技术复杂度升级和赶超的核心动力，补贴未能有效地促进中国制造业技术复杂度的升级与赶超。员工技能和企业规模在不同所有制企业中的估计结果均显著为正，这一结论与陈晓华、黄先海和刘慧（2011）与熊俊和于津平（2012）省级区域层面的估计结论是一致的，即二者为中国制造业技术复杂度升级与赶超的核心动力。对比本节分与已有研究（如施炳展，2012）关于补贴的研究结论可知，中国的补贴只具备了数量提升功能，对制造业技术内涵的提升不仅无能为力，反而在一定程度上加剧了企业"技术复杂度革新惰性"。这一情况明显违背了政府进行补贴的初衷，为此，政府应在反思现有补贴政策的基础上，给予技术内涵提升型企业更多的补贴，使得补贴同时发挥量和质的功能，以扭转补贴在企业技术内涵提升中无所作为的不利局面。

5.3 产品持续出口对产品技术复杂度升级的影响：基于跨国层面的实证分析

改革开放之后，低成本等优势引致的稳健型外部需求，不仅促进了中国出口贸易的持续增长，还为中国经济增长注入了源源不断的动力，使得中国超越了德国等发达经济体成为世界第一大出口国和仅次于美国的世界第二大经济体。然而，2008年金融危机爆发至今，持续稳健的外需似乎渐渐远去，外需疲软成为悬在中国出口企业头上挥之不去的阴云，外需疲软不仅使得中国制造业企业普遍开工不足，还使得中国经济的增长速度明显放缓，给社会就业，特别是低技能型劳动力就业带来了巨大的压力。

外需疲软的"阴云"，使得如何保持出口量平稳增长成为当前政府和学界关心的重要问题，二者分别从政策构建和机理解析视角为中国出口量平稳增长提供了支持。如商务部于2012年出台了一系列的稳出口政策，并将稳出口视为当年的首要任务；2014年5月，国务院常务会议推出的三项经济发展举措中，把支持外贸稳定增长和优化结构放在了首位。陈勇兵和李燕（2012）认为，当前和未来较长一段时间内，中国依然拥有规模较大的低技能劳动力群体，所以，延长传统优势产品的出口时间对于"稳出口"而言具有非常重要的意义；毛其淋和盛斌（2013）指出，提升企业出口持续时间是中国出口量持续增加的关键所在，其认为贸易自由化，特别是投入品关税减让能有效地促进企业出口持续时间，进而使得出口平稳增加。

由上可知，延长现有产品的出口持续时间在保持出口量平稳增长中的功能得到了中国政府、学界的认可。由于中国正处于经济发展方式转型的关键时期，所以，在稳出口的同时，中国经济还面临结构优化的压力。那么，这种以延长产品出口持续时间的稳增长措施，会对中国对外贸易发展方式转变产生什么样的影响呢？在这种措施的影响下，"稳出口增长"和"促结构优化"的双重期望能否并驾齐驱呢？目前，尚无学者对这一问题进行分析，考虑到出口技术复杂度是衡量一国出口贸易发展方式转变的重要变量（黄先海、陈晓华和刘慧，2010），本节以出口技术复杂度作为媒介，[①] 从贸易地理优势异质性视角，揭示产品持续出口对贸易发展方式转变的作用机制。以期在为上述问题提供解答的基础上，为中国

---

① 根据相关国际贸易理论和前文五部门模型的推理结果可知，在市场出清的条件下，制造业出口技术复杂度与制造业产品技术复杂度几乎相等，为了与论文集中说法保持一致，该部分以"出口技术复杂度"一词表示。

制定转变外贸发展方式、应对外需疲软和优化"出口商品清单"方面的政策提供一定的参考。

从研究脉络上看，出口持续时间和技术复杂度的研究，均源于豪斯曼和罗德里克（Hausmann, Rodrik, 2003）关于发展中经济体"出口发现"和"自我发现"能力缺乏的阐述（Besedes, Blyde, 2010; Hausmann et al., 2007）。毕塞德斯和普鲁萨（Besedes, Prusa, 2007）与毕塞德斯和布莱德（Besedes, Blyde, 2010）等试图从出口持续能力视角去分析上述能力缺乏的原因，其认为发展中经济体出口不善于"出口发现"和"自我发现"的根本原因，不是其不擅长建立新的贸易关系（new export activities），而是其不擅长使原有贸易关系得以延续（inability to maintain）。豪斯曼等（Hausmann et al., 2007）、罗德里克（Rodrik, 2006）及肖特（Schott, 2008）等则试图从产品组成和技术复杂度等方面去剖析原因，其认为上述能力的缺乏，一定程度上是由低技术复杂度产品对国际需求控制能力较弱导致的。经过学界近几年的努力，上述研究逐渐形成了以下两个相对系统的研究方向：

一是以毕塞德斯和普鲁萨（Besedes, Prusa）等为代表的出口持续时间（export duration）的研究。这一方向的大量研究，出现在毕塞德斯和普鲁萨（Besedes, Prusa, 2006ab）借助美国出口数据进行出口动态分析之后。已有的研究主要从产品异质性（如，Besedes, Prusa, 2006a; Shao, Xu, 2012; Besedes, Prusa, 2007; Besedes, 2011; Chen, 2012）和企业异质性（如，Besedes, Prusa, 2006b；陈勇兵、李燕，2012；毛其淋，盛斌，2013）两个视角对出口持续时间进行测度，并分析其决定因素。虽然，上述文献关于出口持续时间决定因素的研究方法存在较大差异，但均认为，产品的出口持续时间往往不长，降低贸易壁垒能够有效地延长一国产品的出口持续时间。

二是以豪斯曼、罗德里克和肖特（Hausmann, Rodrik & Schott）等为代表的出口技术复杂度的研究。这一方向的大量研究，则出现在罗德里克（Rodrik, 2006）和肖特（Schott, 2008）发现中印出口技术复杂度存在明显异常之后（黄先海、陈晓华和刘慧，2010），已有研究主要集中于出口技术复杂度测度方法的构建（如，Hausmann, Rodrik, 2003; Schott, 2008；陈晓华、黄先海和刘慧，2011）、出口技术复杂度的影响因素（如王永进，盛丹，2010;）和出口技术复杂度的影响效应（如，Jarreau, Poncet, 2012；陈晓华，刘慧，2011）等三个方面，有少量文献涉及中国出口技术复杂度异常性赶超的成因（如，Assche, 2006；黄先海、陈晓华，2010）和服务业出口技术复杂度（如，Mishra et al., 2011）。

综上可知，已有文献对出口持续时间和出口技术复杂度均进行了较为深入的研究，这为本节理解二者之间的关系提供了非常有价值的参考，但仍然存在以下几点不足：(1) 出口持续时间的研究，仅局限于该变量的影响因素，鲜有学者研究出口持续时间对经济变量的影响；(2) 虽然揭示出口持续时间对出口技术复杂度的影响，具有迫切的现实需求，也可以从已有研究中简单推断出出口持续时间对出口技术复杂度可能的作用机制，[①] 但并无学者对二者的实际作用机制进行深入的经验分析，即二者的研究始终保持着"同源却无交集"的状态；(3) 空间地理优势和"契约型地理优势"在出口扩张中发挥着重要的作用，也会对一国的出口技术复杂度和出口持续时间产生较为显著的影响，两个领域已有的文献并未将这些因素纳入研究范围，所得结论难免存在一定的缺憾。

为弥补上述不足，本节基于各经济体 SITC 4 位码层面的出口数据，先借助肖特（Schott，2008）模型和生存概率法测度出 140 个经济体的出口技术复杂度和 SITC 4 位码产品的出口持续性，进而在运用统计分析手段揭示出口持续时间与出口技术复杂度基本特征的基础上，基于地理优势异质性视角，采用 2SLS 方法从左删除和左右删除两个层面对二者的关系进行实证检验。以期从更为准确的视角刻画二者的微观作用机制，并改变出口持续时间和出口技术复杂度"同源却无交集"的现状，为二者交叉领域的理论发展提供一定的经验证据。

5.3.1 关键变量的测度、特征与描述性统计

（1）数据的来源与处理

已有研究（如，Besedes，Prusa，2006a，b；Shao，Xu，2012；Besedes，2011；Chen，2012）指出，在进行出口持续时间的测算时，必须考虑数据删除（censoring）问题和随机冲击引致型多时间段问题（multiple spells）。经过多年的经验分析，学者们发现生存分析法（Survival Analysis）能够有效地解决数据删除问题，而对于第二个问题的最有效方法是放宽实证分析样本的统计面。为此，与毕塞德斯和普鲁萨（Besedes，Prusa，2006a）与邵和许（Shao，Xu，2012）等采用一国出口到其他具体目的市场数据不同的是，本节采用芬斯阙和罗马里斯（Feenstra，Romalis，2013）整理的各经济体出口到世界的 SITC 4 位码层面的数据进行分析，以降低随机冲击带来的有偏影响。

考虑到制造业是一国出口技术复杂度变迁最为活跃的行业（陈晓华，黄先海

[①] 一是促进出口技术复杂度升级，产品出口时间的延长，意味着该产品获得多额外（extra）利润（Besedes，2010），从而有利于出口技术复杂度升级；二是抑制出口技术复杂度升级，出口持续时间越长的产品，越容易成为一国出口产品清单中的低技术复杂度产品，此类产品的出口持续时间得以不断延长，往往会增加一国出口产品清单中低技术复杂度产品的比重，进而抑制一国出口技术复杂度的升级。

和刘慧，2011），笔者并未将所有的 SITC 4 位码产品纳入本节的研究，而是做了以下调整：一是剔除了具有农副产品或原料型特征的产品，具体有食物和活动物（第 0 类）、饮料和烟草（第 1 类）、除燃料外的非食用原料（第 2 类）、矿物燃料、润滑剂和原料（第 3 类）及动物和植物油、油脂和蜡（第 4 类）；二是部分产品出口变动并不能反映一国出口技术复杂度变迁过程（如，贵金属），笔者将其删除，另外本节还删除了产业属性并不明确的产品，具体为 SITC 码中的第 9 类产品。为此，本节最终进行计算的产业共有四大类（第 5、6、7 和 8 类）。另外，芬斯阙和罗马里斯（Feenstra，Romalis，2013）整理的数据中包含了 185 个经济体，本节从研究的目的、数据的样本的匹配性和研究结论的可靠性出发，最终选定了该数据中的 140 个经济体作为研究对象，[①] 测度方法为前文的基于相似度指数的产品技术复杂度。[②]

（2）出口技术复杂度与地理优势

图 5-4 报告了 1997~2011 年发达经济体和发展中经济体出口技术复杂度的均值。首先，发达经济体的出口技术复杂度均值明显大于发展中经济体，这一估计结果与豪斯曼和罗德里克（Hausmann，Rodrik，2003）、罗德里克（Rodrik，2006）、肖特（Schott，2008）、唐海燕和张会清（2009）等的研究结论是一致的，即经济发展水平越高的区域，越有能力生产和出口高技术复杂度的产品；其次，虽然发达经济体和发展中经济体的出口技术复杂度均呈现出日益提升的趋势，但发达经济体出口技术复杂度升级的幅度大于发展中经济体，这表明，发达经济体与发展中经济体间的技术差距正在逐步拉大。图 5-5 报告了两类经济体出口技术复杂度的内部差异（标准差），可知，发展中经济体出口技术复杂度的

[①] 140 个经济体分别为：阿富汗、阿尔巴尼亚、阿尔及利亚、安哥拉、阿根廷、亚美尼亚、澳大利亚、奥地利、阿塞拜疆、巴哈马、巴林、孟加拉国、巴巴多斯、比利时、白俄罗斯、伯利兹、贝宁、百慕大、玻利维亚、巴西、保加利亚、布基纳法索、柬埔寨、喀麦隆、加拿大、中非、乍得、智利、中国、中国香港、哥伦比亚、刚果、哥斯达黎加、克罗地亚、塞浦路斯、捷克、吉布提、多米尼加、厄瓜多尔、埃及、爱沙尼亚、埃塞俄比亚、斐济、芬兰、法国、加蓬、冈比亚、格鲁吉亚、德国、加纳、希腊、危地马拉、几内亚、圭亚那、海地、洪都拉斯、匈牙利、冰岛、印度、印度尼西亚、伊朗、爱尔兰、以色列、意大利、牙买加、日本、约旦、哈萨克斯坦、肯尼亚、基里巴斯、科威特、吉尔吉斯斯坦、老挝、拉脱维亚、黎巴嫩、利比里亚、立陶宛、中国澳门、马达加斯加、马拉维、马来西亚、马里、马耳他、毛里求斯、墨西哥、蒙古国、摩洛哥、尼泊尔、荷兰、新喀里多尼亚、新西兰、尼加拉瓜、尼日尔、尼日利亚、挪威、阿曼、巴基斯坦、巴布亚新几内亚、巴拉圭、秘鲁、菲律宾、波兰、葡萄牙、卡塔尔、韩国、俄罗斯、卢旺达、萨摩亚群岛、沙特阿拉伯、塞内加尔、塞舌尔、塞拉利昂、新加坡、斯洛伐克、斯洛文尼亚、索马里、西班牙、斯里兰卡、苏里南、瑞典、瑞士、叙利亚、塔吉克斯坦、泰国、多哥、特立尼达和多巴哥、突尼斯、土耳其、土库曼斯坦、乌干达、乌克兰、阿拉伯联合酋长国、英国、乌拉圭、委内瑞拉、越南、也门、赞比亚和津巴布韦。

[②] 也有学者将基于这一测度方法的测度结果，称为出口技术复杂度，根据国际贸易学的基本理论，当一国以自身竞争优势加入国际竞争时，为了在国际市场上达到利润最大化，会充分利用其所生产的产品参与国际贸易，为此，笔者认为一国的制造业的出口技术复杂度与其产品技术复杂度是相似的。

内部差异明显大于发达经济体。这一现象出现的原因可能在于，发展中经济体既包含了出口技术复杂度与发达经济体相似的"金砖"国家，也包含了出口技术复杂度相对低的国家（如，津巴布韦、老挝）。①

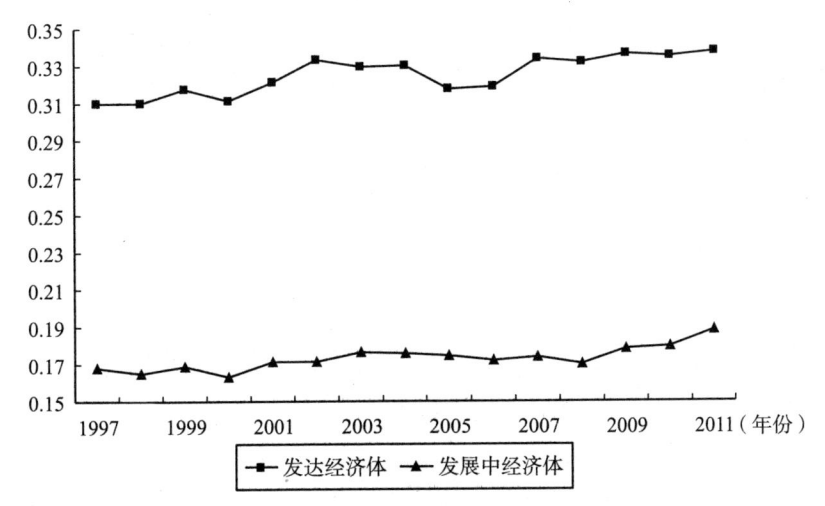

图5-4 两类经济体出口技术复杂度均值

资料来源：根据美国加州大学戴维斯分校网址．http://cid.econ.ucdavis.edu/Html/Quality_Data_Page.html中各经济体出口数据计算而得。

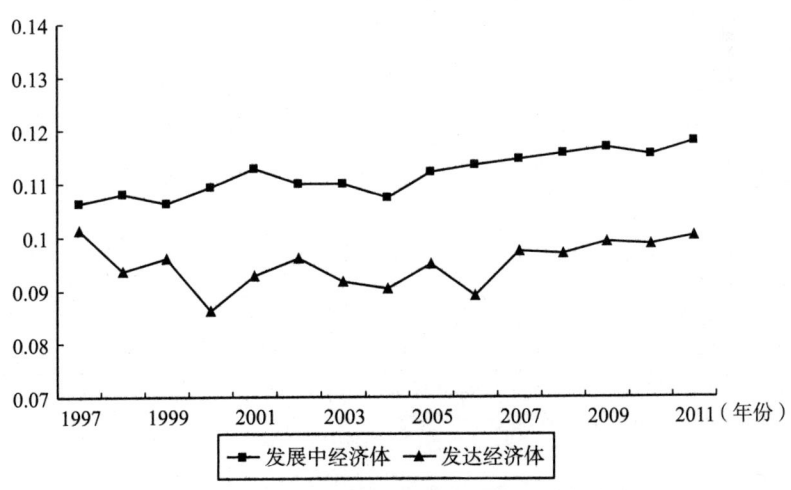

图5-5 两类经济体出口技术复杂度内部差异

资料来源：根据美国加州大学戴维斯分校网址．http://cid.econ.ucdavis.edu/Html/Quality_Data_Page.html中各经济体出口数据计算而得。

---

① 这一结果与前文HS码数据的测度结果较为相似，可见，虽然采用的数据样本不同，但测度结果较为一致，这在很大程度上说明了前后文测度结果的可靠性。

基于上述测度结果，本节进一步分析地理优势异质性经济体的出口技术复杂度。一国在国际贸易中的地理优势主要表现在两个方面：一是空间地理优势，如沿海和毗邻大进口国；二是契约型地理优势，如两国间同属于相同的自由贸易组织，存在关税减让等降低"冰山成本"的契约型地理接近措施。笔者从是否为沿海经济、是否毗邻大进口国[①]及当年是否为 WTO 成员等三个角度，考察地理优势异质性与出口技术复杂度的关系。表 5－11 报告了相应的结果可知，具有沿海、毗邻大进口国及 WTO 成员等地理优势特征的经济体，其出口技术复杂度均值明显大于不具备上述特征的经济体。那么，这是否意味着地理优势对出口技术复杂度升级具有促进作用呢？上述描述性统计只是无相关控制的初步分析，[②]还需进一步加入其他控制变量才能得到更为准确的相互关系。

表 5－11　　　　　　　　　地理优势与出口技术复杂度均值

地理优势	沿海		毗邻大进口国		WTO 成员	
年份	是	否	是	否	是	否
1997	0.1922	0.1287	0.2009	0.173	0.1918	0.1644
1998	0.1924	0.1295	0.2022	0.1713	0.1912	0.1511
1999	0.1922	0.1313	0.2134	0.1744	0.1973	0.1528
2000	0.1987	0.1378	0.2051	0.1681	0.1885	0.1501
2001	0.1969	0.1507	0.2129	0.1792	0.1978	0.163
2002	0.2008	0.1507	0.2164	0.177	0.1942	0.1659
2003	0.1987	0.1575	0.2128	0.1828	0.1994	0.1698
2004	0.1941	0.1581	0.2091	0.1819	0.2007	0.1647
2005	0.1907	0.1568	0.1991	0.1791	0.1904	0.171
2006	0.194	0.1558	0.199	0.1759	0.1883	0.1673
2007	0.1924	0.1595	0.2082	0.1784	0.1913	0.1714
2008	0.194	0.154	0.2185	0.1736	0.1959	0.1733
2009	0.1968	0.1487	0.2226	0.1711	0.1955	0.171
2010	0.1978	0.1528	0.2184	0.1731	0.1931	0.1769
2011	0.1989	0.1494	0.2243	0.1746	0.1978	0.1764

资料来源：根据美国加州大学戴维斯分校网址．http：//cid.econ.ucdavis.edu/Html/Quality_Data_Page.html 中各经济体出口数据计算而得。

---

① 本节以 2012 年进口排名世界前五的国家为大进口国，分别为美国、中国、英国、德国和日本。与上述国家中的任何一个或多个交界的经济体，称为毗邻大进口国。

② 以沿海为例，沿海为出口贸易提供了便利，增加了一国企业利润的来源，进而有助于一国出口技术复杂度提升。但沿海经济体的出口技术复杂度，大于非沿海区域，也有可能是因为沿海国家经济水平相对高于内陆国家，如根据豪斯曼和罗德里克（Hausmann，Rodirk，2003）、罗德里克（Rodirk，2006）的研究，发展水平更高的经济体一般拥有更高的出口技术复杂度。

(3) 出口持续时间与出口技术复杂度

为了提高样本中出口持续时间的长度，我们以芬斯阙和罗马里斯（Feenstra, Romalis, 2013）整理的数据中 1995~2011 年出口情况估算出口持续时间，左删除问题和多时间段问题均借鉴毕塞德斯和普鲁萨（Besedes, Prusa, 2006a）、邵和徐（Shao, Xu, 2012）、陈勇兵和李燕（2012）的方法进行处理。[①] 考虑到生存分析法能够有效地测度经上述处理后数据的出口持续时间（陈勇兵，李燕，2012），本节亦采用该方法进行分析，具体方法如下：

令 K_{mj} 为经济体产品 j 的最长出口持续时间，其中，$k_{mj}=1, 2, 3, 4, \cdots$ 为该产品持续出口的特定时间段，此时，该产品持续出口时间超过 k 的生存函数（survivor function）表示为：

$$S(k) = \Pr(K > k) = \sum_{k_i > k} p(k_i) \quad (5-8)$$

上述产品持续出口的风险函数（hazard function）可以相应表示为：

$$h(t_i) = \Pr(T = t_i \mid T \geq t_i) = \frac{p(t_i)}{S(t_{i-1})} \quad (5-9)$$

根据毕塞德斯和普鲁萨（Besedes, Prusa, 2006a）与毛其淋和盛斌（2013）的研究可知，该产品生存函数的非参数估计，可以借助 Kaplan - Meier 乘积限估计测算而得，测算结果如下：[②]

$$\hat{S}(k) = \prod_{t(i) \leq t} \frac{n_i - d_i}{n_i} \quad (5-10)$$

危险函数的非参数估计则表示为：

$$h(k) = \frac{d_i}{n_i} \quad (5-11)$$

式（5-10）和式（5-11）中，d_i 为 i 时期的出口关系失败的个数，n_i 为同期中处于危险状态的时间段的个数。由此，我们可以测度出 140 个经济体 SITC 4 位码层面出口持续状态。图 5-6 报告了出口持续时间与出口技术复杂度高中低三类经济体之间的关系，[③] 可知，存活概率较高（图 5-6 左）和风险率较低（图 5-6 右）的经济体，其出口技术复杂度较高，这在一定程度上表明，高技术经济体（发达经济体）产品的出口持续时间优于中低技术经济体，即通过提升一

[①] 左删除的处理方法，采用 1996~2011 年有出口记录而 1995 年无出口记录的样本进行测度。多时间段处理方法，将单个产品多持续时间段出口等同于独立的持续出口时间段。
[②] 具体推导过程，请参照毕塞德斯和普鲁萨（Besedes, Prusa, 2006a）一文第三部分。
[③] 出口技术复杂度高低的分类方法如下，发达经济体为高技术复杂度（27 个），2011 年，发展中经济体出口技术复杂度前 50 个经济体为中技术经济体，其余的为低技术经济体。

国出口产品的技术含量能够有效地提高产品在国际市场上持续出口的能力。

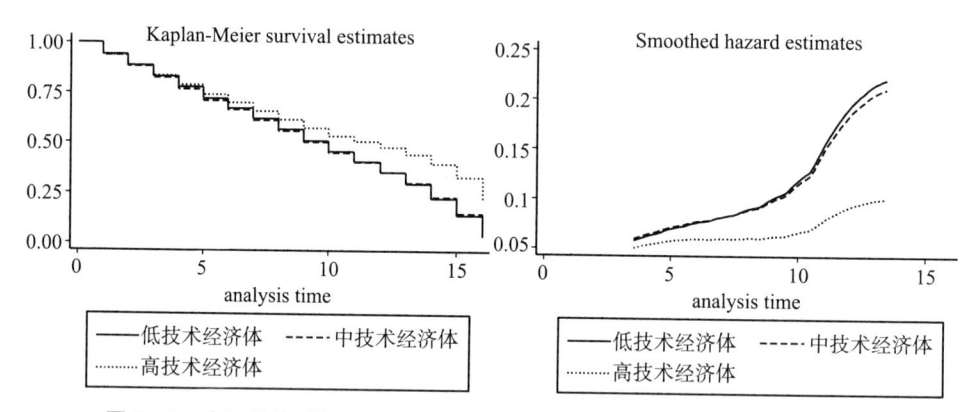

图 5-6　出口持续时间与出口技术复杂度：生存概率（左）与风险率（右）

资料来源：根据美国加州大学戴维斯分校网址. http://cid.econ.ucdavis.edu/Html/Quality_Data_Page.html 中各经济体出口数据计算而得。

虽然，从现有研究中能简单推导出出口持续时间对出口技术复杂度的作用机制，但尚无学者对二者的关系进行实证分析，为了防止"无协整关系"（无长期均衡关系）型伪回归的出现，我们进一步从统计学视角对二者的长期均衡关系进行检验，另外，由于二者的关系在不同经济水平的经济体中差异较大，见图 5-6，本节分别对发达经济体和发展中经济体进行协整检验和经验分析，以降低样本内部异质性过大带来的有偏冲击。表 5-12 报告了发达经济体和发展中经济体相应的检验结果：在滞后一期和滞后二期的条件下，两类经济体的四种检验均在至少 1% 的显著性水平上拒绝了"无长期均衡关系"的假设。[①] 为此，我们可以推定出口持续时间与出口技术复杂度间存在长期的均衡关系。

表 5-12　出口持续时间与出口技术复杂度间长期均衡关系的检验结果

经济体	发达经济体				发展中经济体			
滞后期数	滞后一期		滞后二期		滞后一期		滞后二期	
检验类型	估计值	P-值	估计值	P-值	估计值	P-值	估计值	P-值
Gt	-3.129	0.000	-5.278	0.000	-3.291	0.000	-4.062	0.000
Ga	-16.691	0.000	-16.996	0.000	-21.152	0.000	-27.119	0.000

---

① 笔者还从三类地理优势视角对二者的关系进行了检验，检验结果与发达经济体及发展中经济体的结果颇为相似，限于篇幅，此处不再赘述。

续表

经济体	发达经济体				发展中经济体			
滞后期数	滞后一期		滞后二期		滞后一期		滞后二期	
Ga2	-18.554	0.000	-16.927	0.000	-74.089	0.000	-75.091	0.000
Pa	-13.844	0.000	-14.937	0.000	-19.341	0.000	-23.342	0.000

注：运用stata 13.0进行协整检验时，整体样本检验结果均显示too many values。为此，笔者对样本进行了简化处理，留存出口持续时间10年以上的样本进行协整检验（1995年为起始年），虽然样本因此而减少，但并不妨碍检验结果的可靠性。

资料来源：根据美国加州大学戴维斯分校网址. http://cid.econ.ucdavis.edu/Html/Quality_Data_Page.html中各经济体出口数据计算而得。

5.3.2 持续出口对制造业技术复杂度影响的实证结果与分析

(1) 控制变量与实证方法的选择

为了提高估计结果的可靠性，本节在实证分析中进一步加入了除出口持续时间①和地理优势②之外的其他控制变量，具体有：(1) 产品出口价格 (P)，出口价格是反映企业获利能力和质量的最核心媒介之一 (Baldwin, Harrigan, 2011; Hallak, Schott, 2011; Feenstra, Romalis, 2013)，也是企业实现盈利的关键性因素。价格越高的产品往往具有较高的获利能力，从而使得企业越有能力改进该产品的生产工艺和生产设备，进而改进该产品的技术复杂度。以各经济体SITC 4位码层面产品的出口价格衡量，实证中用 $Ln(1+P)$ 表示。(2) 总出口额 (EXP)，黄先海、陈晓华和刘慧 (2010) 指出，出口量的大小不仅能够反映一国的出口能力，还会对出口技术复杂度演进产生深远影响。(3) 经济发展水平 (PGDP)，经济发展水平对出口技术复杂度的作用已被罗德里克 (Rodrik, 2006) 和肖特 (Schott, 2008) 等所证实，此处以人均GDP的自然对数表示。(4) 赶超行为 (GC)，"逆比较优势"赶超已经成为一国实现出口技术复杂度变迁的重要手段 (杨汝岱，姚洋, 2008)，控制该变量能有效地反映一国政府赶超行为对出口技术复杂度的作用，借鉴杨汝岱和姚洋 (2008) 的研究，我们采用"比较优势零值曲线"来识别经济体的赶超行为。当经济体有赶超时，令GC为1，否则为0。

---

① 本节以各经济体SITC 4位码层面产品的实际出口时间表示出口持续时间，考虑到部分产品的出口持续时间为1，实证中笔者以 $Ln(1+CX)$ 表示该变量，出口技术复杂度则以 $Ln(1+FZD)$ 表示。
② 地理优势在实证中以虚拟变量的形式表示，当该经济体为沿海经济体时，YH为1，否则为0，当该经济与大进口国相邻时，DGXL为1，否则为0；当经济体相应年份为WTO成员时，WTO为1，否则为0。

考虑到出口持续时间与出口技术复杂度可能存在互为因果关系的内生性，笔者采用面板数据的两步最小二乘法（2SLS）进行回归，并选择各变量的一阶滞后项作为工具变量，以降低内生性给估计结果带来的不良冲击，此处进一步采用 KP-LM 弱识别检验来判断工具变量的合理性，同时，为了提高估计结果的稳健性，我们在 stata 命令中加入了 robust 命令。

（2）左删除视角下的实证结果

由于出口持续时间可能会对出口技术复杂度产生正和负两个方面的影响，本节参考赵伟和赵金亮（2011）的处理方法，采用出口持续时间的平方项和水平项共存的形式来识别上述二元特征。表 5-13 报告了左删除视角下发达经济体和发展中经济体的估计结果，出口持续时间对两类经济体出口技术复杂度的作用力均表现为倒"U"型，这表明产品出口持续时间过长不利于两类经济体经济发展方式的转变（出口技术复杂度升级）。所不同的是，发达经济体出口持续时间对出口技术复杂度的正向效应可以持续 21~23 年，而发展中经济体的正向持续区间仅为 3~5 年。导致这一现象出现的原因可能在于，一方面，发达经济体往往生产和出口价值链高端的产品，发展中经济体则生产处于价值链低端的产品（Hausmann，Rodrik，2003；Rodrik，2006），而世界"出口品清单"始终处于动态演进中，为此，一国持续出口特定产品，会使得自身产品持续向"出口品清单"的底端下滑，而发达经济体的产品比发展中经济体的产品具有更长的"下滑距离"，从而使得持续出口降低自身出口技术复杂度的负效应出现时间晚于发展中经济体；另一方面，发展中经济体企业的"技术革新惰性"大于发达经济体，而发达经济体企业具备的"出口促创新"倾向大于发展中经济体，在这两股力量的作用下，发展中经济体出口企业满足于出口给其带来的利润而懒于提升产品的技术复杂度，从而使得产品技术复杂度很快落后于其他同类产品，进而不利于本国出口技术复杂度的提升，而发达经济体的企业则借助出口利润持续创新，以提高产品的技术含量，进而持续牢牢控制世界"出口品清单"的高端。

表 5-13　发达经济体与发展中经济体 2SLS 估计结果：控制地理异质性

系数	(1)	(2)	(3)	(1)	(2)	(3)
	\multicolumn{3}{c}{发达经济体}		\multicolumn{3}{c}{发展中经济体}	
$CXSJ2$	-0.0122 *** (-4.97)	-0.0096 *** (-3.95)	-0.0095 *** (-2.67)	-0.0047 *** (-5.41)	-0.0008 *** (-2.94)	-0.0037 *** (-4.91)
$CXSJ$	0.0385 *** (4.96)	0.0300 *** (4.49)	0.0293 *** (3.84)	0.0065 ** (2.28)	0.0012 ** (2.44)	0.0068 *** (2.78)

续表

系数	(1)	(2)	(3)	(1)	(2)	(3)
	发达经济体			发展中经济体		
地理优势异质性指标						
YH	-0.0065*** (4.48)	-0.0031** (2.13)	-0.0032** (2.04)	0.0145*** (23.12)	0.0137*** (22.93)	0.0045*** (8.36)
JLDG	0.0485*** (33.97)	0.0389*** (22.54)	0.0322*** (18.19)	0.0421*** (54.90)	0.0381*** (53.79)	0.0548*** (79.64)
WTO	0.0606*** (21.27)	0.0634*** (22.49)	0.0590*** (21.02)	0.0207*** (38.10)	0.0212*** (39.98)	0.0243*** (52.08)
控制变量						
P	0.0008 (0.40)	-0.0004 (-0.23)	0.0019 (0.89)	0.0103*** (9.36)	0.0119*** (11.20)	0.0049*** (5.24)
PGDP	—	0.0124*** (14.01)	0.0151*** (15.27)	—	0.0086*** (38.93)	0.0221*** (133.25)
EXP	—	—	0.0052*** (17.19)	—	—	0.0062*** (29.46)
控制变量						
GC	0.2455*** (115.78)	0.2387*** (115.75)	0.2321*** (107.66)	0.1911*** (284.24)	0.1877*** (270.96)	0.1815*** (310.79)
C	0.0938*** (13.28)	-0.0200* (-1.88)	-0.0753*** (-6.39)	0.0654*** (27.47)	0.01508*** (5.68)	-0.1313*** (-50.69)
OBS	10562	10562	10436	63322	63170	63170
CR^2	0.6291	0.6371	0.6549	0.6297	0.6416	0.7252
F检验	0.0000***	0.0000***	0.0000***	0.0000***	0.0000***	0.0000***
KP-LM	0.0000***	0.0000***	0.0000***	0.0000***	0.0000***	0.0000***
最优	23	22	21	3	4	5

注：①最优为出口持续时间的作用力为正的最长持续年份，即后文所提及的"正效应区间"，根据一元二次方程计算而得。
② ***、** 和 * 分别表示在1%、5%和10%的显著性水平上显著。
资料来源：根据美国加州大学戴维斯分校网站. http://cid.econ.ucdavis.edu/Html/Quality_Data_Page.html 中各经济体出口数据和世界银行统计数据计算而得。

地理优势的估计结果显示，沿海优势不利于发达经济体出口技术复杂度升级，对发展中经济体则表现为显著的正效应。导致这一现象出现的原因来自于两个方面：一是"华盛顿苹果效应"引致型负效应，即沿海经济体往往借助其较低的"冰山成本"将质量和技术含量较低的苹果（产品）出口到其他国家，从而使得沿海地理优势反而不利于其出口技术复杂度升级；二是国际技术转移引致型正效应。由于具有较低的"冰山成本"，沿海经济体往往能够吸引国际直接投资，国际直接投资往往意味着更高技术的介入，从而会对沿海东道国出口技术复杂度产生正效应。由于当前对外投资的主体为发达经济体，而发达经济体间的技术差距远小于发达经济体与发展中经济体间的技术差距。为此，国际技术转移给发达经济体带来的正效应相对有限，无法抵销"华盛顿苹果效应"带来的负效应。而国际技术转移给发展中经济体带来的正效应相对较大，足以抵销"华盛顿苹果效应"引致型负效应，从而使得沿海优势对发展中经济体表现为显著的正效应。另外，毗邻大进口国及"契约型地理优势"均对一国出口技术复杂度表现出显著的正效应。

经济发展水平、出口和赶超均对出口技术复杂度升级表现出显著的正效应，这一估计结果与豪斯曼和罗德里克（Hausmann，Rodrik，2003）、肖特（Schott，2008）与杨汝岱和姚洋（2008）的估计结果一致。出口价格提升对发展中经济体的出口技术复杂度具有显著的促进效果，而对发达经济体出口技术复杂度升级的作用力不明显。这表明，适度提高出口品价格，能够成为发展中经济体改善出口技术复杂度的重要工具之一。

为了考察地理优势异质性条件下出口持续时间对出口技术复杂度的影响机制，本节将样本数据以地理优势特征进行归类回归。回归结果显示，见表5-14：出口持续时间在地理优势异质性样本中依然呈现为倒"U"型，控制变量的估计结果与表5-13较为接近，这在一定程度上证实了前文实证结果的稳健性。从地理优势异质性的估计结果中还可以得到如下发现：（1）毗邻大进口国的空间地理优势和加入WTO的"契约型地理优势"使得出口持续时间对出口技术复杂度的正向作用区间大于不具备上述优势的经济体；（2）沿海型空间地理优势会缩短持续出口对出口技术复杂度的正向作用时间，实证结果显示，非沿海地区持续出口的正效应为11年，而沿海地区则为3年，表明"华盛顿苹果效应"不仅降低了沿海本身对出口技术复杂度的作用，还会对出口持续时间与出口技术复杂度的作用机制产生不良影响；（3）非WTO成员和不毗邻大进口国的样本中，沿海虚拟变量的估计结果显著为负，而具备上述两个地理优势的样本估计结果显著为正，这表明，毗邻大进口国和契约型地理优势能有效地弥补和抵销沿海给出口技术复杂度升级带来的负效应。

表5-14　　　地理优势异质性视角下的2SLS估计结果：分类回归

系数	沿海		毗邻大进口国		WTO成员	
	是	否	是	否	是	否
$CXSJ2$	-0.0034 *** (-4.02)	-0.0038 *** (-2.78)	-0.0018 ** (-2.21)	-0.0053 *** (-6.51)	-0.0033 *** (-3.36)	-0.0021 * (-1.96)

续表

系数	沿海 是	沿海 否	毗邻大进口国 是	毗邻大进口国 否	WTO成员 是	WTO成员 否
CXSJ	0.0045 * (1.69)	0.0093 ** (2.22)	0.0060 ** (2.39)	0.0081 *** (3.11)	0.0077 ** (2.45)	0.0038 ** (2.11)
地理优势异质性指标							
YH	—	—	0.0191 *** (17.66)	-0.0083 *** (-14.24)	0.0069 *** (9.97)	-0.0129 *** (-16.89)
JLDG	0.0620 *** (87.07)	0.0175 *** (19.65)	—	—	0.0660 *** (90.73)	0.0203 *** (21.59)
WTO	0.0289 *** (53.06)	0.0104 *** (19.65)	0.0573 *** (43.92)	0.0179 *** (36.26)	—	—
控制变量							
P	0.0052 *** (4.94)	0.0044 *** (2.87)	0.0028 (1.56)	0.0061 *** (6.20)	0.0025 ** (2.14)	0.0088 *** (6.69)
PGDP	0.0227 *** (135.76)	0.0236 *** (67.62)	0.0174 *** (56.19)	0.0232 *** (136.95)	0.0212 *** (112.13)	0.0221 *** (93.67)
EXP	0.0066 *** (34.92)	0.0055 *** (15.75)	0.0040 *** (15.94)	0.0068 *** (30.80)	0.0071 *** (34.92)	0.0038 *** (12.14)
GC	0.1910 *** (300.34)	0.1782 *** (127.81)	0.2139 *** (181.70)	0.1801 *** (287.60)	0.1905 *** (280.20)	0.1850 *** (185.26)
C	-0.1414 *** (-50.86)	-0.1139 *** (-27.71)	-0.0671 *** (-14.93)	-0.1266 *** (-46.64)	-0.1135 *** (-37.72)	-0.0896 *** (-23.45)
OBS	54715	18891	15662	57944	43715	29891
CR^2	0.7459	0.7862	0.8385	0.7119	0.7795	0.6865
F检验	0.0000 ***	0.0000 ***	0.0000 ***	0.0000 ***	0.0000 ***	0.0000 ***
KP-LM	0.0000 ***	0.0000 ***	0.0000 ***	0.0000 ***	0.0000 ***	0.0000 ***
最优	3	11	27	4	9	5

注：***、** 和 * 分别表示在1%、5%和10%的显著性水平上显著。

资料来源：根据美国加州大学戴维斯分校网站．http://cid.econ.ucdavis.edu/Html/Quality_Data_Page.html 中各经济体出口数据和世界银行统计数据计算而得。

(3) 左右删除视角下的稳健性检验

前文借鉴毕塞德斯和普鲁萨（Besedes, Prusa, 2006a）、邵和徐（Shao, Xu, 2012）、陈勇兵和李燕（2012）的研究，在左删除条件下，基于地理优势异质性视角就出口持续时间对出口技术复杂度的作用机制进行了实证分析。为了确保前文估计结果的可靠性，笔者进一步从左右删除视角对前文的回归结果作稳健性检验。① 表 5-15 报告了左右删除视角下稳健性检验结果。对比表（5-13）~表（5-15）可以发现，左删除的估计结果和左右删除的估计结果，在预期符号与显著性上颇为一致。为此，样本容量变迁对前文估计结果的预期符号和显著性的影响并不大，即前文的估计结果是稳健、可靠的。另外，表 5-15 的计量结果还在一定程度上表明，右删除偏差效应可能远小于左删除偏差效应。左删除引致型偏差已经被前人（Besede，Prusa，2006a，b；Shao，Xu，2012）所证实，而本节分别对左删除数据和左右删除数据进行实证分析后发现，在左删除的基础上进一步考虑右删除，所得结论并无明显偏差。

表 5-15　　　　　　　稳健性检验结果：基于左右删除的视角

系数	是否为发达经济体 是	否	沿海 是	否	毗邻大进口国 是	否	WTO 成员 是	否
CXSJ2	-0.0325*** (-4.70)	-0.0094*** (-3.46)	-0.0187*** (-4.74)	-0.0148*** (-4.48)	-0.0030** (-2.46)	-0.011*** (-6.19)	-0.0093*** (-3.76)	-0.0015** (-2.59)
CXSJ	0.0843*** (4.00)	0.01476*** (3.03)	0.0232*** (4.06)	0.0301*** (3.95)	0.010*** (2.60)	0.0200*** (5.15)	0.020*** (3.92)	0.0023** (2.30)
YH	-0.0326*** (-8.29)	0.0143*** (14.69)			-0502*** (12.93)	-0.0039*** (-5.79)	0.0059*** (62.93)	0.0065*** (3.89)
JLDG	0.0052 (1.42)	0.0632*** (64.28)	0.0738*** (64.0)	0.0262*** (17.32)	—	—	0.0773*** (7.05)	0.0278*** (25.15)
WTO	0.0771*** (21.78)	0.025*** (44.96)	0.0266*** (37.7)	0.0243*** (11.75)	0.0722*** (26.48)	0.0185*** (33.39)	—	—
P	0.0063** (2.32)	0.0073*** (6.57)	0.0116*** (9.15)	-0.0028 (-1.46)	0.0117*** (3.19)	0.009*** (8.01)	0.0052*** (3.64)	0.0130*** (8.59)
PGDP	0.0365*** (15.03)	0.0233*** (96.8)	0.0227*** (107.3)	0.0357*** (22.68)	0.0220*** (24.81)	0.025*** (94.39)	0.0251*** (69.56)	0.0219*** (75.93)
EXP	0.0093*** (17.04)	0.0085*** (27.3)	0.0091*** (30.4)	0.0084*** (15.10)	0166*** (10.42)	0.008*** (28.41)	0.0103*** (29.41)	0.0042*** (10.28)
GC	0.0708*** (5.39)	0.0978*** (15.00)	0.1053*** (16.0)	0.0664*** (4.93)	0.0245* (1.89)	0.111*** (25.14)	0.0966*** (17.4)	0.0976*** (14.8)
C	-0.2425*** (-8.92)	-0.1289*** (-29.42)	-0.1265*** (-24.9)	-0.1969*** (-14.75)	-0.0901*** (-5.93)	-0.1356*** (-28.33)	-0.1309*** (-22.36)	-0.0734*** (-10.41)

---

① 在前文左删除的基础上，保留 1997~2011 年有出口记录，2011 年无出口记录的 SITC 4 位码产品，这样，使得产品的出口持续时间有始有终。

续表

系数	是否为发达经济体		沿海		毗邻大进口国		WTO 成员	
	是	否	是	否	是	否	是	否
OBS	8612	55604	47685	16531	13403	50813	38171	26045
CR^2	0.4593	0.6513	0.6787	0.6873	0.3158	0.6726	0.6957	0.6318
F 检验	0.0000 ***	0.0000 ***	0.0000 ***	0.0000 ***	0.0000 ***	0.0000 ***	0.0000 ***	0.0000 ***
KP – LM	0.0000 ***	0.0000 ***	0.0000 ***	0.0000 ***	0.0000 ***	0.0000 ***	0.0000 ***	0.0000 ***
最优	12	4	2	7	27	5	8	4

注：①笔者对表 5-13 中所有方程均进行了稳健性检验，为免赘述，仅报告第三个方程的结果。
②***、** 和 * 分别表示在 1%、5% 和 10% 的显著性水平上显著。
资料来源：根据美国加州大学戴维斯分校网站．http://cid.econ.ucdavis.edu/Html/Quality_Data_Page.html 中各经济体出口数据和世界银行统计数据计算而得。

（4）中国的检验结果与分析

为了进一步揭示二者在中国的作用机制，笔者借助 2SLS 对中国样本进行了实证分析，可知出口持续时间对中国出口技术复杂度的作用机制也呈现出倒"U"型，见表 5-16。与普通发展中经济体不同的是，左删除条件下，中国持续出口时间的正效应区间为 8 年，高于发展中经济体的 3~5 年，也低于发达经济体的 21~23 年。进一步分析中国与发达经济体的持续出口风险概率可以发现，见图 5-7，中国出口品在各个持续出口时间段的风险概率明显低于发达经济体，即中国产品的出口持续性明显优于发达经济体。这一机制出现的原因在于，中国生产了大量具有传统优势的劳动密集型产品，这些产品以其低廉的价格在国际市场上得以销售。结合表 5-6 和图 5-7 可知，中国的出口具有"出口持续能力过强、正效应区间过短"的矛盾，这在一定程度上表明过度依赖低成本、低技术的劳动密集型产品的持续出口来实现出口量增长，并不利于中国出口技术复杂度升级。而应适当加快自身出口"商品清单"的动态更新速度，以延长中国出口商品持续时间给出口技术复杂度升级带来的"正效应区间"。

表 5-16　　　　　　　　　　中国的估计结果

系数	左删除	稳健性检验
$CXSJ2$	-0.00658 * (-1.80)	-0.0134 *** (-3.11)
$CXSJ$	0.0146 ** (2.29)	0.0279 *** (3.53)

续表

系数	左删除	稳健性检验
PGDP	0.0033*** (3.35)	0.00287*** (3.05)
EXP	0.0002* (1.92)	0.00007* (1.87)
C	0.4073*** (49.21)	0.4049*** (54.04)
OBS	337	198
CR^2	0.2338	0.3078
F 检验	0.0000***	0.0000***
KP – LM	0.0000***	0.0000***
最优	8	7

资料来源：根据美国加州大学戴维斯分校网站. http：//cid. econ. ucdavis. edu/Html/Quality_Data_Page. html 中各经济体出口数据和世界银行统计数据计算而得。

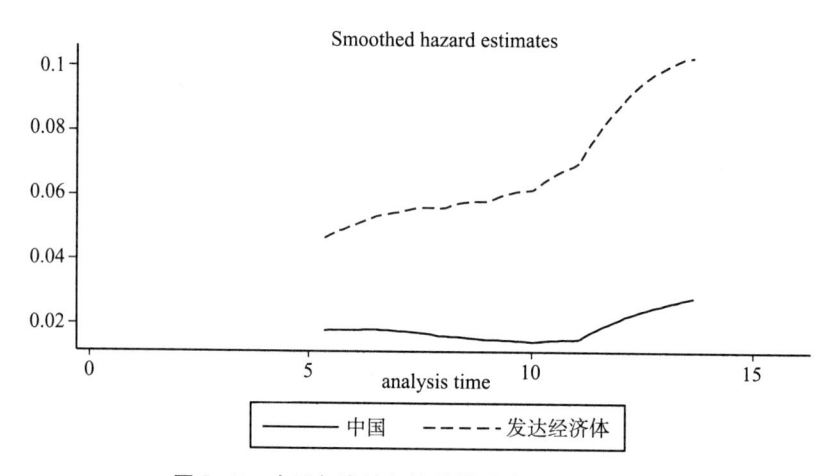

图 5 – 7　中国与发达经济体持续出口的风险概率

资料来源：根据美国加州大学戴维斯分校网站. http：//cid. econ. ucdavis. edu/Html/Quality_Data_Page. html 中各经济体出口数据和世界银行统计数据计算而得。

5.3.3　基本结论与启示

延长产品的出口持续时间是实现稳出口战略、降低当前外需疲软引致型冲击的重要手段，也是缓解当前中国经济内外部困境的主要途径之一，本节以探索上述措施下"稳出口增长"与"促结构优化"能否并驾齐驱为出发点，从地理优势异质性视角揭示出口持续时间对出口技术复杂度的作用机制。得到的结论主要有，一是产品出口持续时间对出口技术复杂度的作用力呈现出倒"U"型，即在出口持续时间的"正效应区间"内一国可以实现"稳出口增长"与"促结构优化"协同共进，否则容易出现"产品持续出口阻碍转型"的情况，发达经济体的正向持续时间为21~23年，而发展中经济体为3~5年，中国则为8年；二是具有"契约型地理优势"或毗邻大进口国的经济体，其出口持续时间拥有更长的"正效应区间"，而沿海地理优势则会缩短出口持续时间的正向作用区间，进而不利于转型，值得庆幸的是：前二者的正向效应能够有效地弥补和抵销后者的负向影响，且沿海优势不利于出口技术复杂度升级的负效应只出现在发达经济体，上述结果还表明，降低契约型壁垒，实现自由贸易有助于一国出口技术复杂度升级；三是经济增长、总出口量增加和执行"逆比较优势"赶超策略，均能有效地促进一国出口贸易发展方式的转变。

本节所蕴藏的政策含义主要体现在以下几个方面：首先，虽然以持续出口现有产品的稳出口战略在短期内可以缓解中国的就业压力、消化过剩产能及促进经济增长，但是部分传统优势产品的持续时间可能已经大大跨越了"正效应区间"，见表5-6和图5-4，进而出现出口阻碍转型的现象，因而借助传统优势产品的持续出口达到稳出口增长和促结构优化并驾齐驱的难度较大，即通过持续出口传统优势产品来应对外需疲软问题只能作为一种短期的权宜之计，长期解决上述问题还应立足于提高出口产品的技术含量，即适度缩短低技术产品出口的持续性，甚至以"长痛不如短痛"的形式倒逼低技术企业进行产品转型升级，使得该企业的出口获得新的"正效应区间"；其次，从发达经济体正效应区间、出口技术复杂度、持续生存概率和风险概率，可以看出高技术复杂度产品的正效应区间大于低技术复杂度产品，为此，短期内中国可以延长高技术含量产品的持续时间和鼓励新产品持续出口，以在更大程度上实现稳出口增长和促结构优化共存；再次，空间地理优势和契约型地理优势均有助于中国对外经济发展方式的转变，而沿海型空间地理优势正效应的关键在于外商直接投资与本国现有技术存在一定的差距，为此，中国应适当提高引资的技术标准，以更好地发挥沿海型空间地理优势的正效应，与此同时，中国应积极融入各种经济一体化组织，以降低国际联盟型契约壁垒给中国出口贸易带来的障碍，为企业出口赢得更多的"契约型地理优势"；最后，执行"逆比较优势"的赶超策略有利于中国对外贸易发展方式转变，杨汝岱和姚洋（2008）的研究表明，这种赶超最终将收敛于比较优势均衡状态，因而中国应在执行赶超策略的基础上，通过加大高端技术研发和引进等形式延长上述收敛过程的时间，以最大化赶超给中国出口贸易发展方式转变带来的正效应。

本章小结

本章从要素成本上升、非要素成本上升和要素价格扭曲释放型成本上升视角，从企业异质性层面深入分析了外需疲软和成本上升对中国制造业产品技术复杂度升级的影响，并从应对外需疲软措施的视角分析了产品持续出口对产品技术复杂度的影响，揭示了外需疲软和成本上升约束下制造业产品技术复杂度演进的特殊机制，通过对比三个部分的实证分析结论和前文五部门模型的基本结论，我们还可以得到如下启示：

首先，外需疲软仅对中国的资本密集型企业的技术复杂度升级产生显著的负作用，这表明，中国的劳动密集型企业和外资企业的出口比重跨越了临界值，而中国资本密集型产品的出口额并未达到临界值。因而，适当提升本土资本密集型产品出口数量，降低劳动密集型产品的出口数量不仅能够提升产品的技术复杂度，还能更有效地发挥外需疲软的倒逼效应，促使中国制造业产品技术复杂度升级和赶超的动力更为多元化。

其次，增加熟练劳动力数量能有效地加快中国制造业产品技术复杂度的升级速度，成本上升的分析中劳动力价格并未出现显著为负的情况，而在缩小样本的要素价格扭曲实证分析中劳动力要素价格的估计系数显著为正。根据赵伟、赵金亮和韩媛媛（2010）的研究可知，工资的大小很大程度上刻画了企业中劳动力的技术熟练程度，熟练劳动力越多的企业往往工资越高，为此可以推定，熟练劳动力的量增有助于中国的制造业产品技术复杂度升级和赶超。结合外需疲软的估计结果我们还可以发现，虽然劳动密集型企业和外资企业的出口额超过了外需疲软的临界值，但出口并未超越使得熟练劳动力为负的临界值，即后者的临界值大于前者。为此，恰当地使用两个临界值之间的微妙关系，也是中国制造业产品技术复杂度升级和赶超的重要途径。

再次，边际广化能有效地促进中国制造业产品技术复杂度升级与赶超，边际深化的影响效应呈现出倒"U"型，契约型地理优势能有效地促进中国制造业技术复杂度升级，为此，通过简单扩大低技术含量、低成本产品出口量（粗放型增长）的方式应对外需疲软是不可取的，这种策略反而会增加中国制造业产品技术复杂度升级和赶超的包袱，因而应该增加更多的新产品出口，即边际广化。一旦产品出口持续时间超过倒"U"型顶点，则应适当降低边际深化的力度。契约型地理优势的正效应说明，中国可以通过与更多国家（地区）签订自由贸易协定的方式加强双边合作的深度，以更好地发挥"契约型地理优势"的正效应。上述结论还从实证视角证实了中国采取"一带一路"战略和构建更多自贸区（2015年新增天津、广东和福建）等策略的正确性，作为拥有绵长的国境线和海岸线的大国，中国拥有大量的自贸区型地理空间，可以为契约型地理优势的形成提供大量的素材，为此，进一步发挥中国的大国优势，构建此类地理优势是中国制造业在外需疲软和成本上升约束背景下，实现产品技术复杂度快速升级的重要途径。

最后，基于成本上升和要素价格扭曲层面的实证分析，均证实了要素价格扭曲在中国的存在性。在外需充足和成本较低时，"技术复杂度革新惰性"是制约中国制造业产品技术复杂度升级和赶超的重要"瓶颈"，为此，在外需疲软和成本上升的背景下，降低企业技术复杂度革新惰性可以成为中国在制造业产品技术复杂度升级与赶超上的特有秘方。通过优化企业的创新机制，构建更为专业的创新技术交易平台（如最近出现的创客市场，为小规模技术创新提供了较好的交易平台，省级技术交易平台为高水平技术创新提供了较好的交易平台）、融资平台（如各地都在建设的技术创新孵化器）、创新环境等方式不断提升制造业企业的技术创新动力，使得中国制造业产品技术复杂度得以持续提升和赶超。

6

制造业产品技术复杂度演进的影响效应分析：有无外需疲软双重视角

加快制造业产品技术复杂度升级速度，甚至赶超发达经济体，是中国实现经济发展方式转变的重要途径。而细水长流型升级模式可能使得中国制造业技术复杂度陷入长期尾随发达经济体型升级，无法在国际竞争中更快速地赢得竞争优势。为此，进入21世纪后，不少制造业企业加快了技术复杂度升级和赶超的步伐，也使得中国产品的技术复杂度得以迅速提升（Schott，2008；Rodrik，2006；黄先海、陈晓华和刘慧，2010；陈晓华，刘慧，2012）。产品技术复杂度循规蹈矩的升级对经济发展中各因素的正面影响和负面影响可能相对"有限和可控"，而技术复杂度赶超则意味着企业在有限的资源供给下，采用偏离自身比较优势的形式进行技术复杂度升级，其带来的经济和社会影响可能超过细水长流型升级。

那么，制造业技术复杂度赶超会对经济和社会发展产生什么样的影响呢？已有大量的文献深入分析了技术复杂度升级的影响效应，如寿恩和李（Sohn，Lee，2010）、米西拉等（Mishra et al.，2012）和加诺和彭塞特（Jarreau，Poncet，2012），但针对技术复杂度赶超对经济和社会发展影响的文献相对较少。揭示上述问题的答案，既能从更深层次发掘中国制造业产品技术复杂度升级的机理，也是降低技术复杂度赶超可能带来的不良影响、制定经济发展方式健康转变方面政策的重要依据。为此，对这一问题的研究具有重要的现实意义。本章在综合该领域已有研究的基础上，深入分析制造业产品技术复杂度赶超对就业（社会和谐发展）的影响，以为后文制定更为科学的技术复杂度赶超思路提供参考。

6.1 制造业技术复杂度演进的贸易利益效应

6.1.1 背景及文献简评

改革开放 30 多年来,中国出口品的内涵发生了质的飞跃,出口品从资源密集型初等品为主转向了电子通信等资本技术密集型产品为主(Schott,2008),这使得中国出口技术复杂度得以迅速提升。陈晓华、黄先海和刘慧(2011)的测度结果显示,2002~2008 年间,见图 6-1,中国的出口技术复杂度提升了146.61%,从 2002 年的 10634 上升到了 2008 年的 26224。部分学者甚至认为,中国制造业出口技术复杂度已经超越自身的经济发展水平,而与经济发展水平几倍于自身的发达经济体相似。

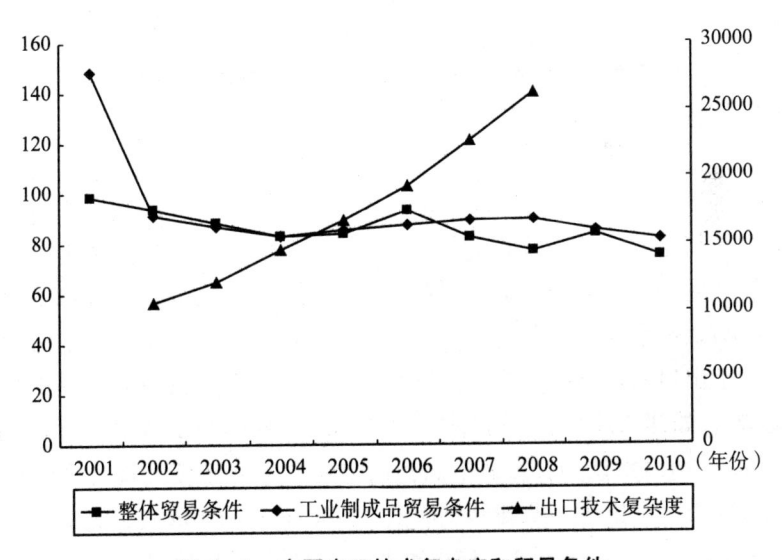

图 6-1 中国出口技术复杂度和贸易条件

资料来源:根据国研网统计数据库相关数据计算整理而得。

与出口技术复杂度不断提升相伴的另外一个事实却是,中国制成品的贸易条件呈现不断恶化的趋势。如赵晓梅(2013)的测度结果表明,2001 年以来,中国的整体贸易条件和工业制成品的贸易条件均呈现明显的下降趋势,见图 6-1。传统贸易理论认为,贸易条件是衡量一国贸易利益的关键指标(钱学锋等,

2010),为此,贸易条件的持续恶化在一定程度上表明,最近几年,中国的贸易利益并未得到显著改善。中国出口技术复杂度升级,严重依赖于国外高端的中间品、生产技术和生产设备,呈现出显著的非均衡特征,见图6-2,非均衡型升级可能会推高国外中间品的进口价格(Jarreau,Poncet,2012)。由此,我们自然产生一个疑问,中国制造业这种非均衡型出口技术复杂度升级,是否以贸易利益的损失为代价?令人遗憾的是,目前尚无学者对这一问题作深入的分析。

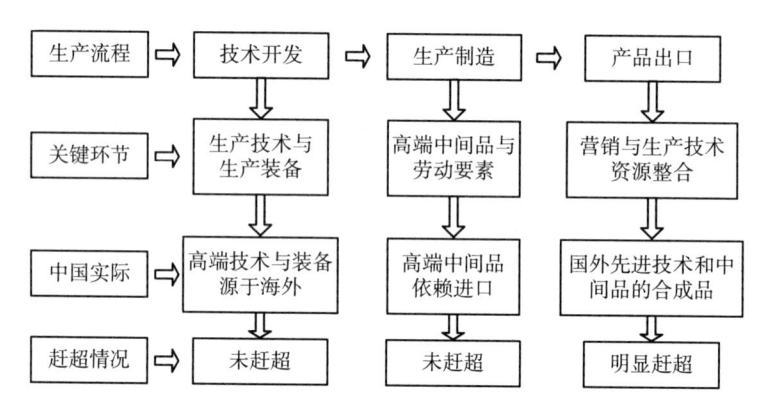

生产流程	技术开发	生产制造	产品出口
关键环节	生产技术与生产装备	高端中间品与劳动要素	营销与生产技术资源整合
中国实际	高端技术与装备源于海外	高端中间品依赖进口	国外先进技术和中间品的合成品
赶超情况	未赶超	未赶超	明显赶超

图6-2 中国制造业非均衡性技术复杂度升级示意

资料来源:根据国研网统计数据库计算整理而得。

虽然学术界对出口技术复杂度升级进行了大量的研究,但是对出口技术复杂度升级的贸易利益效应的关注相对较少,萨卡(Sarkar,2005)提出发展中国家出口技术复杂度升级可能陷入贸易利益损失的赶超陷阱的观点,开启了出口技术复杂度升级与贸易利益关系研究的先河,已有的研究主要集中于以下两个方面:

一是基于出口品价格指数视角,研究出口技术复杂度升级对发展中国家贸易利益的影响。如米尔博格和司库勒(Milberg,Scholler,2009)和布拉迪等(Brady et al.,2013)认为,发展中国家制造业技术复杂度的提升会使得高中端中间品的国际市场中出现一些新的供应商(new supplier firms),进而产生全球产能过剩(global excess capacity),使得这些产品的出口品价格下降,恶化发展中国家的贸易利益。也有一些学者得到了相反的结论,如阿米迪和福瑞德(Amiti,Freund,2008)与勒摩尼和科瑟慈(Lemoine,Kesenci,2008)指出,发展中国家的中高端技术产品实际上位于发达国家质量阶梯的低端(bottom),其出口品种类(varieties)与发达国家并不相同,为此,发展中国家出口技术复杂度升级不会导致发展中国家产品与发达国家产品正面竞争,因而不会使得发展中国家出口价格和贸易利益下降。

二是基于进口品价格指数视角，研究出口技术复杂度升级对发展中国家贸易利益的影响。如加诺和彭塞特（Jarreau，Poncet，2012）指出，像中国这样的发展中国家，其出口具有显著的加工组装特征，其生产过程中需购进大量的国外高端中间品，为此，出口技术复杂度的升级会提高高端中间品的需求量，进而推动进口品价格指数的上升，不利于其贸易利益的提高。曼纽尔和马塞尔（Manuel，Marcel，2011）认为，发达国家跨国公司主导下的全球价值链（global value chain）使得高端中间品牢牢掌控在发达国家跨国公司手中，发达国家跨国公司会通过提高中间品价格等形式对发展中国家出口技术复杂度升级进行围堵，进而使得发展中国家的出口技术复杂度升级付出更高的代价。也有一些学者认为，出口技术复杂度的提升意味着一国技术水平的提升（Huasmann et al.，2007），那么，该国产品范围和高端中间品的生产能力（Cabral，Veiga，2010）将有所提升，进而降低其对国外高端中间品的依赖程度，从而降低其进口价格指数，为此，出口技术复杂度升级也有可能优化一国的贸易利益。

综上可知，已有研究从进出口价格指数视角，就出口技术复杂度升级的贸易利益效应进行了一定的研究，但因研究历史相对较短，目前至少还存在以下不足，一是多从出口价格指数或进口价格指数单个指标层面研究出口技术复杂度对贸易利益的影响，而贸易利益由进出口价格指数共同决定，为此，从单个指标判断二者的关系，所得结论具有一定的片面性；二是目前尚无出口技术复杂度与贸易利益之间关系的实证研究，已有研究多通过描述性统计的方式得到结论（如，Sarkar，2005）；三是现有研究多基于单个国家层面勾勒出口技术复杂度对贸易利益的影响，忽略一国内部区域的非均质性和微观差异，为此，所得结论不一定能够反映两者之间的真实关系。为弥补上述不足，本节以出口价格指数、进口价格指数和贸易条件作为考察贸易利益的综合指标，借助中国省级面板数据进行实证分析，以揭示出口技术复杂度升级对中国与主要发达国家（美日欧[①]韩）贸易利益的影响。

6.1.2 制造业出口技术复杂度与贸易价格指数：测度与特征分析

（1）测度方法的构建

为了提高研究结果的可靠性，本节参照陈晓华、黄先海和刘慧（2011）的研

[①] 在本节中，欧洲为欧盟最初的15国，简称欧洲或者欧。

究采用2002~2008年HS码中的28~92章产业作为研究对象,[①]并通过修正肖特（Schott，2008）基于相似度的方法来衡量各省区市出口到美日欧韩产品的技术复杂度，肖特（Schott，2008）的方法如下：

$$ESI_{tab} = \left[\min\left(\frac{V_{t1a}}{V_a}, \frac{V_{t1b}}{V_b}\right) + \min\left(\frac{V_{t2a}}{V_a}, \frac{V_{t2b}}{V_b}\right) + \cdots + \min\left(\frac{V_{tna}}{V_a}, \frac{V_{tnb}}{V_b}\right) \right]$$
$$= \left[\sum_p \min\left(\frac{V_{tpa}}{V_a}, \frac{V_{tpb}}{V_b}\right) \right] \quad (6-1)$$

其中，ESI 为出口技术复杂度，V_{t1a} 为 a 省（区市）t 时间第一种产品出口到特定国家和地区（本节为美日欧韩）的金额，V_a 为 a 省（区市）总出口，V_{t1b} 为技术创新能力较强的参照国 b 在 t 时间第一种产品的出口额，V_b 为 b 国总出口。本节以美国为参照国，并对肖特（Schott，2008）的方法作如下改进，一是以参照国固定年份——2008年的出口情况作为参照依据；二是在出口数据中剔除加工贸易引进型中间品和原料（V^*），以降低"统计假象"对测度结果的不良影响。改进后的测度方法如下：

$$ESI_{tab} = \left[\sum_p \min\left(\frac{V_{tpa} - V_{tpa}^*}{V_i - V_i^*}, \frac{V_{2008pj}}{V_{2008j}}\right) \right] \quad (6-2)$$

（2）出口技术复杂度与贸易条件

根据前文所选方法和产业，本节首先测度了各省区市出口到美日欧韩的出口技术复杂度，表6-1报告了相应的测度结果，可知中国出口到四个区域产品的技术复杂度呈现出逐渐上升的趋势，从均值上看，2002~2008年中国出口到日本的产品技术复杂度最高，其次是欧洲、美国和韩国。从区域对比上看，出口到美日欧韩产品的技术复杂度明显高于中国均值，东部地区出口技术复杂度高于中西部地区，为此，肖特（2008）等关于出口技术复杂度与经济发展水平关系的观点，实际上可以拓展为，经济发达的区域不仅出口技术复杂度高于欠发达区域，进口品技术复杂度也高于欠发达区域。

表6-2报告了贸易条件的测度结果，可知2002~2008年中国与美日欧韩的贸易条件呈现出不断恶化的趋势，其中，美国的下降幅度最为明显，从2002年的0.972693下降到2008年的0.555832，从均值上看中国与欧洲的贸易条件明显好于其他三个经济体，从内部区域上看，东中西部的贸易条件均呈现出显著的下降趋势，东部地区的贸易条件明显优于中部，中部地区的贸易条件也优于西部。

[①] 由于国研网和海关公布的各省区市HS码分类数据只有2002~2008年，为此，笔者采用该时间段数据进行分析。

表6-1　　　　　2002~2008年中国制造业出口技术复杂度

年份	美国	日本	欧洲	韩国	中国	中国东部地区	中国中部地区	中国西部地区
2002	0.5684	0.5406	0.5655	0.5078	0.3479	0.474	0.306	0.2603
2003	0.5723	0.5632	0.5735	0.5312	0.3762	0.4885	0.3452	0.294
2004	0.5772	0.6027	0.5817	0.5420	0.374	0.4938	0.3425	0.286
2005	0.5827	0.6345	0.5850	0.5667	0.3977	0.5114	0.367	0.3141
2006	0.6035	0.6438	0.6051	0.5728	0.3991	0.5289	0.3722	0.298
2007	0.5939	0.6286	0.5986	0.5726	0.4051	0.5227	0.3835	0.3118
2008	0.6136	0.6312	0.6123	0.5843	0.4294	0.5445	0.404	0.3409
均值	0.5874	0.6064	0.5888	0.5539	0.3899	0.5091	0.3601	0.3007

注：全国、中国东部地区、中国中部地区和中国西部地区的测度结果源于陈晓华，刘慧（2013），其反映的是中国出口到世界的技术复杂度。

资料来源：根据国研网统计数据库计算而得。

表6-2　　　　　2002~2008年中国与美日欧韩贸易条件的测度结果

年份	美国	日本	欧洲	韩国	中国东部地区平均	中国中部地区平均	中国西部地区平均
2002	0.972693	0.709742	1.104203	0.728851	0.97781	0.60699	1.00353
2003	0.866878	0.62953	0.918877	0.655132	0.99872	0.72182	0.63952
2004	0.772419	0.685538	1.001831	0.612323	1.02804	0.74277	0.60756
2005	0.622855	0.627799	1.20923	0.556739	1.06339	0.73505	0.54576
2006	0.629458	0.556578	0.916643	0.507696	0.91024	0.64135	0.40597
2007	0.476521	0.566379	0.88484	0.537523	0.90349	0.57889	0.50749
2008	0.555832	0.507711	0.897904	0.541143	0.87223	0.54633	0.53308
均值	0.69952	0.611897	0.990504	0.591344	0.964846	0.6533	0.60613

资料来源：根据国研网统计数据库计算而得。

就单个区域而言，中国东部、中部和西部的出口技术复杂度与贸易条件之间呈现出显著的负向关系，如图6-3所示，这与萨卡尔（Sarkar，2005）基于单个国家的研究结论是一致的。但是，上述三个区域的单独拟合图，并不能反映东中西部区域的另一个特征，出口技术复杂度较高的东部区域享有较高的贸易条件。为此，笔者将三个区域的出口技术复杂度与贸易条件置于同一个散点图中进行拟合后发现，出口技术复杂度与贸易条件之间呈现出显著的正向关系，如图6-3的第四个图，出现了区域与整体层面二者关系不一致的现象。笔者认为，导致这一现象出现的可能原因在于，贸易条件恶化是中国对外贸易的趋势，出口技术复杂度升级不能扭转贸易条件恶化的趋势，但能够有效地降低贸易条件恶化的速度（反映高出口技术复杂度区域具有高贸易条件的特征），进而使二者关系在单个区域层面表现出负效应,在多个区域层面表现出正效应,即整体而言,出口技术复杂度升级并不会恶化中国的贸易条件。

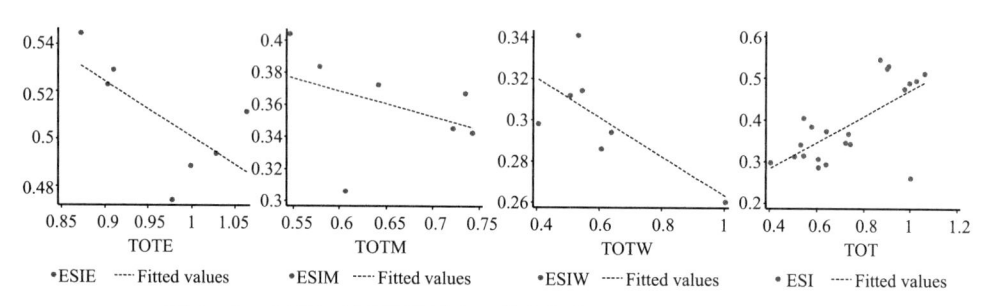

图6-3 中国东中西部区域出口技术复杂度与贸易条件的散点图

注：图从左往右分别为中国东部、中部、西部和全国层面示意图。
资料来源：根据国研网统计数据库计算而得。

(3) 出口技术复杂度与进出口价格指数

已有学者多从进出口价格指数视角分析出口技术复杂度升级对一国贸易利益的影响,为此,我们进一步对出口技术复杂度与进出口价格指数的关系进行分析。图6-4给出了2002~2008年各省区市(与美日欧韩)出口技术复杂度与进出口价格指数关系的散点图。可知,出口技术复杂度的提升,能显著改善中国各省区市出口到美国、日本和欧洲产品的价格指数,出口技术复杂度与出口价格指数的关系在韩国的关系并不明朗,拟合曲线几乎与水平轴平行。根据前人研究可知,这一现象出现的原因在于,中国产品的技术复杂度与韩国较为接近,中国出口技术复杂度的提升,会使得韩国市场上出现许多新的供应商(Milberg, Scholler, 2009; Brady et al., 2013),从而使得出口价格指数变化不明显,而中国出口技术复杂度与美日欧的差距较大,为此,出口技术复杂度的提升不会使得中国企业与美日欧市场的供应商发生正面竞争(Amiti, Freund, 2007; Lemoine, Kesenci, 2008),进而使得中国的厂商能适度地提高技术复杂度升级后产品的价格。

四个发达经济体的散点图还表明：各省区市出口技术复杂度与进口价格指数拟合曲线的斜率为负,可见,出口技术复杂度的升级有利于降低中国制造业的进口价格指数。这一定程度上表明,中国出口技术复杂度的升级模式与卡博拉和维加(Cabral, Veiga, 2010)所描述的特征有点相似,为此,虽然中国的出口技术复杂度升级具有非均衡性(依赖于国外高端中间品和技术),但是中国出口技术复杂度升级具有显著的"高端中间品和技术进口替代"特征,进而有可能改善中国与四个发达经济体的贸易利益。

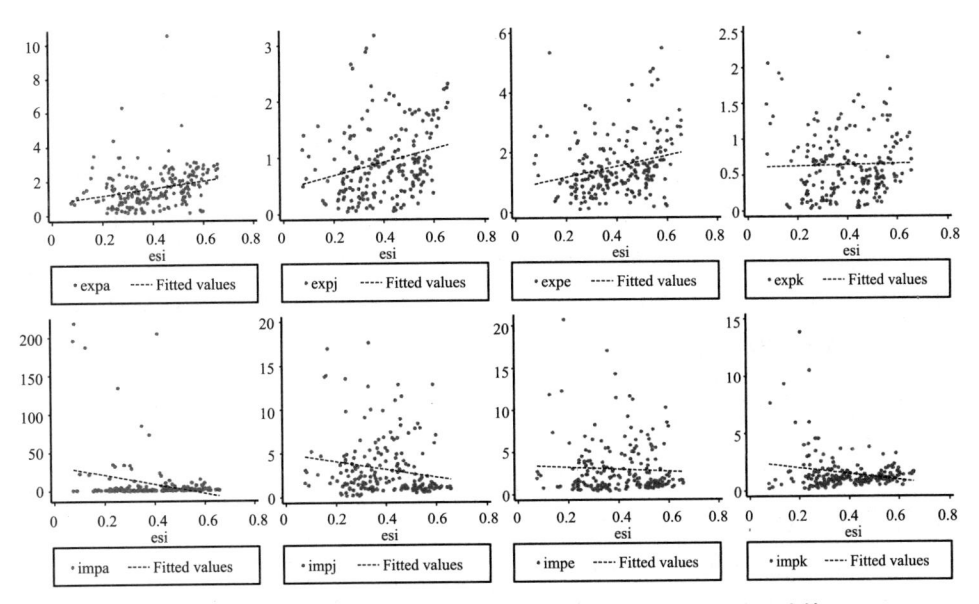

图 6-4　出口技术复杂度与进出口价格指数的散点图：美日欧韩

注：由于西藏自治区和宁夏回族自治区的出口量和出口种类相对不多，散点图中笔者未包括西藏自治区和宁夏回族自治区的相关数据，后文的实证分析也不包含这两个省级区域。图 6-4 中，a 表示美国，j 表示日本，e 表示欧洲，k 表示韩国，exp 表示出口价格指数，imp 表示进口价格指数。

资料来源：根据国研网统计数据库计算而得。

6.1.3　计量结果与分析

(1) 变量的选择与说明

本节被解释变量有三个，分别为各省区市与美日欧韩四个经济体贸易的贸易条件（TOT）、出口价格指数（EXP）和进口价格指数（IMP），该指标已经在前文通过加权平均的形式获得，在实证分析中笔者分别用 $\ln(TOT+1)$、$\ln(EXP+1)$ 和 $\ln(IMP+1)$ 表示。解释变量为各省区市的出口技术复杂度，实证分析中用 $\ln(ESI+1)$ 表示。

此外，此处进一步选择了一些能够反映区域特征的控制变量。具体有：①加工贸易。加工贸易在中国的出口贸易中发挥着重要的作用，对中国的贸易利益具有深远的影响。此处实证中用 $\ln(JG+1)$ 表示，其中，JG 为各省区市加工贸易额占其总贸易量的比重。②出口产业集聚。出口产业形成集聚会将特定的生产环节和资源吸引到该区域，其生产和出口将变得更加专业化（钱学锋，陈勇兵，

2009），进而有可能为该区域赢得更多的订单和贸易利益。此处出口集聚计算公式为 $jj = (Export_{it}/GDP_{it})/(Export_{China}/GDP_{China})$。实证中采用 $\ln(JJ+1)$ 表示。③人力资本。人力资本是发展中国家由全球价值链低端向高端转变的关键要素，对一国产品国际竞争力提升具有重要的影响，此处以各省区市大专及以上人口的自然对数表示。④物质资本，物质资本积累有助于资本密集型产品获得更多的比较优势，从而对一国的贸易利益产生影响。此处以各省区市物质资本存量的自然对数表示。①⑤开放程度，开放水平越高的区域越容易接触到国际市场，同时，国际产品也更容易进入该区域，进而对产品的进出口价格和贸易利益产生影响，实证中用 $\ln(1+OPEN)$ 表示，其中，$OPEN = $ 贸易额/GDP。此处所有变量的时间区间为 2002~2008 年。

（2）计量结果与分析

综合考虑本节的研究目的和研究变量之间的关系后，本节采用系统 GMM 估计进行分析。具体估计方程如下：

$$\begin{cases} Y_{it} = a_1 Y_{it-1} + a_2 \ln(ESI+1) + a_3 \ln(JG+1)_{it} + a_4 \ln(JJ+1)_{it} \\ \qquad + a_5 \ln HR_{it} + a_6 \ln WZ_{it} + a_7 \ln OPEN_{it} + \varepsilon_{it} \\ \Delta Y_{it} = a_1 \Delta Y_{it-1} + a_2 \Delta\ln(ESI+1) + a_3 \Delta\ln(JG+1)_{it} + a_4 \Delta\ln(JJ+1)_{it} \\ \qquad + a_5 \Delta\ln HR_{it} + a_6 \Delta\ln WZ_{it} + a_7 \Delta\ln OPEN_{it} + \Delta\varepsilon_{it} \end{cases} \quad (6-3)$$

其中，Y 表示被解释变量，实证估计中采用变量的一阶滞后项作为工具变量，以克服变量间的内生性。同时，为了确保系统 GMM 估计结果的有效性，同时，采用瓦尔德（Wald）检验、Arellano – Bond AR（2）检验和汉森（Hansen）检验来判断工具变量及模型设定的合理性。

表 6 – 3 报告了各省区市与美国贸易的估计结果。AR（2）检验、汉森（Hansen）检验和瓦尔德（Wald）检验表明，方程整体估计结果是稳健可靠的。另外，前一期的贸易条件、进口价格指数和出口价格指数的估计结果显著为正，这说明，与美国进行贸易时，中国贸易利益的前期状态对后一期的贸易利益具有重要影响，即中国贸易利益具有较强的前期依赖性。为此，通过努力提升本期的贸易利得，有助于中国贸易利益的持续提升。

制造业出口技术复杂度升级对中美贸易条件提升具有显著的正效应（各系数通过了至少 1% 的显著性检验），这表明中国制造业出口技术复杂度升级会改善各省区市与美国贸易中的贸易利益。这一点在进出口价格指数中也得到了印证，

---

① 借鉴陈晓华、黄先海和刘慧（2011），张军（2004）和王小鲁（2000）的研究，采用永续盘存法来衡量各省区市的资本存量，其中，折旧率选择 5%。

出口技术复杂度升级对出口价格指数具有显著的促进效应，见表6-3中的方程（6），对进口价格指数具有显著的降低效应，见表6-3中的方程（7）。

表6-3　出口技术复杂度升级对贸易利益影响的系统GMM估计结果：美国

系数	(1)	(2)	(3)	(4)	(5)	(6)	(7)
$L.Y_{t-1}$	0.6332*** (6.04)	0.6340*** (5.46)	0.7540*** (12.97)	0.74742*** (15.86)	0.6244*** (7.56)	0.76502*** (11.33)	0.4818*** (2.70)
$\ln(ESI+1)$	0.5657*** (3.29)	0.5310** (2.10)	0.3248* (1.66)	0.0510** (2.18)	0.2693** (2.47)	0.32435** (2.59)	-2.514** (-2.56)
$\ln(JG+1)$	—	0.0487 (0.14)	-0.1095 (-0.49)	-0.0067 (-0.03)	-0.4659 (-1.19)	-0.3181 (-1.06)	-1.148 (-0.68)
$\ln(JJ+1)$	—	—	0.0637*** (2.84)	—	0.2442* (1.84)	0.2219 (1.51)	0.6307 (0.95)
$\ln HR$	—	—	—	0.0287 (-0.03)	-0.0273 (0.24)	-0.2083 (-0.70)	-0.4443 (-1.58)
$\ln WZ$	—	—	—	—	0.0489 (0.75)	0.1687*** (2.71)	0.4174** (2.22)
$\ln OPEN$	—	—	—	-0.0120 (-0.66)	-0.0089 (-0.22)	-0.0556 (-1.45)	-0.0171 (-0.18)
OBS	174	174	174	174	174	174	174
AR (2)	0.943	0.940	0.873	0.829	0.760	0.364	0.736
Hansen	26.17	25.61	26.15	25.97	22.85	20.72	16.86
Wald	0.000	0.000	0.000	0.000	0.000	0.000	0.000

注：①括号内数值为估计系数的Z统计量，AR（2）和Wald给出的是相应检验的概率，Hansen给出的是相应的统计值。***、**和*分别表示估计系数在1%、5%和10%的显著性水平上显著，方程（1）~方程（5）的被解释变量为$\ln(TOT+1)$，方程（6）的被解释变量为$\ln(EXP+1)$，方程（7）的被解释变量为$\ln(IMP+1)$，表6-4、表6-5和表6-6同。
②***、**和*分别表示在1%、5%和10%的显著性水平上显著。
资料来源：根据国研网统计数据库和《中国统计年鉴》统计数据计算而得。

控制变量估计结果表明，首先，出口产业集聚能够有效地提高各省区市与美国贸易的贸易利益，而加工贸易、人力资本、物质资本和对外开放的作用力并不明显。这表明，集聚自我强化机制所引致的生产专业化（钱学锋，陈勇兵，2009）能够有效地提升中国各省区市与美国贸易的贸易利益；其次，物质资本对出口价格指数表现出显著的正效应。这一现象出现的原因可能在于，物质资本积累往往表现为拥有更多和更高技术含量的机器设备，这些设备往往由各省区市从美国等发达国家进口获得，发达国家往往不会把最尖端的技术设备出口到中国，此类设备所生产的产品往往比国外高端供应商低一个档次，进而出现中国供应商与国外供应商非水平竞争的局面，最终有利于中国厂商适度提升出口价格。再次，物质资本积累对进口价格指数表现出显著的正效应，出现这一现象的机制可能在于，在生产设备得以提升的同时，中国对美国中间品的依赖程度增大，进而使得中国的进口价格指数迅速提升。最后，表6-6中的方程（6）中物质资本的估计系数明显小于表6-6中的方程（7），这或许在一定程度上表明，中国的物质资本积累带来的出口利益可能小于进口的利益损失。

表6-4报告了各省区市与日本贸易的估计结果，可知，前一期贸易利益、出口技术复杂度、人力资本、物质资本、对外开放和加工贸易对各省区市与日本贸易的贸易利益影响与美国一致，所不同的是，出口产业集聚不仅对各省区市与日本贸易的贸易利益表现出显著的正效应，还能有效地降低各省区市从日本进口产品的价格指数（通过了1%的显著性检验，见表6-4中的方程7）。这一现象出现的原因可能有两个方面：一是集聚具有较强的生产网络拓展功能，使得集聚中的产品不断向上游的中间品延伸，提升了区域中间品的生产能力；二是美国所生产的中间品技术含量高于日本，使得日本的中间品更容易被中国集聚区域的中间品所替代，从而使得出口产业集聚对各省区市从日本进口的价格指数表现出显著的负作用。

表6-4　出口技术复杂度升级对贸易利益影响的系统 GMM 估计结果：日本

系数	（1）	（2）	（3）	（4）	（5）	（6）	（7）
$L.Y_{t-1}$	0.8783*** (33.10)	0.8176*** (25.74)	0.8114*** (24.10)	0.8140*** (24.66)	0.8105*** (20.69)	0.9172*** (26.59)	0.7808*** (13.96)
$\ln(ESI+1)$	0.1167*** (2.80)	0.0056** (2.10)	0.0412** (2.33)	0.0811** (2.19)	0.0604** (2.43)	0.1038*** (2.69)	-0.5424** (-2.11)
$\ln(JG+1)$	—	-0.0482 (-0.55)	—	—	-0.0904 (-0.78)	-0.0474 (-0.46)	0.2066 (0.81)
$\ln(JJ+1)$	—	0.1226*** (2.97)	0.1104*** (3.16)	0.1183*** (3.24)	0.1370*** (2.87)	0.0070 (0.24)	-0.3916*** (-4.18)
$\ln HR$	—	—	-0.0322 (-1.04)	—	-0.0250 (-0.86)	-0.0637 (-0.70)	-0.0735 (-1.10)
$\ln WZ$	—	—	0.0195 (1.23)	—	0.0150 (0.81)	0.0526** (2.52)	0.0874* (1.68)
$\ln OPEN$	—	—	—	0061 (1.21)	0.0062 (0.66)	-0.0034 (-0.46)	-0.0225 (-0.91)
OBS	174	174	174	174	174	174	174
AR（2）	0.988	0.963	0.930	0.941	0.964	0.500	0.649
Hansen	28.06	24.38	24.53	24.14	21.19	23.78	22.40
Wald	0.000	0.000	0.000	0.000	0.000	0.000	0.000

注：***、**和*分别表示在1%、5%和10%的显著性水平上显著。
资料来源：根据国研网统计数据库和《中国统计年鉴》统计数据计算而得。

表6-5报告了各省区市与欧洲贸易的估计结果。可知，前一期贸易利益、出口技术复杂度升级和出口产业集聚等变量，均能提高各省区市与欧洲进行贸易的贸易利益。与美国和日本估计结果不同的是，加工贸易的估计系数显著为正，且通过了至少5%的显著性检验。这表明，加工贸易能够显著改善中国与欧洲贸易的贸易利益，对比表6-5中的方程（6）和方程（7）还可以发现，加工贸易不仅不利于中国出口到欧洲产品的价格指数上涨，还不利于中国从欧洲进口产品的价格指数上涨，而且后者的作用力明显大于前者。值得一提的是，各省区市人力资本的提升有助于降低中国从欧洲进口产品的价格，见表6-5的方程（7）估计结果，这表明中国人力资本数量的提升，能有效地缓解中国对欧洲中间品的依赖。而物质资本的估计显著为正，可见，物质资本积累也会加剧中国对欧洲中间品的依赖。

表6-5 出口技术复杂度升级对贸易利益影响的系统GMM估计结果：欧洲

系数	(1)	(2)	(3)	(4)	(5)	(6)	(7)
$L.Y_{t-1}$	0.8598*** (12.72)	0.6754*** (6.90)	0.8082*** (10.83)	0.8180*** (12.44)	0.6025*** (4.95)	0.8558*** (12.39)	0.7085*** (11.70)
$\ln(ESI+1)$	0.2649** (2.10)	0.0808** (2.45)	1121* (1.90)	0.1764* (1.86)	0.3026* (1.86)	0.3110* (1.94)	-0.8788* (-1.93)
$\ln(JG+1)$	—	0.8011*** (2.69)	—	—	0.5562** (1.90)	-0.4140** (-2.14)	-0.8450** (-2.36)
$\ln(JJ+1)$	—	0.0147** (2.14)	—	—	0.0877*** (2.90)	0.1981** (2.01)	-0.0473 (-0.36)
$\ln HR$	—	—	—	0.0402 (1.03)	0.0849 (1.29)	-0.0281 (-0.68)	-0.2088* (-1.93)
$\ln WZ$	—	—	—	-0.0040 (-0.21)	-0.0558 (-1.39)	0.0398 (1.61)	0.1692** (2.53)
$\ln OPEN$	—	—	0.0271* (1.88)	—	0.0685*** (2.70)	0.0212 (1.09)	-0.0363 (-1.11)
OBS	174	174	174	174	174	174	174
AR (2)	0.380	0.379	0.383	0.383	0.378	0.103	0.843
Hansen	25.11	25.73	27.97	26.34	23.95	27.01	19.58
Wald	0.000	0.000	0.000	0.000	0.000	0.000	0.000

注：***、**和*分别表示在1%、5%和10%的显著性水平上显著。
资料来源：根据国研网统计数据库和《中国统计年鉴》统计数据计算而得。

表6-6报告了各省区市与韩国贸易的估计结果。可知，前一期的贸易和出口产业集聚均能有效地提高中国与韩国贸易的贸易利益。与美日欧估计结果不同的是，制造业出口技术复杂度升级对中国与韩国贸易的贸易利益的影响并不明显，贸易条件的五个方程和进出口价格的估计结果均未通过10%的显著性检验。这一估计结果更进一步印证了图6-4的分析中所提到的，中韩产品国际竞争力相对接近，中国出口技术复杂度提升使得中韩贸易出现了米尔博格和司库勒（Milberg, Scholler, 2009）和布拉迪等（Brady et al., 2013）所描述的现象。

表6-6　出口技术复杂度升级对贸易利益影响的系统GMM估计结果：韩国

系数	(1)	(2)	(3)	(4)	(5)	(6)	(7)
$L.Y_{t-1}$	0.6139*** (36.73)	0.6134*** (25.03)	0.5905*** (22.28)	0.5942*** (16.97)	0.5964*** (13.98)	0.9483*** (24.78)	0.4485*** (7.77)
$\ln(ESI+1)$	-0.0372 (-0.20)	-0.1330 (-0.73)	0.1651 (0.45)	-0.5708 (-1.37)	-0.5750 (-1.38)	-0.2095 (-1.53)	-0.7651 (-1.63)
$\ln(JG+1)$	—	-0.2173*** (-3.62)	-0.2123*** (-3.74)	-0.7350*** (-8.18)	-0.7378*** (-7.79)	-0.2679*** (-3.54)	0.3733** (2.62)
$\ln(JJ+1)$	—	—	—	0.2903*** (3.95)	0.2920*** (3.79)	0.1515*** (2.68)	-0.1243* (-1.97)
$\ln HR$	0.0087 (0.61)	0.0271 (1.34)	-0.0029 (-0.16)	0.0798*** (3.15)	0.0804*** (3.02)	-0.0164 (-1.50)	-0.2453*** (-5.96)
$\ln WZ$	0.0150 (1.50)	0.0148 (1.56)	0.0023 (0.10)	-0.0022 (-0.15)	-0.0013 (-0.07)	0.0224** (2.20)	0.2245*** (12.26)
$\ln OPEN$	—	—	0.0562 (1.30)	—	-0.0037 (-0.09)	0.0002 (0.01)	-0.0217 (-0.42)
OBS	174	174	174	174	174	174	174
AR(2)	0.420	0.402	0.384	0.358	0.358	0.351	0.816
Hansen	27.26	26.69	25.43	24.56	24.55	25.78	23.50
Wald	0.000	0.000	0.000	0.000	0.000	0.000	0.000

注：***、**和*分别表示在1%、5%和10%的显著性水平上显著。
资料来源：根据国研网统计数据库和《中国统计年鉴》统计数据计算而得。

表6-6中的方程（2）~方程（5）中，加工贸易估计结果显著为负（通过了1%的显著性检验），可见，加工贸易不仅不利于中韩贸易中中国贸易利益的提升，还恶化了中国的贸易利益。这一估计结果还在进出口价格指数的估计结果中得到了印证。上述结论在一定程度上表明，以加工贸易形式与韩国进行贸易的中国企业，所获得的贸易利益小于美日欧三个经济体。另外，人力资本积累和物

质资本积累对中国从韩国进口产品价格指数的影响与欧洲颇为相似，这表明物质资本的积累也会加剧中国对韩国高端中间品的依赖，这一特征与美日欧相似。

6.1.4 基本结论与启示

本节以国家层面出口技术复杂度升级与贸易条件恶化共存的事实为切入点，在测度出各省区市 2002～2008 年出口技术复杂度、贸易条件和进出口价格指数的基础上，运用描述性统计和系统 GMM 估计从三个指标（贸易条件、出口价格指数和进口价格指数）与四个区域（美日欧韩）层面揭示中国制造业出口技术复杂度对贸易利益的作用机制。得到的结论与启示主要有：

一是萨卡尔（Sarkar，2005）所描述的"发展中国家出口技术复杂度升级恶化贸易利益"现象，并未在中国出现。出口技术复杂度非均衡赶超引致型中间品依赖（Jarreau，Poncet，2012；Manuel，Marcel，2011）和出口竞争加剧效应（Milberg，Scholler，2009；Brady et al.，2013），往往会恶化发展中国家与发达国家的贸易利益（Sarkar，2005）。而中国的实证结果显示，出口技术复杂度的升级不但未恶化贸易利益，反而提高了与美日欧等发达经济体贸易的利益。这表明，中国出口技术复杂度升级与贸易利益之间的作用机制与普通的发展中国家并不相同，出口技术复杂度升级不仅有助于中国经济发展方式的转变，还能成为缓解中国贸易利益恶化的重要因素之一。

二是中国区域制造业出口技术复杂度与贸易利益之间的关系具有显著的"合成谬误"特征。本节从全国、东部、中部和西部四个单独层面对贸易条件和出口技术复杂度之间的关系进行拟合（见图 6-1 和图 6-4 的前三图），发现二者在单独层面呈现出显著的负相关关系，而将全国省级层面数据置于一个散点图进行拟合（见图 6-3 的第四个图）后发现，出口技术复杂度升级对中国的贸易条件具有正效应，美日欧地区的系统 GMM 估计结果也印证了这一观点。为此，以往基于单个经济体层面判断二者的关系是不科学的。

三是描述性统计和系统 GMM 估计结果均表明，出口技术复杂度升级能在一定程度上降低中国从三大发达经济体（美日欧）进口产品的价格指数，有利于中国贸易利益的改善。可见，中国出口技术复杂度升级具有显著"国外高端中间品和技术替代"特征。上述分析结果表明，出口技术复杂度现有的升级模式，有助于中国不断拓展自身产品在全球价值链中的位置和范围，进而逐步摆脱发达国家的赶超障碍，即通过出口技术复杂度升级，中国出口技术复杂度的非均衡型赶超能逐渐均衡化。

四是物质资本积累具有显著的国外"中间品依赖"加强特征，人力资本积累具有缓解国外"中间品依赖"的作用。实证结果表明,物质资本积累对制造业进口品价格指数具有显著的正效应(美日欧韩均如此),而人力资本则在欧洲与韩国的实证估计结果中显著为负。为此,一方面,应重新思考中国物质资本(特别是生产型物质资本)的积累模式,协调好适宜技术和跨越式技术的资本积累,以降低国外中间品的依赖,提升中国的贸易利益;另一方面,应在加大适宜型人力资本培养力度的基础上,积极引进和培养高尖端技术人力资本,以期在不降低物质资本积累和技术进步速度的基础上,降低跨越式技术资本积累(赶超)给中国贸易利益带来的负向冲击。

最后,与技术水平越高的国家进行贸易,出口技术复杂度升级给中国带来的贸易利益提升幅度越大。美日欧的实证结果表明,出口技术复杂度升级能够有效地提高中国的贸易利益,而韩国的实证结果则显示,出口技术复杂度升级对中国贸易利益的作用力不显著。根据米尔博格和司库勒(Milberg, Scholler, 2009)、布拉迪等(Brady et al., 2013)、阿米迪和福瑞德(Amiti, Freund, 2008)与勒摩尼和科瑟慈(Lemoine, Kesenci, 2008)的研究,这一现象出现的原因在于,中国与美日欧的技术差距较大,而中韩技术水平差距相对较小。为此,应鼓励企业将更多的高技术复杂度产品销往技术水平较高的发达国家,以最大化自身的贸易利益,进而逐步扭转中国贸易条件恶化的趋势。

6.2 制造业技术复杂度演进的就业性别歧视效应

进入 21 世纪以后,"出口品质和内涵远比出口数量重要"的观点越来越被国内外的研究者所接受,这使得出口技术复杂度迅速成为出口贸易领域的研究热点(Xu, Lu, 2009; Jarreau, Poncet, 2012)。已有的研究主要集中于以下三个方面:一是出口技术复杂度测度方法的构建,如罗德里克(Rodrik, 2006)、豪斯曼等(Hausmann et al., 2007)和肖特(Schott, 2008)等;二是出口技术复杂度升级的动因研究,如祝树金等(2010)、Xu 和 Lu(2009)、陈晓华和黄先海(2010)与熊俊和于津平(2012)等;最近几年,也有学者开始尝试研究出口技术复杂度演进的经济效应,如加诺和彭塞特(Jarreau, Poncet, 2012)与陈晓华和刘慧(2015b,2015c)等。而上述三个方面的研究多表明,近几年来,世界多数经济体的出口技术复杂度呈现出不断上升的趋势。与出口技术复杂度持续升级相伴的另一个事实是,发达经济体和发展中经济体男性长期失业率和女性长期失业率的差距呈现出逐渐扩大的趋势,见图 6-5。2000 年,发达经济体女性长期失业率与男性长期失业率之差仅为 0.73%,2011 年这一差值增加到了 2.83%,

增加了约 3 倍，发展中经济体的差值也从 2000 年的 0.48% 增加到了 2011 年的 1.35%。

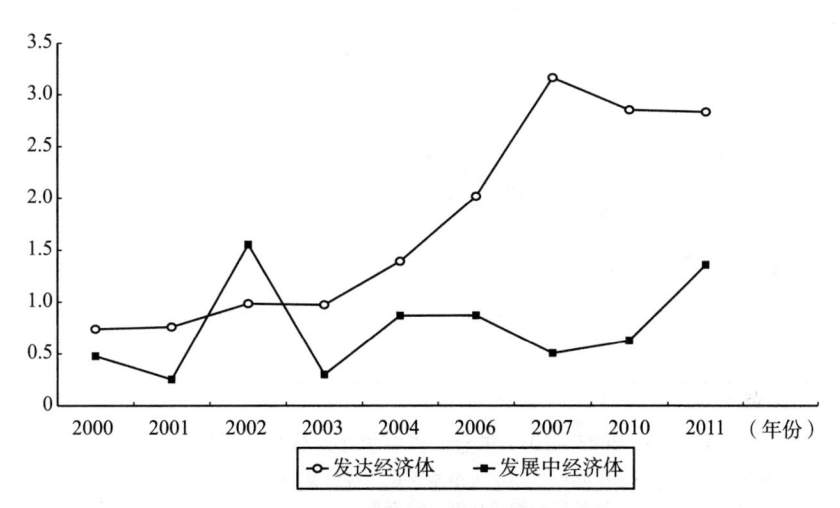

图 6-5　2000~2011 年不同经济体女性长期失业率和男性长期失业率均值之差

注：作者根据世界银行提供的各经济体男性长期失业率和女性长期失业率数据整理而得，2008 年和 2009 年因缺失的经济体太多，笔者并未进行测算。
资料来源：世界银行统计数据库。

科罗斯和林汉（Cross，Linehan，2006）认为，技术复杂度升级会使得产业对高端劳动力产生更多的需求，对低端劳动力的需求逐渐降低。根据联合国教科文组织的统计结果显示，虽然 2003~2011 年间，女性的中等教育毛入学率有所提升，但仍低于男性，见图 6-6，这在一定程度上会导致受过高等教育男性的比例高于女性，从而使得拥有高技术水平的男性多于女性。综合上述事实特征，我们自然会产生一个疑问，出口技术复杂度的升级是否会加剧就业性别歧视？进而，不利于女性就业率的提升。令人遗憾的是，尚无学者深入分析出口技术复杂度升级对就业性别歧视的影响，为此，上述问题至今仍无明确的答案。

转变经济增长方式，提高经济增长质量和发挥女性作用。而出口技术复杂度的深化，是中国实现对外经济发展方式转变的最基本途径之一（陈晓华，刘慧，2015a），为此，对上述疑问进行研究，不仅有利于填补现有研究的空白，还对中国制定发展妇女事业和做好女性工作方面的政策及优化出口技术复杂度演进机制方面的政策具有重要的参考价值。当然，仅仅关注中国的出口技术复杂度来揭示这一问题的答案是不够的，为此，本节以长时间跨国面板数据（基于前文 150 个经济体 1997~2011 年的测度结果）为对象，首次深入探讨出口技术复杂度升级对就业性别歧视的作用机制。

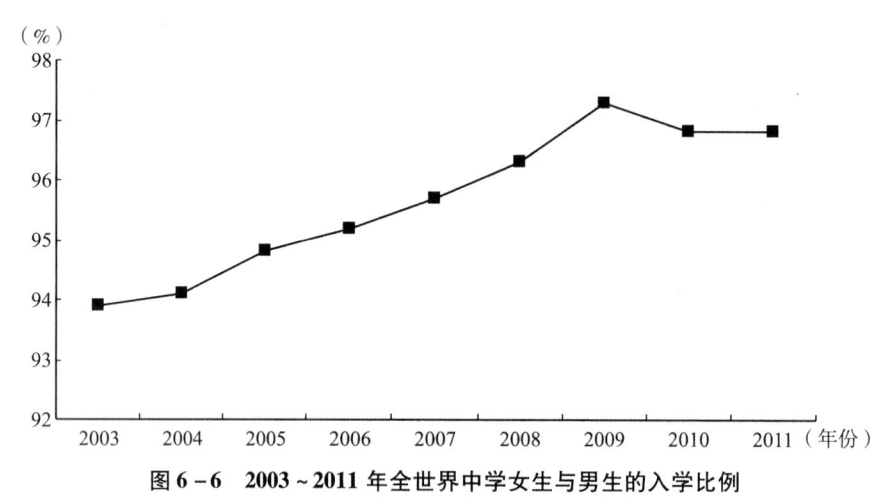

图 6-6 2003~2011 年全世界中学女生与男生的入学比例

注：该比例为中等教育中女生和男生的毛入学率之比，资料来源于联合国教科文组织统计研究所。
资料来源：根据世界银行统计数据库相关数据计算而得。

6.2.1 模型的设定与变量的选择

（1）变量的选择与分析

本小节主要目的是，分析出口技术复杂度演进是否加剧了就业性别歧视，而这一研究主要通过 150 个经济体的动态面板数据来实现。为此，本节的被解释变量为就业歧视，实证中用 $fjh = \ln(1 + Female/Male)$ 表示，其中，Female 为各经济体女性就业率，Male 为各经济体男性就业率，fjh 为就业性别歧视系数，该系数越高表明女性就业越有利，即就业性别歧视越小。二者根据世界银行统计的各经济体的失业率数据计算而得，此外，为了进一步分析出口技术复杂度对男女性就业的影响，本节进一步将 Female 和 Male 的自然对数作为被解释变量分别进行回归。

本节的解释变量为 150 个经济体出口技术复杂度，笔者采用前文基于相似度方法的测度结果。实际回归中，用 $exfzd = \ln(1 + FZD)$ 表示。图 4-5 的 Kernel 密度估计结果显示，150 个经济体的出口技术复杂度收敛于两个均衡点，而两个"收敛区间"的分界点在 0.4 附近，另外，第一个收敛区间的顶点在 0.2 附近，为此，笔者以 0.4 和 0.2 为界，将 150 个经济体区分为高技术经济体、中技术经济体和低技术经济体。①

图 6-7 报告了三类经济体不同性别就业率与出口技术复杂度关系的散点图。② 可知，低技术经济体出口技术复杂度深化与男女性就业率之间均呈现出正向关系，而中高技术经济体中，二者则呈现出负向关系。出口技术复杂度演进对就业的影响表现为两个方面：一是促进效应，经济体出口技术复杂度的深化意味着其出口品竞争力的提升，进而增加其产品的出口数量，从而促使该经济体就业的增加；二是削减效应，出口技术复杂度的演进则意味着该国生产技术的提升，而生产技术进步往往具有劳动节约型特征，从而降低就业需求，不利于就业率的提升。为此，出现上述现象的机理可能在于，出口技术复杂度演进对低技术经济体就业的促进效应大于削减效应，中高技术经济体则呈现为削减效应大于促进效应的特征。由此可见，不同技术水平经济体的出口技术复杂度深化对男女性就业率的影响存在较大的差异，为此，出口技术复杂度演进对不同经济体就业性别歧视的作用力可能并不相同。图 6-5 仅为无条件相关分析，还应加入其他控制变量进行回归分析才能得到更为准确的结论（钱学锋，陈勇兵，2009），为此，我们进一步选择了一些能够体现各经济体基本特征的变量作为实证估计的控制变量，具体有：

①高等教育（edu）。高等教育不仅能提升经济体自身劳动力的素质，还能帮助女性有效地抵制市场中的就业歧视，同时，提高女性在传统职业外寻求工作的能力和意愿（黄志岭，姚先国，2006），实证中，笔者以各经济体高等院校入学率的自然对数来表示。②女性的社会地位（dw）。女性社会地位越高的经济体，其女性参与就业的可能性越高，从而会在一定程度上降低就业性别歧视，由于从政是女性社会地位提升的重要标志之一，为此，笔者以各经济体议会中女性议员占总议员人数百分比的自然对数来表示女性的社会地位。③就业需求（jy），社会就业需求的大小会对一经济体男女性就业率产生深远影响，进而改变就业性别歧视，考虑到一国的就业总量数据难以获得，本节以男性就业率自然对数和女性就业率自然对数的交互项（$\ln(Male) * \ln(Female)$）表示。经济效率（xl），经济效率的提升意味着经济体在资源、资本和人力等方面所需要投入量的降低，人力的节约会在一定程度上对男女性就业结构产生影响，实证中采用每千克石油产生 GDP（2005 年不变价）的自然对数表示。④企业经营环境（ss）。企业经营环

---

① 其中，1994~2011 年间，出口技术复杂度均值高于 0.4 的经济体为高技术经济体，均值介于 0.2~0.4 之间的经济体为中技术经济体，当均值低于 0.2 时，该经济体被界定为低技术经济体。

② 如给出 1994~2011 年三个经济体的散点图，则有比较多的点存在重叠或相连的现象，不便观测，为此，图 5-4 为 2010~2011 年的散点图。1994~2011 年间，三类经济体的散点图中，拟合曲线斜率的正负号与 2010~2011 年是一致的。

境越好则越有利于企业的发展，企业发展会增加就业的需求，另外，企业经营环境好的经济体会吸引更多外资企业进入，而外资企业在就业上的性别歧视可能会小于本土企业，从而有可能降低就业性别歧视。一般而言，上市公司越多的经济体，其企业经营环境越好，为此，本节实证中用经济体中上市公司的市场资本总额占 GDP 百分比的自然对数来表示。表 6 - 7 报告了变量的说明和数据来源。考虑到妇女社会地位只有 1997 ~ 2011 年的数据，本节实证分析的样本区间设定为 1997 ~ 2011 年。

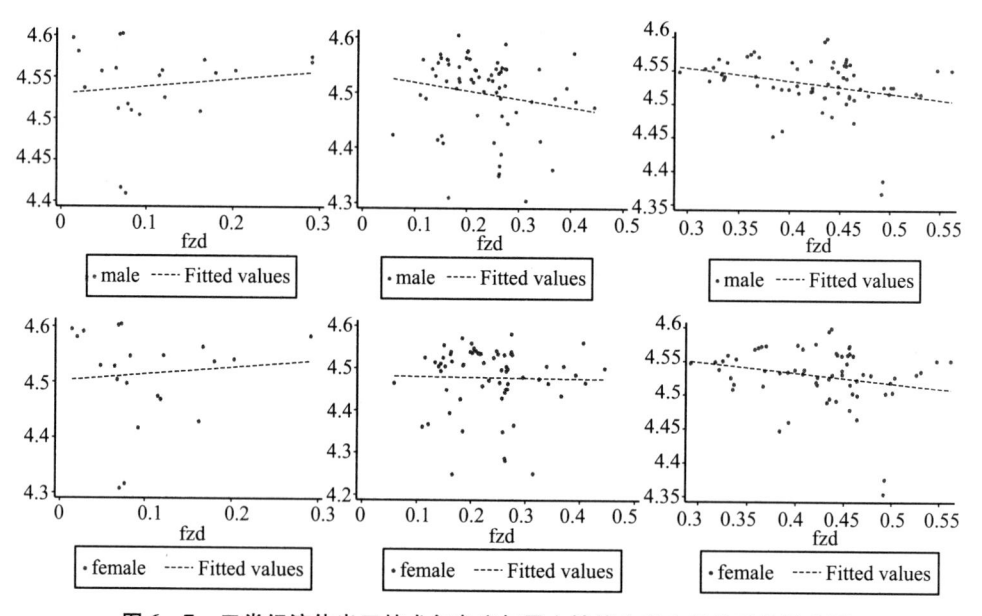

图 6 - 7　三类经济体出口技术复杂度与男女性就业率之间关系的散点图

注：纵轴为就业率的自然对数，横轴为 $\ln(1 + FZD)$，左上图、中上图和右上图分别为低技术经济体、中技术经济体和高高技术经济体的男性就业率与出口技术复杂度的散点图。左下图、中下图和右下图分别为低技术经济体、中技术经济体和高技术经济体的女性就业率与出口技术复杂度的散点图。$female$ 表示女性就业率自然对数，$male$ 为男性就业率自然对数，$Fitted\ values$ 为拟合值。

资料来源：根据世界银行数据库和前文计算整理而得。

表 6 - 7　　　　　　　　　　　变量的定义及说明

变量	变量名称	变量说明及数据来源
fjh	就业性别歧视	以 $fjh = \ln(1 + Female/Male)$ 表示，数据来源 A
$male$	男性就业率	以男性就业率（$Male$）的自然对数表示，数据来源 A
$female$	女性就业率	以女性就业率（$Female$）的自然对数表示，数据来源 A
$exfzd$	出口技术复杂度	以 $\ln(1 + FZD)$ 表示，数据来源 B

续表

变量	变量名称	变量说明及数据来源
edu	高等教育	以各经济体高等院校入学率的自然对数来表示，数据来源 C
dw	女性社会地位	以女性议员比重的自然对数来表示，数据来源 A
jy	就业规模	以 $\ln(male) \times \ln(female)$ 表示，数据来源 A
xl	经济效率	以每千克石油产生 GDP 的自然对数表示，数据来源 A
ss	企业经营环境	以上市公司的资本总额占 GDP 比率的自然对数表示，数据来源 A

注：A 表示数据来自于世界银行，B 表示数据来自于联合国和 NBER，C 表示数据来自于联合国教科文组织。

资料来源：作者整理而得。

(2) 模型的选择

综合分析解释变量和被解释变量可以发现，二者具有如下特征：一是可能存在内生性。即出口技术复杂度演进会对就业率和就业性别歧视产生影响，而就业率和就业性别歧视的变动可能会反作用于出口技术复杂度；二是被解释变量具有显著的"前期依赖和变化缓慢"特征，1997~2011 年间，各经济体男女就业率和差异虽有变化，但每年变动幅度均不是特别大，而且很大程度上依赖于前一期的水平。对于具有此类特征的数据进行实证分析时，需谨慎地选择计量方法，以避免因计量方法选择不当而引致的估计偏差。结合包群和邵敏（2010）、钱学锋和陈勇兵（2009）和路德曼（Roodman，2010）的研究可知，虽然基于工具变量法的固定效应或随机效应面板数据模型能够有效地解决内生性，但难以刻画解释变量和被解释变量间的"前期依赖和变化缓慢"特征，而动态面板数据模型不仅能较好地处理内生性问题，还将被解释变量的一期滞后项纳入了实证方程，因而实证过程能有效地反映被解释变量的"前期依赖和变化缓慢"特征。为此，本节采用动态面板数据系统 GMM 估计法进行研究。

实证过程中，本节采用变量的一阶滞后项作为估计方程的工具变量，以克服变量间可能存在的内生性，另外，为了确保估计结果的可靠性，进一步采用汉森（Hansen）检验、AR（2）检验和瓦尔德（Wald）检验判断系统 GMM 估计中模型及工具变量设定的合理性。

6.2.2 计量的结果与分析

(1) 变量间长期均衡关系的确定

为了防止"无均衡关系型伪回归"结果的出现，笔者在进行系统 GMM 估计前，先对解释变量、被解释变量及控制变量进行协整检验。我们选择 Kao – ADF 检验进行分析，表 6 – 8 报告了相应的检验结果。可知，三个技术水平层面不同被解释变量的 Kao – ADF 检验，均在至少 1% 的显著性水平上证实了解释变量和其他变量间长期均衡关系的存在性。

表 6 – 8　　　被解释变量、解释变量及控制变量间长期均衡关系检验结果

经济体类型	被解释变量	就业性别歧视		男性就业率		女性就业率	
	检验方法	T 统计	Prob	T 统计	Prob	T 统计	Prob
高技术	Kao – ADF	2.680	0.004	2.687	0.004	2.668	0.004
中技术	Kao – ADF	5.649	0.000	6.696	0.000	6.540	0.000
低技术	Kao – ADF	2.869	0.002	2.865	0.002	2.871	0.002

资料来源：根据世界银行数据库和前文测度结果计算而得。

（2）不同技术层面的计量结果与分析

考虑到不同技术经济体的出口技术复杂度演进对男女性就业率存在较大差异，见图 5 – 4，本节从低技术、中技术和高技术三个层面，分别就出口技术复杂度升级对就业性别歧视及男女性就业率的影响进行实证分析。为了提高估计结果的可靠性，就业性别歧视的实证分析中，笔者采用交替加入控制变量的形式进行实证估计。

表 6 – 9 报告了低技术经济体的实证分析结果。可知，各方程的二阶序列相关检验（AR（2））的检验结果均拒绝了估计结果存在二阶相关的假设，Hansen 结果也表明，工具变量不存在过度识别，瓦尔德（Wald）检验通过了 1% 的显著性水平检验，拒绝了解释变量系数为零的原假设。为此，方程的估计结果是可靠的。

从估计系数上看：前一期就业性别歧视对本期就业差异具有显著的影响，各估计结果均通过了 1% 的显著性检验（见表 6 – 9 方程（1）~方程（5）），前一期男女性就业率的估计结果也得到了类似的结论（见表 6 – 9 方程（6）和方程（7）），可见，就业率和就业性别歧视存在非常明显的 "前期依赖"。为此，改善本期就业性别歧视，能有助于下一期就业性别歧视程度的降低。表 6 – 9 中的方程（6）和方程（7）中出口技术复杂度的估计系数显著为正，这表明，出口技术复杂度升级有利于提升男女性的就业率，不仅如此，该系数在方程（1）~方程（5）中也显著为正，可知，出口技术复杂度动态演进有利于低技术经济体就业性别歧视程度的降低，提高女性的就业机会。导致这一现象出现的机理可能在于，出口技术复杂度的提升提高了此类经济体出口品的国际竞争力和国际需求量，进

而增加了该国的就业机会，在男性从业者供给相对有限的条件下，使得女性获得了较多的工作机会，进而降低了就业的性别歧视。

表6-9　　　　　　　　低技术经济体的系统 GMM 估计结果

系数	(1)	(2)	(3)	(4)	(5)	(6)	(7)
$L.Y_{t-1}$	1.0095*** (334.23)	1.0171*** (158.92)	0.6036*** (30.41)	0.9845*** (45.11)	0.9886*** (124.58)	0.8863*** (16.18)	0.4816*** (20.46)
exfzd	0.0208*** (3.79)	0.0176*** (2.81)	0.0504*** (7.22)	0.0477* (1.87)	0.0424* (1.67)	0.1448*** (12.82)	0.0996*** (2.99)
edu	−0.0028*** (−3.47)	−0.0041*** (−3.51)	−0.0015* (−1.83)	—	—	−0.0178 (−1.47)	−0.0339*** (−4.01)
dw	—	0.00003** (2.04)	0.0038** (2.05)	—	—	−0.0017 (−0.61)	0.0087* (1.67)
jy	—	—	0.0140*** (23.87)	—	—	0.02762** (2.01)	0.1204*** (22.11)
xl	—	—	—	−0.0011** (−2.16)	—	—	—
ss	—	—	—	—	0.0009* (1.74)	—	—
经济体	16	15	15	11	9	15	15
AR (2)	0.465	0.470	0.457	0.895	0.440	0.626	0.409
Hansen	0.998	0.996	0.965	0.946	0.925	0.973	0.982
Wald	0.000	0.000	0.000	0.000	0.000	0.000	0.000

注：①由于低技术经济体的很多指标不健全，笔者在进行男女性就业率实证分析时，未将经济效率和企业经营环境纳入实证模型。括号内数值为估计系数的 Z 统计量，AR (2) 和 Wald 给出的是相应检验的概率，Hansen 给出的是 Hansen 的概率。方程（1）~方程（5）的被解释变量为 $\ln(1+female/male)$，方程（6）的被解释变量为 $\ln(male)$，方程（7）的被解释变量为 $\ln(female)$，经济体是指，回归中所涉及的经济体个数，表6-10 和表6-11 同。
②***、**和*分别表示在1%、5%和10%的显著性水平上显著。
资料来源：根据世界银行数据库、NBER 数据库、UNComtrade 数据库和联合国教科文组织数据计算而得。

大学教育对低技术经济体男性就业率的影响并不显著，但对女性就业率具有显著的负作用，这在方程（1）~方程（3）的估计结果中得到了印证，这表明，低技术经济体的大学教育会提升就业性别歧视，提高女性的就业难度。导致这一现象出现的原因可能在于，低技术经济体中男性大学生比例明显高于女性，而高等教育入学率的提升并未改变这一局面，更高比例的受过高等教育的男性进入社会，一定程度上会挤占女性的就业机会，进而使得大学教育加剧了就业性别歧视。

其他控制变量估计结果显示,首先,女性社会地位的估计系数显著为正,这表明女性社会地位提升不仅能够提高女性的就业率,还能降低就业中的女性歧视。其次,就业需求的估计结果表明,就业需求的扩大不仅能够有效地促进男性和女性就业率的提升,还能有效地缓解低技术经济体的就业性别歧视。最后,企业经营环境的改善能够显著降低就业性别歧视,提高女性的就业机会,经济效率的提升对低技术经济体就业歧视的作用力并不显著(未通过10%的显著性检验)。

表6-10报告了中技术经济体的系统GMM估计结果。AR(2)检验、汉森(Hansen)检验和瓦尔德(Wald)检验结果均表明,中技术复杂度估计结果是稳健可信的。其中,就业性别歧视和男女性就业率前一期的估计结果与低技术经济体一致,均表现出显著的"前期依赖"。值得一提的是,出口技术复杂度表现出与低技术经济体截然相反的结论。首先,出口技术复杂度演进对男女性就业率表现出显著的负效应,估计均通过了至少1%的显著性检验,见表6-10方程(6)和方程(7),可见,中技术经济体出口技术复杂度演进更多地表现为,劳动力节约型技术进步,使得劳动力节约引致型负效应大于竞争力扩大引致型正效应。其次,表6-10中方程(1)~方程(5)出口技术复杂度的估计结果也显著为负,可知,出口技术复杂度的演进,会加剧中技术经济体的就业性别歧视。结合表6-10中7个方程中出口技术复杂度的估计结果,笔者认为出现出口技术复杂度演进加剧中技术经济体就业歧视的原因可能在于,在劳动力节约主导型出口技术复杂度升级背景下,男女性劳动力的就业需求量均有所降低,在原有的就业性别歧视作用下,就业单位优先留住男性员工,进而进一步加剧了就业性别歧视。

表6-10　　　　　　　中技术经济体的系统GMM估计结果

系数	(1)	(2)	(3)	(4)	(5)	(6)	(7)
$L.Y_{t-1}$	0.9958*** (274.16)	1.000*** (129.20)	0.9479*** (65.23)	0.9813*** (206.25)	0.9861*** (113.51)	0.0468*** (5.37)	0.0941*** (5.84)
exfzd	-0.0041*** (-4.12)	-0.0109*** (-2.81)	-0.0012** (-2.56)	-0.0076*** (-3.16)	-0.0142*** (-10.09)	-0.0221*** (-2.85)	-0.0251*** (-3.03)
edu	0.0006 (1.00)	-0.0016 (-1.14)	0.0004 (0.43)	0.0007 (0.68)	0.0018 (1.19)	0.0024** (2.52)	0.0021** (2.40)
dw	—	0.0013*** (8.00)	0.0013** (2.58)	—	—	0.0023** (2.50)	0.0007** (2.20)
jy	—	—	0.0015*** (2.94)	—	—	0.1323*** (77.85)	0.0938*** (35.92)

续表

系数	(1)	(2)	(3)	(4)	(5)	(6)	(7)
xl	—	—	—	-0.0048*** (-3.07)	—	-0.0134 (-1.24)	-0.0074 (-1.38)
ss	—	—	—	—	0.0002*** (3.85)	0.0137*** (8.09)	0.0141*** (11.02)
经济体	39	37	37	32	32	28	28
AR（2）	0.238	0.309	0.293	0.232	0.338	0.733	0.167
Hansen	0.972	0.982	0.939	0.948	0.977	0.926	0.981
Wald	0.000	0.000	0.000	0.000	0.000	0.000	0.000

注：***、**和*分别表示在1%、5%和10%的显著性水平上显著。
资料来源：根据世界银行数据库、NBER数据库、UNComtrade数据库和联合国教科文组织数据计算而得。

高等教育的估计结果在表方程（1）~方程（5）的中均不显著，而在方程（6）~方程（7）中显著，这表明，虽然高等教育促进了男性和女性的就业率，但高等教育既没有加剧中技术经济体的就业性别歧视，也未缓解中技术经济体的就业性别歧视。导致中技术经济体高等教育估计结果与低技术经济体不一致情况出现的原因可能在于，中技术经济体接受高等教育女性的比例高于低技术经济体，进而降低了受过高等教育的男性对女性就业机会的挤占程度，从而使得高等教育对就业性别歧视的作用效应不显著。

另外，女性社会地位的提升、就业需求扩大和企业经营环境的改善均能有效地缓解就业的性别歧视，而且三者还能有效地促进男性就业率和女性就业率的提升。经济效率的提升虽然对男性就业率和女性就业率表现出不显著的负效应，但却会加剧就业性别歧视，这表明，中技术经济体的经济效率改进引致型失业具有较强的女性偏向性。

表6-11报告了高技术经济体的系统 GMM 估计结果。可知，高技术经济体出口技术复杂度的估计结果与中技术复杂度经济体颇为相似。即出口技术复杂度升级在高技术经济体更多地表现出劳动节约型特征，并且会加剧就业性别歧视。

表6-11　　　　　　　高技术经济体的系统 GMM 估计结果

系数	(1)	(2)	(3)	(4)	(5)	(6)	(7)
$L.Y_{t-1}$	0.7104*** (32.64)	0.6721*** (14.00)	0.7461*** (14.48)	0.5166*** (33.50)	0.6527*** (14.35)	0.7336*** (85.85)	0.1111*** (8.32)
exfzd	-0.0062*** (-2.52)	-0.0128*** (-2.79)	-0.0143*** (-2.83)	-0.0065** (-2.39)	-0.0055*** (-4.97)	-0.0377* (-1.86)	-0.0624*** (-5.08)

续表

系数	(1)	(2)	(3)	(4)	(5)	(6)	(7)
edu	0.0022 *** (4.02)	0.0036 *** (2.13)	0.0019 *** (1.22)	0.0027 ** (2.57)	0.0048 *** (5.07)	0.0072 ** (2.05)	0.0116 *** (5.45)
dw	—	0.0021 *** (3.40)	0.0021 *** (3.42)	—	—	0.0103 *** (3.63)	0.0013 ** (2.17)
jy	—	—	0.0031 *** (2.50)	—	—	0.0591 *** (33.32)	0.0995 *** (70.55)
xl	—	—	—	-0.0079 *** (-7.64)	—	-0.0306 *** (-3.85)	-0.0190 ** (-2.40)
ss	—	—	—	—	0.0012 *** (5.76)	0.0016 (0.64)	0.003 * (1.70)
经济体	32	32	32	32	32	31	31
AR (2)	0.495	0.831	0.893	0.484	0.488	0.417	0.938
Hansen	0.991	0.993	0.980	0.968	0.973	0.968	0.985
Wald	0.000	0.000	0.000	0.000	0.000	0.000	0.000

注：***、**和*分别表示在1%、5%和10%的显著性水平上显著。
资料来源：根据世界银行数据库、NBER数据库、UNComtrade数据库和联合国教科文组织数据计算而得。

高技术经济体高等教育的估计结果既不同于低技术经济体也不同于中技术经济体，该系数在表6-11方程（1）~方程（7）中显著为正，这表明，高技术经济体的高等教育入学率提升不仅能够提高男女性就业率，还能够有效地缓解就业性别歧视。这一现象出现的原因可能在于，高技术经济体大学教育的男性偏向程度明显低于中低技术经济体，进而使得高等教育降低女性受歧视程度的功能（Dougherty，2005）得以发挥，促进男女性就业平等化。

妇女社会地位、就业需求扩大与企业经营环境的估计结果与中技术经济体几乎一致，所不同的是，企业经营环境的改善对女性就业率提升表现出显著的正效应，而对男性就业率提升的作用效应不明显。这表明，高技术经济体企业经营环境改善的就业效应具有显著的女性偏向性，能够提高女性就业机会。另外，经济效率的提升也会加剧高技术经济体的就业性别歧视，与中技术经济体估计结果不同的是，高技术经济体的经济效率提升还能显著降低男女性就业率。这一定程度上表明，高技术经济体效率改进所引致的劳动力节约效应明显大于中技术经济体。

（3）整体倒"U"型关系检验及稳健性检验

综合高中低三类技术经济体的估计结果，我们可以发现，出口技术复杂度演进会加剧中高技术经济体的就业性别歧视，而缓解低技术经济体的就业性别歧视。笔者猜测，整体层面出口技术复杂度演进对就业性别歧视呈现出倒"U"型关系。为此，笔者从整体层面对二者的关系进行非线性检验，以期在证实倒"U"型关系成立的基础上，确保三类经济体实证分析结果的稳健性，此外，我们还进一步采用两阶段最小二乘法对表6-9~表6-11的系统GMM估计结果进行稳健性检验。倒"U"型检验的四个方程中出口技术复杂度平方项显著为负，均通过了至少1%的显著性检验，见表6-12，这不仅证实了二者倒"U"型关系的存在性，还初步表明前文分三类经济体进行实证分析的估计结果是稳健可靠的。两阶段最小二乘法的估计结果表明，各系数在显著性和系数符号方向上与前文表6-9~表6-11是一致的，这从更深层次上证实了前文三个层面的实证结果是稳健、可靠的。

表6-12　　　　　　　　倒"U"型关系检验与稳健性检验

系数	倒"U"型关系检验				两阶段最小二乘法的稳健性检验					
					高技术		中技术		低技术	
$L.Y_{t-1}$	1.0018a (1795)	0.7245a (90.4)	1.001a (1612)	0.9959a (2743)	—	—	—	—	—	—
exfzd	0.0126a (6.56)	0.0394a (5.86)	0.0161a (11.49)	0.0108a (6.06)	-0.0218c (-1.90)	-0.0212c (-1.86)	-0.093b (-2.18)	-0.112b (-2.58)	0.158a (3.29)	0.076b (2.17)
exfzd2	-0.0196a (-5.66)	-0.0631a (-5.98)	-0.0197a (-8.91)	-0.0215a (-6.42)	—	—	—	—	—	—
edu	0.0018a (43.4)	—	—	—	0.0046a (3.16)	0.0047a (3.23)	0.013a (2.85)	0.014a (3.14)	0.008a (3.25)	0.008b (2.08)
dw	0.0016a (30.1)	—	—	—	—	—	—	—	—	—
jy	—	0.0095a (36.1)	—	—	—	—	—	—	—	—
xl	—	—	-0.0021a (-12.6)	—	—	—	—	—	—	—
ss	—	—	—	—	0.00052a (22.8)	0.001a (3.25)	0.008a (3.37)	—	0.003b (2.38)	—
C	—	—	—	—	0.678a (95.8)	0.669a (3.25)	0.609a (31.5)	0.634a (28.4)	0.670a (98.4)	0.668a (50.02)
经济体	83	99	81	73	32	32	39	32	16	9
AR (2)	0.602	0.301	0.181	0.480	—	—	—	—	—	—
Hansen	0.923	0.968	0.975	0.935	—	—	—	—	—	—

续表

系数	倒"U"型关系检验				两阶段最小二乘法的稳健性检验					
					高技术		中技术		低技术	
Wald	0.000	0.000	0.000	0.000	—	—	—	—	—	—
R^2	—	—	—	—	0.030	0.056	0.099	0.121	0.099	0.070
F – Prob	—	—	—	—	0.002	0.000	0.001	0.000	0.000	0.000

注：a, b, c 分别表示在1%、5%和10%的显著性水平上显著，笔者对表6-9~表6-11的方程（1）~方程（5）均进行了显著性检验，限于篇幅表中给出了表6-9~表6-11中方程（1）和方程（5）的实证估计结果。

资料来源：根据世界银行数据库、NBER数据库、UNComtrade数据库和联合国教科文组织数据计算而得。

综合150个经济体的测度结果、倒"U"型关系检验结果和高中低三类经济体的实证结果可知，中国在整体层面处于负向效应区间。由于中国的出口技术复杂度存在明显的二元结构，东部发达区域出口技术复杂度较高，中西部欠发达区域的出口技术复杂度仍然较低（陈晓华、黄先海和刘慧，2011），为此，东部发达区域出口技术复杂度演进带来的就业性别歧视加剧效应可能远高于中西部地区。而东部地区的经济和社会发展的模式，往往能对中西部地区形成示范效应，因而在东部地区处理好二者的关系显得尤为迫切。

6.2.3 基本结论与启示

技术复杂度升级和赶超，是中国实现经济发展方式转变的根本途径，那么，这种具有劳动力节约型潜质的转变方式是否会对"发挥女性作用，坚持男女就业平等"的妇女政策产生不良冲击呢？本节借助跨国面板数据从高技术、中技术和低技术三个层面进行系统GMM估计，以探索上述问题的答案，得到的结论与启示主要有以下几点：

一是出口技术复杂度演进对就业性别歧视的作用，取决于经济体自身的技术复杂度水平。高中低三个层面的实证结果显示，低技术经济体出口技术复杂度升级有利于缓解就业的性别歧视，而中高技术经济体的出口技术复杂度升级会加剧就业性别歧视。为此，低技术经济体在出口技术复杂度越过倒"U"型曲线拐点前，可加大出口技术复杂度升级和赶超的力度。结合中国出口技术复杂度的测度结果可知，中国出口技术复杂度升级对就业性别歧视的影响位于加剧效应区间上，即中国的出口技术复杂度赶超战略与"实现男女平等就业、进一步发挥女性作用"战略存在"潜在冲突"的可能。为此，有必要重新审视和优化中国出口技术复杂度的赶超模式，在适度控制中国出口技术复杂度赶超力度的基础上，适当放缓劳动密集型低技术行业的淘汰步伐，并大力创造女性的就业机会，关注女性就业难问题,以减轻技术复杂度赶超带来的就业性别歧视加剧效应。值得一提的是,出口技术复杂度"二元结构"特征,使得东部地区解决上述潜在冲突的压力,明显大于中西部。

二是比罗德里克(Rodrik,2006)、豪斯曼等(Hausmann et al.,2007)及肖特(Schott,2008)等研究更进一步的是,本节的研究发现,不同经济体的出口技术复杂度以 0.4 为界线收敛于两个不同的均衡点,低收敛区间内经济体间出口技术复杂度的差异呈现不断降低的趋势,而"高收敛区间"内经济体出口技术复杂度的差异呈现不断扩大的趋势。这在一定程度上表明,高技术复杂度经济体出口品的国际竞争更多地表现为技术差异化或产品差异化的竞争,而低技术复杂度经济体出口品的国际竞争更多地表现为价格竞争(因技术差异较小),即经济体出口技术复杂度的升级和赶超过程中,其国际竞争模式可能发生变化。为此,对于中国这样处于技术复杂度绝对值和排名双赶超的国家而言,应适当加快国际竞争模式从"价格竞争"向"技术差异化竞争"转变的进程,以更好地立足于高技术复杂度区间。

三是高等教育能够缓解中国等高技术复杂度经济体的就业性别歧视,但该功能在中技术经济体表现出显著的"失灵"特征,在低技术经济体中表现出"逆向"加剧效应。本节基于跨国层面的研究表明,加大教育投资力度不一定能降低中低技术经济体的就业性别歧视。上述功能未能在中低技术经济体实现的可能原因在于,中低技术经济体的大学教育比高技术经济体具有更强的男性偏向性。为此,要发挥高等教育缓解就业性别歧视的功能,不仅要关注投资的力度,还应适度关注受教育群体的性别比例,以扭转中低技术经济体高等教育中女性的不利局面,这一研究结论实际上完善了道赫特(Dougherty,2005)与黄志玲和姚先国(2006)等的已有研究。值得一提的是,中国属于高等教育有效缓解就业性别歧视的区间内,为此,中国可以通过提高高等教育入学率的形式来降低就业性别歧视,以缓解出口技术复杂度升级带来的负向冲击。

四是经济体效率提升引致的劳动力节约型失业具有较强的女性偏向性,使得女性就业处于更不利的地位,即经济体效率提升会加剧就业性别歧视。这一现象出现的机理可能有两个方面:一是女性由于生育、抚养孩子等原因,降低了企业主对其工作稳定性和生产力的预期(Dougherty,2005),使得雇主在用人时更偏向于男性(即存在就业性别歧视),一旦出现劳动节约型分流时,其优先留住男性,进而使得经济效率提升加剧就业性别歧视;二是高技术水平人员中女性的比例往往偏低,在分流工作人员,企业往往偏好于留住那些技术水平较高的员工,进而使得女性就业率下降,从而出现就业性别歧视加剧的现象。为此,在经济效率不断提升的中国,不仅要健全妇女就业保障制度,还应加强高技术领域女性技术人员的培养力度,以降低效率提升给就业性别歧视带来的冲击。

五是企业经营环境的改善,有助于降低就业性别歧视。企业经营环境的改善不仅会吸引更多的外资企业进入本国,还能促进本国形成更多的优质企业和新企业,进而在一定程度上创造更多的就业机会,从而降低就业性别歧视。王小鲁、余静文和樊纲(2013)研究表明,2006~2012年间,中国企业经营环境虽然呈现总体性改善趋势,但整体经营环境并不乐观,仍有较大改善空间。为此,应大力改革和完善现有的企业经营体制和政策,以为企业营造公平、效率的经营环境,进而为就业性别歧视降低和男女就业平等化提供环境支撑。

6.3 制造业技术复杂度演进对弱势群体就业的影响效应

6.3.1 已有研究的简评与本节的改进

赶超的研究源于以索洛(Solow,1957)为代表的新古典增长理论,索洛(Solow,1957)之后的罗默(Romer,1986)和卢卡斯(Lucas,1988)均从多个视角探讨了后发经济体赶超先发经济体的可能性和路径。布里兹和克鲁格曼(Brezis,Krugman,1993)则首次将赶超的研究从经济增长领域拓展到了技术升级领域,其认为在"干中学""沉没成本"和"技术更换惰性"等影响下,先发地区更倾向于使用旧技术,而后发地区则更倾向于使用新技术,进而使得后发地区实现技术进步甚至赶超先发地区。国内学者黄先海(2005)和舒元等(2009)则将赶超界定为,后发地区借助后发优势,通过技术创新、效率改进和资本积累等手段,实现非均衡、超常规的升级,在短时间内接近甚至赶超先发地区的发展模式。实现短时间内接近或赶超先发经济体的关键在于,后发经济体使用的制造工艺和技术(舒元等,2009),而这种工艺和技术往往偏离自身的"比较优势零值"。因而,在豪斯曼和罗德里克(Hausmann,Rodrik,2003)提出技术复杂度概念和测度方法后,国内外学者多以"比较优势零值"对经济体的技术赶超行为进行经验分析。如,罗德里克(Rodrik,2006)通过技术复杂度与经济发展水平散点分析发现,中国产品的技术复杂度与部分发达经济体相似,存在显著偏离"比较优势零值"的正向技术赶超行为,肖特(Schott,2008)也得到了类似的结论;杨汝岱和姚洋(2008)开拓性地以经济体出口技术复杂度偏离自身发展水平(比较优势零值)的程度作为经济体技术赶超的识别方法,对112个经济体的技术赶超进行分析后发现,技术赶超行为普遍存在于发展比较成功的经济体中

(如,韩国);加诺和彭塞特(Jarreau,Poncet,2012)则认为,技术升级和赶超是近几年中国经济持续增长的关键所在;陈晓华和刘慧(2012)基于"比较优势零值"法则,分析了技术赶超对中国省级区域经济增长的影响后认为,技术赶超对经济增长的作用力因区域和产业要素密集度不同而存在差异。

弱势群体就业的研究,则主要集中于三个方面:一是弱势群体与非弱势群体就业率的对比分析,如索咖(Solga,2002)、杰修贞等(Gesthuizen et al.,2011)和斯迪尔(Stier,2015)等的研究发现,相比非弱势群体而言,弱势群体更容易陷入失业(unemployment)和无社会保障(insecurity)状态,其在社会地位低下工作岗位(low status jobs)就业的概率也远大于受过良好教育或者拥有高端技能的非弱势群体。二是弱势群体与非弱势群体就业率差异产生的动因。如鲍威尔和斯奈尔曼(Powell,Snellman,2004)、维兰特(Violante,2008)与萨古伊和彻内雅克(Saguy,Chernyak,2012)等认为,经过几十年的科学技术进步,工业产品的生产过程和生产方式逐渐由传统的手工生产转变成为当前以知识为基础的(knowledge-based work)规模化、智能型机器设备生产为主,这种更为复杂的生产过程使得就业需求逐渐向受过高技能训练的非弱势群体转变,进而导致弱势群体的就业机会和环境在最近十年持续恶化。三是探寻缩小弱势群体与非弱势群体就业率差距的方法。如纽曼和兹德曼(Neuman,Ziderman,2003)对以色列弱势群体的就业情况进行分析后发现,对于就业率攀升的区域而言,职业教育不仅能有效地提高弱势群体的工资,还能显著提高弱势群体的就业率;谢嗣胜和姚先国(2006)认为,消除弱势群体就业的歧视性壁垒,是缩小弱势群体和非弱势群体就业差异的根本途径之一。

在综合借鉴已有研究的基础上,本节以技术赶超新型测度指标的构建为切入点,在考虑贸易地理优势异质性的条件下,从非线性视角分析技术赶超对男女性弱势群体就业率的影响,并借助跨国门槛值与中国省级层面技术赶超值对接的方式,刻画出中国各省级区域技术赶超对男女性弱势群体就业的影响机制。为此,与已有文献相比,本节的突破点可能在以下几个方面,第一,首次探索技术赶超对男女性弱势群体就业的影响,使得两个鲜有交集的研究领域实现有效对接,为未来两个领域的交叉研究提供经验证据,并深入解析不同门槛区间内技术赶超的作用机制,不仅使得技术赶超对弱势群体就业率的作用轨迹更为清晰,还考虑了技术赶超对男女性弱势群体就业率影响效应的差异性,弥补了以往研究未区分性别的不足;第二以跨国门槛值与中国省级层面技术赶超值对接的方式,首次分析中国省级区域技术赶超与弱势群体就业间的关系,弥补了因国内弱势群体就业率数据不健全而无法分析两者关系的缺憾;第三构建了技术赶超值的新型测度方法,该方法不仅比传统方法更为科学,而且基于该方法测度结果的实证分析也经得起多重稳健性检验，这为技术赶超领域的经验研究提供了一个新的分析工具；第四融入了新经济地理学的部分关键变量（沿海优势、毗邻大国优势和契约型地理优势），即考虑贸易地理优势异质性，这不仅使得研究结论更为科学严谨，还在一定程度上拓宽了新经济地理学的研究范畴。

6.3.2 技术复杂度赶超程度的测度与描述性统计

（1）数据的来源与方法的构建

技术复杂度赶超是经济体集中自身的优势资源，采用高于自身发展水平的技术进行生产的行为（杨汝岱，姚洋，2008），即其技术水平往往高于自身的比较优势零值。为此，杨汝岱和姚洋（2008）与陈晓华和刘慧（2012）等认为，可以采用技术复杂度偏离比较优势零值的程度来识别一国的技术复杂度赶超。本节也采用该原理进行测度，测度过程中需涉及各经济体的出口数据。本节采用149个经济体1998~2011年出口到美国HS6位码数据为研究对象（测度的方法和测度结果源自第4章150个经济体的测度结果，考虑到直布罗陀缺失数据太多，此处去除直布罗陀这个研究样本，为此，分析过程为149个经济体）。与杨汝岱和姚洋（2008）及陈晓华和刘慧（2012）等采用技术复杂度偏离"比较优势零值"绝对值衡量技术复杂度赶超不同的是，本节采用相对偏离值的形式表示一国的技术复杂度赶超程度，[①] 方法如下：

$$GCI_{it} = \frac{(\ln FZD_{it}) - (\ln FZD_{it})^f}{(\ln FZD_{it})^f} = \frac{(\ln FZD_{it}) - (a + \beta \ln PGDP_{it})}{(a + \beta \ln PGDP_{it})} \quad (6-4)$$

其中，$(\ln FZD_{it})^f$ 为技术复杂度与人均 GDP 自然对数的拟合值，α 和 β 为拟合系数，GCI 为技术复杂度赶超系数，GCI 越大说明经济体技术复杂度赶超的力度越大，当 $GCI>0$，说明该经济体采用的是正向技术复杂度赶超的策略，当 GCI 小于或等于0时说明该经济体以负向技术复杂度赶超或无赶超的形式进行技术升级。由方程（6-1）本小节测度出1998~2011年149个经济体的技术复杂度和技术复杂度赶超值。

[①] 相对于技术复杂度赶超绝对值而言，本节构建的一国的技术复杂度赶超的相对值法能更为准确地刻画一国的赶超情况。假设赶超绝对额同样为0.5的A国和B国，进一步假设如果A国比B国在高技术复杂度上具有更多的比较优势，即假设A国的技术复杂度与人均GDP的拟合值为4，而B国为2。在用绝对值的情况下，两国的赶超幅度是相同的，实际上A国赶超幅度达到0.5会比B国更为容易，而采用相对值表示时，A国的赶超幅度为0.125，B国则为0.25，更恰当地刻画了两国的真实赶超幅度。

(2) 技术复杂度赶超的测度结果与分析

图 6-8 报告了技术复杂度赶超系数的核密度分布情况,可知,首先,技术复杂度赶超的核密度曲线左移或右移的倾向并不明显,这表明 1998~2011 年间各经济体的技术复杂度赶超状态变化并不大;其次,曲线的峰值位于 0 点的右侧,可见,执行逆比较优势技术复杂度赶超是多数经济体的选择,当然,也有部分经济体的产品技术复杂度以远低于比较优势零值的形式演进,如部分经济体的技术复杂度赶超系数甚至达到了 -1.4;最后,技术复杂度赶超系数收敛于一个均衡点,且较为服从正态分布,基本符合大样本数据的分布规律。为此,基于该数据的实证分析结论较为可靠。

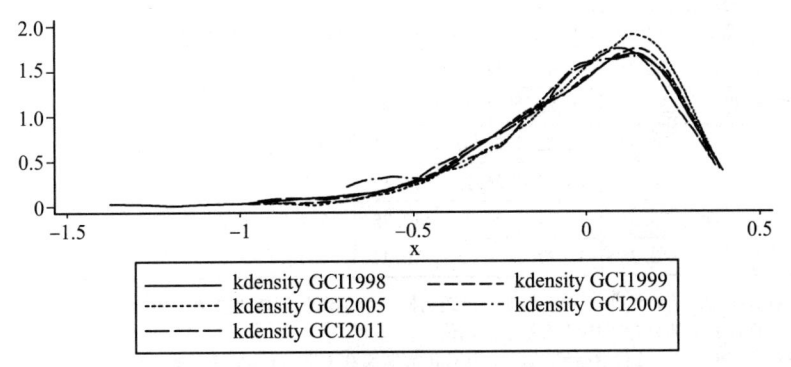

图 6-8 技术复杂度赶超系数的核密度分布

资料来源:根据 NBER 数据库和 UN Comtrade 统计数据计算而得。

(3) 技术复杂度赶超与弱势群体就业率

基于前文的测度结果,结合国际劳工组织的劳动力市场主要指标数据库提供的各国男性弱势群体和女性弱势群体就业率,[①] 本节整理出了正负向技术复杂度赶超条件下男性弱势群体和女性弱势群体的就业率均值,见表 6-13。可知,首先,在正负技术复杂度赶超背景下,男性弱势群体和女性弱势群体就业率的均值都在下降,其中,负向技术复杂度赶超情况下男性弱势群体和女性弱势群体就业率分别下降了 24.56% 和 20.83%,正向赶超情况下男性弱势群体和女性弱势群体就业率分别下降了 25.1% 和 13.27%。这在一定程度上表明,随着时间的推移,弱势群体的就业岗位和需求正逐渐减少;其次,正向技术复杂度赶超的经济

---

① 国际劳工组织数据库中,弱势群体就业率是指无酬家庭等弱势就业者在所有就业人口中所占比例。

体的女性弱势群体就业率均值与负向技术复杂度赶超的女性弱势群体就业率均值之差明显大于男性弱势群体之差,其中,女性弱势群体的平均下降幅度为11.548%,男性弱势群体的平均下降幅度为9.949%,这在一定程度上表明,正向技术复杂度赶超给女性弱势群体就业带来的冲击,大于男性弱势群体。最后,负向技术复杂度赶超经济体男女性弱势群体就业率均值明显高于正向赶超经济体弱势群体的就业率均值,这似乎表明,正向赶超可能会对弱势群体就业产生负向冲击。当然,上述分析均是基于无条件相关得到的结论,需进一步加入其他控制变量进行计量估计才能得到更为准确的相互关系。

表6-13 正负向技术复杂度赶超条件下男性弱势群体和女性弱势群体就业均值

(单位:%)

项目	性别	1998年	2000年	2004年	2006年	2008年	2009年	2010年	2011年	增幅
负向技术复杂度赶超	女性	38.35	41.46	32.35	37.56	32.42	27.88	33.15	28.93	-24.56
	男性	36.29	39.85	31.35	35.89	32.21	27.53	32.7	28.73	-20.83
正向技术复杂度赶超	女性	24.74	24.22	25.97	25.21	20.14	21.84	25.1	18.53	-25.1
	男性	24.04	24.58	26.23	25.1	20.86	22.24	24.35	20.85	-13.27
差距	女性	13.61	17.24	6.38	12.35	12.28	6.04	8.05	10.4	11.55*
	男性	12.25	15.27	5.12	10.79	11.35	5.29	8.35	7.88	9.949*

注:限于篇幅,笔者给出了8年数据,差距为同一性别弱势群体无技术复杂度赶超均值与有技术复杂度赶超均值的差,*部分为表中各年差距的均值。
资料来源:根据世界银行统计数据库、NBER数据库和UNComtrade统计数据计算而得。

(4) 地理优势与弱势群体就业率

基于上述分析结果,本节进一步考察贸易地理优势与弱势群体之间的关系,根据新经济地理学的基本观点,一国的地理优势主要来自于两个方面:一是自然地理优势,如与大进口国相邻或具有沿海优势;二是非自然地理优势,如通过签订自由贸易协定等形式降低国与国之间的贸易成本,进而从非自然地理视角使得两国间的贸易获得契约型地理优势。为此,笔者采用的是否沿海、是否与大进口国毗邻[①]及是否为WTO成员来衡量自然地理优势和契约型地理优势。表6-14报告了地理优势与弱势群体就业率均值的关系,具有毗邻大进口国和沿海等地理优势的经济体,其弱势群体的就业率均值明显低于不具备上述优势的经济体,而拥有契约型地理优势(WTO成员)经济体的弱势群体就业率均值明显高于不具有上述优势的经济体。

[①] 以2012年进口排名世界前五的国家为大进口国,分别为美国、中国、英国、德国和日本。与上述国家中的任何一个或多个交界的经济体被称为毗邻大进口国。

表6-14　　　　　　　　地理优势与弱势群体就业率均值　　　　　　　　（单位：%）

年份	男性弱势群体就业率均值						女性弱势群体就业率均值					
	沿海		毗邻大进口国		WTO成员		沿海		毗邻大进口国		WTO成员	
	是	否	是	否	是	否	是	否	是	否	是	否
1998	25	24.88	18.14	27.67	25.88	24.65	25.71	24	19.19	28.6	25.06	25.35
1999	25.8	29.15	18.14	30.02	30.48	25.16	27.36	30.05	19.14	32.41	31.48	26.69
2000	26.45	29.55	23.04	29.04	29.65	26.22	26.32	29.85	23.52	29.24	29.52	26.26
2001	28.77	26.33	24.17	30.47	29.85	27.22	29.79	26.62	22.88	31.08	30.88	27.92
2002	25.02	30.29	21.22	29.1	26.55	26.77	24.41	30.92	21.3	28.83	24.86	27.17
2003	27.19	35.12	22.46	32.37	31.37	28.82	27.64	35	22.83	32.9	30.67	29.56
2004	26.21	29.92	20.7	29.78	28.46	26.75	26.57	29.4	20.91	29.86	27.5	27.2
2005	26.41	35.32	20.74	32.2	32.48	27.83	27.47	34.86	21.13	33.13	31.96	28.9
2006	25.44	32.42	17.64	31.12	24.61	28.77	26.29	32	18.32	32.04	23.39	29.93
2007	23.4	29.3	19.3	27.09	26.2	24.6	23.84	29.39	20.17	27.91	26.48	24.96
2008	23.07	26.88	16.64	26.76	27.89	22.42	23.18	24.28	17.68	26.14	26.56	21.98
2009	22.35	26.09	16.95	24.82	26.89	21.37	22.3	24	20.32	25.14	24.89	21.51
2010	27.02	26.06	19.16	28.7	28.77	25.62	28.31	22.72	21.68	29.78	28.19	26.05
2011	21.55	25.72	15.44	24.73	26.08	20.36	19.61	22.11	17.94	22.34	22.38	18.86

数据来源：根据世界银行统计数据库、NBER数据库和UN Comtrade统计数据计算而得。

6.3.3　技术复杂度赶超对弱势群体就业率的影响：跨国层面的实证分析

（1）变量间长期均衡关系的确定

虽然从技术复杂度赶超和弱势群体就业的已有研究中，能简单地推导出两者的关系，但目前并无学者就技术复杂度赶超对弱势群体就业的影响进行实证分析。为避免出现无均衡关系的伪回归结论，我们进一步借助统计学方法对技术复杂度赶超与弱势群体就业率间的协整关系进行检验。考虑到二者在发达经济体和发展中经济体的差异可能较大，本节对发展中经济体和发达经济体分别进行协整分析，以提高检验结果的可靠性。表6-15报告了相应的协整结果，各统计变量在至少5%的检验水平下表明，技术复杂度赶超与弱势群体就业率之间存在长期的均衡关系。

表6-15　技术复杂度赶超与弱势群体就业率间长期均衡关系的检验结果

经济体	发达经济体				发展中经济体			
	女性弱势群体		男性弱势群体		女性弱势群体		男性弱势群体	
检验类型	估计值	P-值	估计值	P-值	估计值	P-值	估计值	P-值
Gt	-3.134	0.000	-3.297	0.000	-2.916	0.001	-3.109	0.000
Ga	-15.461	0.008	-17.607	0.000	-15.692	0.007	-17.414	0.000
Pt	-10.122	0.026	-10.029	0.033	-11.055	0.016	-11.066	0.015
Pa	-13.614	0.001	-11.635	0.036	-13.166	0.001	-11.218	0.049

注：运用stata 13.0进行协整检验时，由于协整命令无法识别变量的缺失项（Missing Value），笔者采用1998~2011年技术复杂度赶超变量和弱势群体就业率变量均存在的样本进行协整分析。虽然协整的样本相对减少，但这并不妨碍协整结果的可靠性。
资料来源：根据世界银行统计数据库、NBER数据库和UN Comtrade统计数据计算而得。

（2）实证方法与控制变量的选择

考察技术复杂度赶超对弱势群体就业率的影响时，需考虑以下三个问题：一是二者存在互为因果关系的风险，即二者可能存在一定的内生性；二是技术复杂度赶超可能对弱势群体就业的影响机制为非线性；三是地理优势变量是影响弱势群体就业率的重要因素。能够同时解决上述几个问题的方法有三种：添加技术复杂度赶超值平方项的两步最小二乘法（2SLS）、汉森（Hensen，1999）构建的通过多次自由抽样回归的门槛效应模型和添加技术复杂度赶超值平方项的GMM估计。虽然，汉森（Hensen，1999）模型能够通过自由抽样的形式来获得非线性门槛，但是，地理优势变量在此处只能以虚拟变量形式存在，且沿海地理优势为历年不变虚拟变量，该变量在汉森（Hensen，1999）模型的多次抽样中无法被stata 13.0软件有效识别，采用平方项的2SLS和GMM方法则无法识别平方项是正向技术复杂度赶超的偏离（$GCI>0$），还是负向技术复杂度赶超的偏离（$GCI<0$）。考虑到正向技术复杂度赶超一直是学界所推崇的技术升级策略（杨汝岱、姚洋，2008），本节在综合对比三种估计方法和本节研究目的的基础上，从估计结果的可靠性出发，先采用两步最小二乘法（2SLS）就正向技术复杂度赶超对弱势群体的影响进行基准分析，并以变换赶超系数测度方法的2SLS估计和系统GMM估计进行稳健性检验。后文以汉森（Hensen，1999）的门槛效应模型来识别不包含地理优势条件下，正负向技术复杂度赶超对弱势群体就业率非线性影响的门槛值。为此，先构建如下基准方程和稳健性检验方程：

$$Y_{it} = a_0 + a_1 GCI_{it} + a_2 GCI2_{it} + a_3 K_{it} + \beta_m X_{it}^m + \varepsilon_{it} \quad (6-5)$$

其中，下标i和t分别表示经济体和年份，Y为各经济体弱势群体就业率，K为地理优势，具体变量为YH、DG和WTO，即当经济体具有沿海优势时，YH为

1，否则为0；当经济体与大进口国相邻时 DG 为1，否则为0；当经济体为 WTO 成员，当 WTO 为1，否则为0。GCI2 为 GCI 的平方项，X 为其他控制变量。

为了更准确地刻画技术复杂度赶超对弱势群体就业的影响，本节结合第3章中的五部门模型的基本结论，在控制变量集合中纳入了如下因素：①经济发展水平（PGDP），经济的发展会增加社会对弱势群体的关心程度（Saguy, Chernyak, 2012），进而对弱势群体就业产生深远影响，本节以人均 GDP 的自然对数表述。②高等教育入学率（EDU），高等教育对弱势群体就业率的影响已经引起了学界的广泛关注（Neuman, Ziderman, 2003; Gallie, Giesecke, 2011），此处以各经济体高等院校毛入学率的自然对数来表示。[①] ③企业经营环境（SS），此处以各经济体上市公司的资本总额占 GDP 百分比的自然对数表示。④经济效率（XL），经济效率的高低在一定程度上影响着经济体对高技能非弱势群体的就业需求，此处以各经济体单位石油 GDP 产出的自然对数表示。⑤社会就业需求（JOB）。就业需求越小时，就业者处于弱势，雇佣者处于强势，此时雇佣者可能会更偏向于雇佣高技能的非弱势群体，为此，社会就业需求会对弱势群体就业率产生一定影响，考虑到本节的研究对象有男女性弱势群体，实证中以男女性整体就业率自然对数之积表示。⑥女性社会地位（MDW）。与男性相比，女性的就业在很多领域处于相对弱势，为此，女性的社会地位在一定程度上反映了该经济体对弱势群体的关心程度，此处以经济体女性议员占总议员比重的自然对数表示。控制变量中，高等教育的数据来自于联合国教科文组织，其余数据来自于世界银行数据库。借鉴钱学锋和陈勇兵（2009）等的研究，此处以各变量的一阶段滞后项作为克服内生性的工具变量。

(3) 计量结果与分析

本节首先借助 2SLS 估计法，从发展中经济体和发达经济体两个层面就技术复杂度赶超与贸易地理优势对弱势群体就业的影响进行了实证估计。由表6-16和表6-17可知，所有回归结果的 KP-LM 检验均在至少1%的显著性水平上拒绝了工具变量不足识别的原假设，方程的 F 统计量也通过了至少1%的显著性检验，为此，2SLS 的估计结果是可靠的。

技术复杂度赶超变量的估计结果显示，该变量的水平项和平方项的估计系数在发达经济体与发展中经济体均通过了10%的显著检验，水平项和平方项的估计结果分别为正和负，这表明，技术复杂度赶超对两类经济体的男女性弱势群体

---

① 联合国教科文组织的统计标准高等教育毛入学率为：无论年龄大小，大学在校生总数，占中学之后5年学龄人口总数的百分比。

就业率的作用机制均呈现倒"U"型,即适度的技术复杂度赶超有助于发达经济体和发展中经济体弱势群体就业率的提升,当技术复杂度赶超幅度超过一定的阈值后,技术复杂度赶超将对弱势群体就业率产生负效应。这一现象出现的机理可能在于,当经济体执行适度技术复杂度赶超策略时,产品的技术复杂度偏离自身比较优势水平的程度较低,其有足够的资源支撑其自身产品技术含量的偏离型提升,从而在国际市场上赢得更多的客户,进而在一定程度上会扩大该经济体的就业需求,在高技能、熟练型非弱势劳动力供给相对有限的情况下,厂商会将新增的就业岗位提供给弱势群体,最终提高弱势群体的就业率。当经济体执行过度的技术复杂度赶超策略时,一方面,由于偏离自身比较优势水平较远,使得该经济体产品呈现如下特征:虽然产品介入高技术复杂度领域,但能支撑自身技术复杂度赶超的资源相对有限,因而面对更高技术水平经济体产品竞争时,质量和技术含量提升的后劲相对不足,难以在国际市场上赢得青睐,为此,很难起到扩大就业规模的作用;另一方面,过度技术复杂度赶超需以大量的科技型人才为支撑,从而使得就业结构更偏向非弱势群体,二者的合力使得过度技术复杂度赶超对弱势群体就业产生显著的负效应。

表 6-16　　　　　　　发展中经济体的 2SLS 估计结果

系数	女性弱势群体就业率				男性弱势群体就业率			
GCI	15.25** (2.00)	14.85* (1.88)	14.71* (1.95)	16.17** (1.99)	11.29* (1.82)	11.25* (1.80)	11.11* (1.78)	11.70* (1.81)
$GCI2$	-41.11** (-2.13)	-40.17** (-2.01)	-39.03** (-2.03)	-42.85** (-2.09)	-31.04** (-1.97)	-30.95* (-1.95)	-30.36* (-1.90)	-31.79* (-1.95)
EDU	0.130 (0.48)	0.0879 (0.32)	0.128 (0.47)	0.184 (0.65)	-0.025 (-0.13)	-0.029 (-0.14)	-0.026 (-0.13)	-0.002 (-0.01)
XL	-0.965*** (-7.30)	-0.855*** (-6.19)	-1.020*** (-7.01)	-0.873*** (-6.00)	-0.735*** (-7.65)	-0.724*** (-7.38)	-0.753*** (-7.73)	-0.695*** (-6.59)
SS	0.256*** (5.76)	0.241*** (5.25)	0.252*** (5.78)	0.242*** (5.44)	0.146*** (4.78)	0.145*** (4.54)	0.145*** (4.73)	0.140*** (4.62)
$PGDP$	0.620*** (9.25)	0.606*** (9.14)	0.634*** (9.31)	0.603*** (8.92)	0.41*** (8.06)	0.409*** (8.03)	0.415*** (8.09)	0.403*** (7.74)
MDW	0.264** (2.70)	0.287** (3.04)	0.272** (2.82)	0.213** (2.08)	-0.055 (-0.74)	-0.057 (-0.78)	-0.058 (-0.79)	-0.033 (-0.43)
JOB	0.021** (2.14)	0.102*** (2.92)	0.014** (2.09)	0.036** (2.22)	0.011** (2.10)	0.019** (2.15)	0.009** (3.08)	0.013*** (3.10)
YH		-0.237** (-2.37)				-0.023** (-2.31)		

续表

系数	女性弱势群体就业率				男性弱势群体就业率			
DG		0.181 (1.55)				0.0596 (0.65)		
WYO			0.212* (1.94)				0.092** (2.21)	
C	5.983* (1.92)	4.509 (1.34)	6.148** (2.04)	6.905** (2.07)	5.244** (2.12)	5.104** (1.96)	5.299** (2.19)	5.646** (2.16)
CR2	34.57	0.5967	0.5915	0.5788	0.5342	0.5352	0.5381	0.5300
F 统计	34.57*** (0.000)	44.57*** (0.000)	47.99*** (0.000)	44.24*** (0.000)	39.87*** (0.000)	36.45*** (0.000)	36.11*** (0.000)	34.57*** (0.000)
KP – LM	17.634*** (0.000)	17.634*** (0.000)	17.763*** (0.000)	16.364*** (0.000)	17.782*** (0.000)	17.634*** (0.000)	17.763*** (0.000)	16.364*** (0.000)
OBS	GC>0	GC>0	GC>0	GC>0	GC>0	GC>0	GC>0	GC>0

注：***、**和*分别表示在1%、5%和10%的显著性水平上显著。
资料来源：根据世界银行统计数据库、NBER数据库和UNComtrade统计数据计算而得。

贸易地理优势的估计结果表明，首先，沿海优势能有效地提高发达经济体弱势群体的就业率，却对发展中经济体表现出显著的负效应，沿海优势对弱势群体的影响效应可能表现在两个方面：一是弱势群体就业率改善功能，沿海优势具有贸易规模扩大效应，进而表现出促进就业扩大的功能，从而提高男性弱势群体和女性弱势群体的就业率；二是弱势群体就业率恶化效应，沿海会为外商直接投资带来便利，从而使得更多的外资流入，外资的流入往往会带动东道国技术进步，进而在一定程度上恶化弱势群体的就业率，发达经济体是FDI流出的主体，也是高技术的拥有主体，这使得外资流入给发展中经济体弱势群体就业带来的负效应远大于发达经济体，并超过了沿海优势带来的正效应，进而出现该变量的作用效应在发展中经济体为负，在发达经济体为正的现象。其次，毗邻大进口经济体只对发达经济体女性弱势群体具有显著的正效应，对发展中经济体弱势群体和发达经济体男性弱势群体的作用效应并不显著，这表明，虽然毗邻大进口经济体有助于国际贸易的发展，但其综合效应仅对发达经济体女性弱势群体就业产生正效应；最后，WTO对发展中经济体和发达经济体的弱势群体就业率均具有显著的正效应，这表明，积极加入世界一体化组织可以成为一国改善弱势群体就业率的重要举措。可见，当前中国大力推行双边自由贸易区和多边自由贸易区不仅具有消化"剩余产能"的经济功能，还具有改善弱势群体就业率的民生功能。

表 6-17　　　　　　　　　　　发达经济体的 2SLS 估计结果

系数	女性弱势群体就业率				男性弱势群体就业率			
GCI	6.834** (1.96)	7.420** (2.14)	11.37*** (2.91)	5.090** (2.40)	11.26*** (4.33)	11.40*** (4.35)	10.49*** (3.73)	9.913*** (3.87)
$GCI2$	-24.11** (-2.38)	-26.55*** (-2.63)	-36.53*** (-3.26)	-17.35* (-1.71)	-34.09*** (-4.74)	-34.64*** (-4.78)	-31.98*** (-4.10)	-28.85*** (-4.02)
EDU	0.408** (2.17)	0.706*** (3.88)	0.441** (2.43)	0.485*** (2.76)	0.494*** (3.74)	0.562*** (4.23)	0.489*** (3.76)	0.554*** (4.56)
XL	-0.476*** (-3.37)	-0.373*** (-2.69)	-0.551*** (-3.91)	-0.485*** (-3.54)	-0.234** (-2.33)	-0.210** (-2.08)	-0.221** (-2.31)	-0.241** (-2.50)
SS	-0.117*** (-4.41)	-0.093*** (-3.46)	-0.125*** (-4.60)	-0.133*** (-5.27)	-0.051*** (-2.88)	-0.045** (-2.53)	-0.049*** (-2.83)	-0.063*** (-4.16)
$PGDP$	0.310*** (3.20)	0.356*** (3.74)	0.381*** (4.08)	0.504*** (4.78)	0.179*** (2.62)	0.189*** (2.76)	0.167*** (2.60)	0.329*** (4.85)
MDW	0.638*** (8.69)	0.658*** (9.22)	0.652*** (9.03)	0.598*** (8.63)	0.322*** (6.33)	0.327*** (6.46)	0.320*** (6.34)	0.291*** (6.51)
JOB	0.086*** (2.85)	0.014*** (3.14)	0.090* (1.95)	0.076* (1.90)	0.055*** (2.73)	0.072*** (2.95)	0.056*** (2.74)	0.063*** (3.05)
YH		0.524*** (5.40)				0.120* (1.69)		
DG			0.294*** (4.49)				-0.0498 (-1.25)	
WYO				0.661*** (4.85)				0.512*** (4.11)
C	3.919* (1.86)	5.249*** (2.70)	4.562** (2.26)	5.055*** (2.69)	4.975*** (3.28)	5.278*** (3.50)	4.866*** (3.18)	5.853*** (4.54)
$CR2$	0.5257	0.5686	0.5496	0.5605	0.5449	0.5496	0.5549	0.5989
F 统计	41.58*** (0.000)	38.74*** (0.000)	39.23*** (0.000)	50.23*** (0.000)	43.90*** (0.000)	40.59*** (0.000)	38.54*** (0.000)	49.50*** (0.000)
$KP-LM$	15.010*** (0.000)	15.047*** (0.000)	13.520*** (0.000)	16.505*** (0.000)	15.110*** (0.000)	15.237*** (0.000)	13.561*** (0.000)	16.435*** (0.000)
OBS	GC>0	GC>0	GC>0	GC>0	GC>0	GC>0	GC>0	GC>0

注：***、** 和 * 分别表示在 1%、5% 和 10% 的显著性水平上显著。
资料来源：根据世界银行统计数据库、NBER 数据库和 UN Comtrade 统计数据计算而得。

综合对比发展中经济体和发达经济体控制变量的估计结果，还能得到如下结论：

一是高等教育有助于发达经济体弱势群体就业率的提升，但对发展中经济体弱势群体就业率的影响不显著。虽然，高等教育对发展中经济体弱势群体就业的影响系数有正有负，但均未通过10%的显著性检验，而高等教育对发达经济体弱势群体的就业率则表现出显著的正效应（各系数通过了至少5%的显著性检验）。这一现象出现的原因可能在于，发达经济体高等教育的毛入学率明显高于发展中经济体，对于发达经济体而言，高等教育具有更强的大众教育特征，对于发展中经济体而言，高等教育则略微偏向"创造本国精英"特征。为此，发达经济体高等教育入学率的提升会在不过多增加"社会精英"的基础上提高弱势群体获得高等教育的机会，进而有助于弱势群体就业；而发展中经济体高等教育入学率的提升，虽然会在一定程度上使得弱势群体受益，但其同时会产生更多的可能挤占弱势群体就业机会的"社会精英"，进而使得高等教育对弱势群体就业的作用力不明显。根据国际货币基金组织的标准，以色列属于发达国家，为此，上述关于发达国家的结论与纽曼和兹德曼（Neuman，Ziderman，2003）较为一致，而比纽曼和兹德曼（Neuman，Ziderman，2003）更进一步的是，本节的研究发现，高等教育提高弱势群体就业率的现象，并未在发展中经济体出现，这深化了纽曼和兹德曼（Neuman，Ziderman，2003）等的研究。

二是企业经营环境的改善有助于提高发展中经济体弱势群体的就业率，不利于发达经济体弱势群体就业率的提升。发达经济体往往以资本和技术密集型企业为经济的微观主体，其企业经营环境的改善则意味着该经济体能够支撑更多的资本密集型企业和技术密集型企业，而并非更多的劳动密集型企业，此类改善会使得就业结构更偏向高技能劳动群体，进而对弱势群体产生显著的负效应。发展中经济体往往以劳动密集型企业为经济的微观主体，其企业经营环境的改善既有助于原有劳动密集型企业的发展，也会提高新企业出现的概率，进而提高社会对劳动力的需求，改善弱势群体的就业率。发展中经济体的企业经营环境相对较差，为此，可通过大力改善企业经营环境的形式，提高发展中经济体弱势群体的就业率。

三是女性社会地位改善不仅有助于发达经济体男女性弱势群体就业率提升，还能提高发展中经济体女性弱势群体的就业率，但是，对发展中经济体男性弱势群体就业率的作用并不显著。此外，发达经济体女性社会地位的估计系数明显大于发展中经济体的估计系数，发达经济体女性社会地位的提升对女性弱势群体的作用系数也大于其对男性的作用系数。上述结论在一定程度上表明，首先，发达经济体女性社会地位的提高给弱势群体就业率带来的边际正效应大于发展中经济体；其次，具有较高政治地位的女性，更多的关注女性弱势群体就业，而发达经济体的女议员对男性弱势群体就业的关注度可能要大于发展中经济体的女议员。

四是就业规模的扩大有助于弱势群体就业率的提升。可见，创造更多的就业机会，特别是适合弱势群体的就业机会，是解决弱势群体就业难的重要途径。经济增长效率的提升会对弱势群体就业率产生显著的负效应，经济效率的提升往往意味着就业岗位的减少，人均产出的提高，可见，经济效率提升引致型失业，具有一定的弱势群体偏向性。此外，经济发展水平的提升，会对发达经济体和发展中经济体弱势群体的就业产生正效应，根据前文的分析可知，这一回归结论出现的原因在于，人均 GDP 的提升则意味着经济体的"比较优势零值"外移，有助于该经济体的技术复杂度赶超进入正效应区间。

（4）稳健性检验

为了确保前文估计结果的稳健性，笔者采用了两种方式进行稳健性检验，变更技术复杂度赶超测度方法的稳健性检验与变更实证方法的稳健性检验。对于第一种方法，本节采用传统的技术复杂度赶超绝对额方法（如，杨汝岱、姚洋，2012）测度出各经济体的技术复杂度赶超值，然后，以技术复杂度赶超的绝对额替换前文相对值的形式进行稳健性检验，技术复杂度赶超绝对额的测度方法如下：

$$GCIJ_{it} = (\ln FZD_{it}) - (\ln FZD_{it})^f = (\ln FZD_{it}) - (a + \beta \ln PGDP_{it}) \quad (6-6)$$

其中，$GCIJ$ 为技术复杂度赶超的绝对额，对于第二种方法，笔者采用系统 GMM 估计法进行稳健性检验，具体检验方程如式（6-7）。

$$\begin{cases} Y_{it} = \lambda_1 Y_{it-1} + \lambda_1 GCIJ_{it} + \lambda_2 GCIJ2_{it} + \lambda_3 K_{it} + \delta_m X_{it}^m + \varepsilon_{it} \\ \Delta Y_{it} = \lambda_1 \Delta Y_{it-1} + \lambda_1 \Delta GCIJ_{it} + \lambda_2 \Delta GCIJ2_{it} + \lambda_3 \Delta K_{it} + \delta_m \Delta X_{it}^m + \varepsilon_{it} \end{cases} \quad (6-7)$$

表 6-18 和表 6-19 分别报告两种稳健性检验的结果，KP-LM 检验和 F 统计检验结果表明，表 6-6 的估计结果是可靠的，AR（1）、AR（2）、汉森（Hansen）检验和瓦尔德（Wald）检验的结果表明，表 6-18 的估计结果是可靠的。两种稳健性估计结果中，技术复杂度赶超变量的水平项和平方项分别显著为正和负，两种方法的估计结果均显示技术复杂度赶超对弱势群体就业的作用效应呈现倒"U"型，这一结论与前文的估计结果一致，另外，对比各表中的地理优势变量和其他控制变量，可以发现上述变量的估计结果的显著性和预期符号颇为一致，为此，前文的基于相对值层面 2SLS 的估计结果是显著的。此外，系统 GMM 的估计结果显示，弱势群体前一期的就业率对后一期的就业率具有显著的正效应。这表明，弱势群体就业率的变动具有较强的前期依赖，为此，提高本年弱势群体的就业率，不仅能在一定程度上防止下一年弱势群体就业率下滑，还有助于实现弱势群体就业持续性改进。

表 6-18　　变更技术复杂度赶超测度方法的稳健性检验：
解释变量为技术复杂度赶超绝对额

因变量	女性弱势群体就业率				男性弱势群体就业率			
	发展中经济体		发达经济体		发展中经济体		发达经济体	
GCIJ	4.779** (2.20)	4.623** (2.06)	1.737* (1.66)	1.951* (1.87)	3.362* (1.94)	3.349* (1.91)	3.278*** (4.35)	3.329*** (4.38)
GCIJ2	-4.193** (-2.36)	-4.073** (-2.21)	-1.947** (-2.08)	-2.208** (-2.36)	-3.008** (-2.10)	-2.998** (-2.07)	-3.052*** (-4.77)	-3.114*** (-4.82)
EDU	0.100 (0.41)	0.056 (0.23)	0.440** (2.37)	0.738*** (4.11)	-0.064 (-0.36)	-0.067 (-0.37)	0.517*** (4.01)	0.587*** (4.53)
XL	-0.961*** (-7.32)	-0.854*** (-6.26)	-0.509*** (-3.66)	-0.405*** (-2.96)	-0.733*** (-7.71)	-0.724*** (-7.49)	-0.260*** (-2.67)	-0.235** (-2.39)
SS	0.255*** (5.95)	0.241*** (5.42)	-0.115*** (-4.33)	-0.091*** (-3.39)	-0.145*** (-4.99)	-0.144*** (-4.72)	-0.051*** (-2.87)	-0.045** (-2.52)
PGDP	0.642*** (9.48)	0.628*** (9.34)	0.342*** (3.59)	0.387*** (4.13)	0.428*** (8.46)	0.427*** (8.42)	0.197*** (2.96)	0.208*** (3.10)
MDW	0.261*** (2.76)	0.283*** (3.10)	0.636*** (8.64)	0.657*** (9.18)	-0.047 (-0.65)	-0.049 (-0.69)	0.324*** (6.36)	0.329*** (6.50)
JOB	0.0452 (0.33)	0.125 (0.86)	0.098 (0.98)	0.026 (0.28)	0.0429 (0.41)	0.049 (0.44)	-0.042 (-0.56)	-0.059 (-0.79)
YH	—	-0.231** (-2.34)	—	0.524*** (5.33)	—	-0.019** (2.26)	—	0.124* (1.73)
C	5.754** (2.04)	4.289 (1.41)	3.692* (1.76)	5.028*** (2.59)	4.829** (2.20)	4.711** (2.02)	4.714*** (3.15)	5.031*** (3.38)
CR2	0.5940	0.6085	0.5237	0.5665	0.5482	0.5489	0.5460	0.5507
F 统计	54.20 (0.00)	47.22 (0.00)	40.81 (0.00)	37.85 (0.00)	41.70 (0.00)	38.42 (0.00)	42.50 (0.00)	39.56 (0.00)
PPLM	22.52 (0.00)	21.99 (0.00)	16.51 (0.00)	16.58 (0.00)	22.52 (0.00)	21.99 (0.00)	16.51 (0.00)	16.58 (0.00)
样本条件	GC>0	GC>0	GC>0	GC>0	GC>0	GC>0	GC>0	GC>0

注：①笔者对表 6-16 和表 6-17 中所有方程进行了稳健性检验，限于篇幅，此处仅给出了无地理优势和包含沿海地理优势的稳健性检验结果。
②＊＊＊、＊＊和＊分别表示在 1%、5% 和 10% 的显著性水平上显著。
资料来源：根据世界银行统计数据库、NBER 数据库和 UN Comtrade 统计数据计算而得。

表6-19　　　　　　　　系统GMM估计的稳健性检验

	女性弱势群体就业率				男性弱势群体就业率			
	发展中经济体		发达经济体		发展中经济体		发达经济体	
L.RSF	0.974*** (86.19)	0.978*** (85.83)	0.952*** (115.75)	0.946*** (85.30)	—	—	—	—
L.RSM	—	—	—	—	1.185*** (15.66)	1.174*** (15.27)	1.250*** (11.79)	1.221*** (12.10)
GCIJ	0.0308** (2.22)	0.00280** (2.02)	0.266* (1.81)	0.303* (1.89)	0.103** (2.19)	0.227** (2.43)	3.249** (2.12)	2.920** (1.97)
GCIJ2	-0.390** (-2.14)	-0.256*** (-2.75)	-1.099** (-2.15)	-1.304** (-2.31)	-0.051** (-2.02)	-0.618** (-2.34)	-7.354*** (-2.80)	-5.667*** (-3.60)
EDU	-0.0173 (-1.01)	-0.0128 (-0.77)	0.0017** (2.06)	0.0277* (1.83)	0.0774 (0.78)	0.0494 (0.58)	0.377** (2.06)	0.120** (2.46)
XL	-0.062*** (-2.64)	-0.071*** (-2.97)	-0.039** (-2.26)	-0.037** (-2.34)	-0.073*** (-2.71)	-0.005** (-2.04)	-0.079** (-2.43)	-0.035** (-2.19)
SS	0.008** (2.20)	0.009** (2.53)	-0.007** (-1.76)	-0.006** (-2.44)	0.083** (2.51)	0.073** (2.01)	-0.058** (-2.33)	-0.042** (-2.03)
PGDP	0.005** (2.39)	0.004** (2.54)	0.007*** (2.81)	0.015** (2.35)	0.122** (2.33)	0.116** (2.30)	0.025** (2.22)	0.033** (2.30)
MDW	0.023 (1.26)	0.017* (1.85)	0.027*** (2.60)	0.0250* (1.72)	-0.123 (-1.48)	0.157 (1.07)	0.235* (1.90)	0.255** (2.06)
JOB	0.003* (1.75)	0.0005** (2.10)	0.010** (2.60)	0.011* (1.70)	0.008** (2.31)	0.003** (2.11)	0.047* (1.94)	0.046* (1.91)
YH	—	-0.026** (-2.43)	—	0.039* (1.74)	—	-0.154* (-1.70)	—	0.365** (2.74)
AR（1）	0.019	0.020	0.065	0.053	0.014	0.013	0.005	0.006
AR（2）	0.286	0.286	0.262	0.272	0.290	0.289	0.181	0.187
Hansen	25.86	23.13	24.79	22.00	9.85	7.55	10.22	10.04
Wald-P	0.000	0.000	0.000	0.000	0.000	0.000	0.000	0.000
样本	GC>0	GC>0	GC>0	GC>0	GC>0	GC>0	GC>0	GC>0

注：***、**和*分别表示在1%、5%和10%的显著性水平上显著。
资料来源：根据世界银行统计数据库、NBER数据库和UN Comtrade统计数据计算而得。

6.3.4 技术复杂度赶超门槛阈值的判定与中国的特征分析

（1）技术复杂度赶超对弱势群体就业率影响的门槛阈值判定

前文从正向技术复杂度赶超视角分析了技术复杂度赶超和贸易地理优势对发

达经济体和发展中经济体弱势群体就业率的影响,并初步判定技术复杂度赶超对弱势群体的作用机制为倒"U"型。本节进一步采用汉森(Hensen,1999)的门槛效应模型,采用自由抽样 1000 次的形式来识别技术复杂度赶超对弱势群体作用的门槛值,以从更为准确的视角刻画倒"U"型的实际形状。根据汉森(Hensen,1999)的研究,本节设定如下门槛回归模型:

$$\begin{aligned}\ln Y_{it} =& \mu_i + a_1 GCI_{it} I(g_{it} \leq \gamma_1) + a_2 GCI_{it} I(\gamma_1 < g_{it} \leq \gamma_2) + \cdots \\ & + a_m GCI_{it} I(\gamma_{m-1} < g_{it} \leq \gamma_m) + \cdots + a_M GCI_{it} I(\gamma_{M-1} < g_{it} \leq \gamma_M) \\ & + a_{M+1} GCI_{it} I(g_{it} > \gamma_M) + \theta X_{it} + \xi_{it} \end{aligned} \quad (6-8)$$

其中,$I(*)$ 为门槛估计的示性函数(indicator function),M 为门槛总数,当被解释变量与解释变量为线性关系时,M 等于 0,否则 M 大于 0,γ 为具体的门槛阈值,ξ 为随机干扰项,X 为控制变量,此处控制变量与前文一致,μ 为未观测特征,门槛效应模型的实证估计中,借助矩阵组内去均值的形式将该变量消除(Hensen,1999),因而该变量不体现在最终回归结果中。

在进行门槛效应估计前,先需确定技术复杂度赶超对弱势群体就业率影响的门槛类型,表 6-20 报告了在自由抽样 1000 次条件下的门槛识别结果。技术复杂度赶超对发展中经济体女性弱势群体就业率的影响关系的判定结果中,单一门槛检验通过了 1% 的显著性检验,双重门槛检验也通过了 1% 的显著性检验,而三重门槛效应的检验则通过了 5% 的显著性检验。根据连玉君和程建(2006)的研究可知,技术复杂度赶超对发展中经济体女性弱势群体就业率影响的门槛类型为三重门槛。同理,可以判断出其他条件下二者关系的门槛类型,为此,技术复杂度赶超对弱势群体就业的影响机制均为三重门槛类型。

表 6-20　　技术复杂度赶超对弱势群体就业率影响的门槛类型检验

检验对象		发展中经济体				发达经济体			
		F 值	临界值			F 值	临界值		
检验模型			10%	5%	1%		10%	5%	1%
女性弱势群体	单一门槛	172.34***	15.006	25.783	78.503	98.516***	10.093	14.615	24.923
	双重门槛	136.787***	14.942	25.840	53.795	14.667***	2.690	5.786	11.618
	三重门槛	25.184**	13.254	18.995	31.744	9.199**	4.617	6.6933	11.1968
男性弱势群体	单一门槛	168.25***	19.403	32.102	101.97	17.784***	5.575	7.825	14.281
	双重门槛	27.397**	11.756	16.304	27.507	29.547***	4.741	7.718	12.806
	三重门槛	15.500*	13.395	20.608	35.645	12.067**	4.355	6.286	12.294

注:①F 值、概率(P 值)和临界值均为自由抽样法(Bootstrap)模拟 1000 次后得到的结果,表 8-9 也是在模拟 1000 次后得到的估计结果。
②***、** 和 * 分别表示在 1%、5% 和 10% 的显著性水平上显著。
资料来源:根据世界银行统计数据库、NBER 数据库和 UN Comtrade 统计数据计算而得。

表6-21报告了各种条件下技术复杂度赶超对弱势群体就业率影响的三重门槛阀值，可知技术复杂度赶超对发展中经济体男性弱势群体就业率影响的门槛阀值为-0.2815、-0.2159和0.1875；对发展中经济体女性弱势群体就业率影响的门槛阀值为-0.2261、-0.1378和0.1677；对发达经济体女性弱势群体就业率影响的门槛阀值为0.0747、0.0867和0.1376；对发达经济体的男性弱势群体就业率影响的门槛阀值为-0.0366、0.1088和0.1342，仅有发达经济体女性弱势群体的门槛阀值全部为正。表6-22报告了相应的门槛估计结果。可知：四个方程中GCI1和GCI4均显著为负，结合表6-21的门槛阀值可知，偏离自身"比较优势零值"较远的正向技术复杂度赶超和负向技术复杂度赶超均不利于弱势群体就业率的提升，前文已经分析了正向偏离较远型技术复杂度赶超产生负向影响的原因，那么，负向偏离较远型技术复杂度赶超产生负效应的原因是什么呢？笔者认为，在负向偏离较远的情况下，一国的比较优势并未得到全面发挥，各产业无法给高技能群体应有的就业岗位数，即非弱势劳动者是相对富余的，此时，非弱势劳动力可能会不断地挤占弱势群体的工作机会，从而产生一定的负作用。GCI3均显著为正，GCI2有正有负，结合表6-21可知，发展中经济体的技术复杂度赶超值在[-0.2159, 0.1875]区间内有助于男性弱势群体就业率的提升，技术复杂度赶超值在[-0.1378, 0.1677]区间内有助于女性弱势群体就业率的提升；发达经济体技术复杂度赶超值在[-0.0366, 0.1342]区间内有助于男性弱势群体就业率的提升，技术复杂度赶超值在[0.0747, 0.1376]区间内有助于女性弱势群体就业率的提升。结合图6-8可知，大量正向技术复杂度赶超的经济体位于负向区间内，这也为前文表6-13中正向技术复杂度赶超经济弱势群体平均就业率小于负向技术复杂度赶超经济现象的出现提供了一定的解释。

表6-21　　　　　　　　　门槛阀值的 Bootstrap 结果

经济体	发展中经济体				发达经济体			
性别	女性		男性		女性		男性	
	估计值	95%置信度	估计值	95%置信度	估计值	95%置信度	估计值	95%置信度
门槛阀值1	-0.2261	[-0.2388, -0.2084]	-0.2815	[-0.2819, -0.2803]	0.0747	[0.0720, 0.0881]	-0.0366	[-0.0382, -0.0360]
门槛阀值2	-0.1378	[-0.1482, -0.1329]	-0.2159	[-0.2169, -0.2150]	0.0867	[0.0740, 0.0757]	0.1088	[0.1081, 0.1094]
门槛阀值3	0.1677	[0.1348, 0.1378]	0.1875	[0.1870, 0.1888]	0.1376	[0.1341, 0.1392]	0.1342	[0.1314, 0.1392]

资料来源：根据世界银行统计数据库、NBER数据库和UNComtrade统计数据计算而得。

表 6-22　技术复杂度赶超对弱势群体就业影响的门槛效应估计结果①

经济体	发展中经济体		发达经济体	
性别	女性	男性	女性	男性
EDU	-0.018 (-0.745)	-0.041* (-1.795)	0.194*** (3.021)	0.205*** (3.759)
XL	-0.071 (-1.516)	-0.101** (-2.327)	-0.087* (-1.960)	-0.111** (-2.479)
SS	-0.074*** (-8.387)	-0.048** (-5.814)	-0.080*** (-3.89)	-0.043** (-2.443)
MDW	0.034** (2.728)	-0.017 (-1.499)	0.098*** (2.695)	0.049 (1.595)
JOB	0.065*** (4.044)	0.007** (2.453)	0.031* (1.947)	0.045* (1.666)
PGDP	0.096*** (5.819)	0.067*** (4.466)	0.099*** (2.692)	0.009 (0.314)
GCI1	-0.152* (-1.839)	-0.134* (-1.691)	-2.494*** (-5.308)	-2.326*** (-5.445)
GCI2	-0.813*** (-5.686)	1.889 (1.321)	1.669*** (3.886)	1.545*** (4.789)
GCI3	0.201** (1.967)	0.187** (2.510)	0.620* (1.776)	0.539* (1.661)
GCI4	-0.148* (-1.745)	-0.396*** (-4.957)	-0.302* (-1.847)	-0.088** (-2.265)

注：①其中，GCI1≤门槛阀值1，门槛阀值1＜GCI2≤门槛阀值2，门槛阀值2＜GCI3≤门槛阀值3，GCI4＞门槛阀值3。
②＊＊＊、＊＊和＊分别表示在1%、5%和10%的显著性水平上显著。
资料来源：国研网统计数据库和海关统计数据计算而得。

综合对比门槛值和门槛效应估计结果，我们还可以发现：一是发展中经济体拥有比发达经济体更长的正效应区间，因而在弱势群体就业率约束下，发展中经济体执行技术复杂度赶超策略的灵活性大于发达经济体。二是发展中经济体技术复杂度赶超的正效应阀值明显大于发达经济体，这表明发展中经济体可以执行力度更大的正向技术复杂度赶超策略，导致发展中经济体正向阀值更大的原因可能在于，一方面，发达经济体的技术水平相对较高，其进行技术复杂度赶超，可能要完成大量的原创性的工作，而发展中经济体则由于"后发优势"效应的存在，技术复杂度赶超可以借鉴发达经济体的经验，技术复杂度赶超的原创性工作相对减少，为此，发达经济体技术复杂度赶超引致型非弱势群体就业偏向远大于发展中经济体，从而使得发展中经济体的正效应阀值大于发达经济体现象的出现；另一方面，相对于发达经济体的技术复杂度赶超而言，发展中经济体的技术复杂度赶超具有更强的劳动密集型产业偏向，这在一定程度上使得发展中经济体适度技术复杂度赶超引致型竞争力提升带来的就业扩大效应大于发达经济体，从而扩大了发展中经济体的正效应阀值。三是发达经济体和发展中经济体的正向技术复杂度赶超对女性弱势群体的正效应区间均小于男性弱势群体的正效应区间，这证实正向技术复杂度赶超给女性弱势群体就业带来的冲击大于男性弱势群体，一定程度上印证了前文表6-13中描述性统计的结论。四是技术复杂度赶超值对弱势群体就业率的作用机制为三重门槛的倒"U"型，这一估计结果也印证了前文的2SLS的估计结果的准确性，另外，门槛效应模型和2SLS估计的控制变量估计系数和符号较为一致，这也在很大程度上证实了文章估计结果的稳健性和可靠性。

(2) 技术复杂度赶超对中国的弱势群体[①]就业的影响分析

基于前文技术复杂度赶超的新测度方法和发展中经济体的门槛阀值的识别结果，本节进一步分析中国技术复杂度赶超与弱势群体就业率之间的关系，图6-9报告了1998~2011年中国国家层面的技术复杂度赶超值，可知，中国技术复杂度赶超的步伐明显不同于世界整体层面，世界整体层面技术复杂度赶超值并未呈现出显著的变化，见图6-8，中国的技术复杂度赶超值在1998~2011年间呈现出明显的提升过程，制造业的技术复杂度从1998年的偏离"比较优势零值"13.1%，上升到了2011年的偏离"比较优势零值"24.4%，偏离幅度增加了86.48%。这表明，中国不仅执行了较为明显的"逆比较优势"技术复杂度赶超的战略，而且，技术复杂度赶超的程度还在不断加深。对比中国的技术复杂度赶超值和前文发展中国家的门槛阀值可以发现，2005年前（含）中国的技术复杂度赶超有助于女性弱势群体的就业，2002年前（含）中国的技术复杂度赶超有助于男性弱势群体就业，而2006年中国的技术复杂度赶超已经完全偏离技术复杂度赶超对弱势群体就业率影响的正效应区间。

考虑到中国经济具有显著的不均衡特征，东部的经济水平、技术水平和区位优势与中西部地区存在较大的差异。国家层面技术复杂度赶超与弱势群体就业之间的作用机制，未必在每个省区市都成立。因而，本节借助国研网统计数据和海关统计数据中各省区市HS码的出口数据，对中国2008年和2012年的技术复杂度赶超值进行测度，以刻画出31个省区市的技术复杂度赶超与弱势群体就业率

---

① 基于国际劳工组织对弱势群体就业率指标的解释，本书提及的弱势群体是指各国弱势群体中处于就业年龄段内的男女性成年人，主要由具有残疾、低技能或低收入甚至无收入家庭等特征的成年人构成，不包含未达就业年龄的少年儿童，也不包含超出就业年龄的退休老人。而后文的弱势群体就业率则是指处于就业年龄段内，具有残疾、低技能或低收入甚至无收入家庭等特征的成年男女就业人员分别占男女性总就业人数的比重。国际劳工组织将上述比值称为"弱势群体就业率"，本书在此处沿用该词。

之间的关系。实现国家层面研究与省级层面的有效对接，是确保省级层面判定结果可靠的关键。为此，笔者采用如下方法进行对接，省级层面测度方法、产业样本（HS 码）及技术复杂度和人均 GDP 的拟合系数均与前文一致。

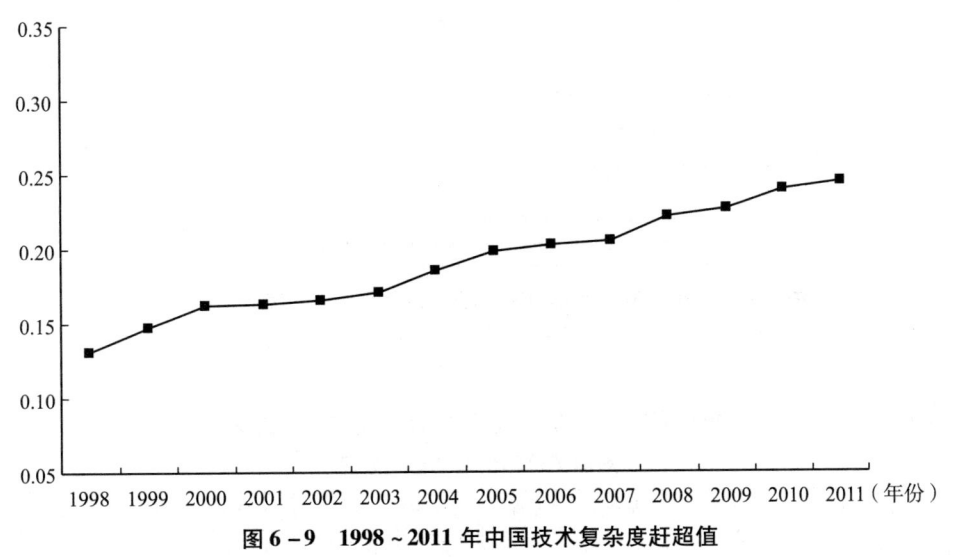

图 6-9　1998~2011 年中国技术复杂度赶超值

数据来源：根据国研网和海关统计数据计算而得。

图 6-10 报告了 2008 年和 2012 年省级区域技术复杂度赶超值的核密度分布图，与 2008 年相比，2012 年的曲线明显右移，峰值也明显提升，可见，省级层面的技术复杂度赶超幅度也在加大，平均赶超幅度有一定的提升，这与国家层面一致。表 6-23 报告了 2008 年和 2012 年 31 个省级区域技术复杂度赶超对弱势群体就业率的影响效应。可知，2008 年有 10 个省区市的技术复杂度赶超对女性弱势群体就业率的影响处于正效应作用区间内，有 12 个省区市的技术复杂度赶超对男性弱势群体就业率的影响处于正效应区间内；2012 年，则仅有 9 个省区市的技术复杂度赶超对男女性弱势群体就业率的影响处于正效应区间内，这表明，随着技术复杂度赶超值的提升，越来越多的省区市面临技术复杂度赶超与弱势群体就业难以协同并进的矛盾。另外，处于正效应区间的省区市多为欠发达省区市，如 2012 年技术复杂度赶超对男女性弱势群体就业率的影响均处于正效应区间的省区为，甘肃、贵州、内蒙古、青海、宁夏、新疆、山西、云南等，而东部发达省市的赶超系数均处于负效应区间内。这表明，中国经济发达省级区域所面临的技术复杂度赶超与弱势群体就业率协同提升的矛盾明显大于欠发达省级区域。值得一提的是，中国并未出现因负向偏离比较优势零值较远引致型负效应的省（区市）。

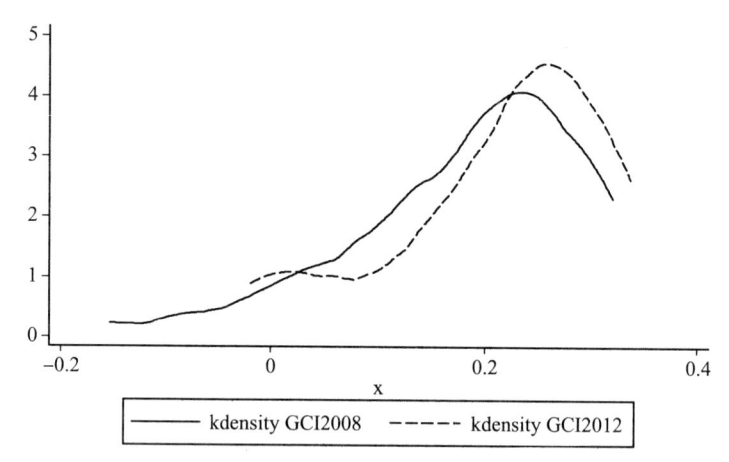

图 6-10 2008 年和 2012 年中国省级层面技术复杂度赶超值分布

资料来源：根据国研网和海关统计数据计算而得。

表 6-23　　2008 年和 2012 年 31 个省级区域技术复杂度赶超对弱势群体就业的影响效应

省区市	2008 年	2012 年	男性	女性	省区市	2008 年	2012 年	男性	女性
安徽	0.2641	0.3098	－，－	－，－	辽宁	0.2569	0.2593	－，－	－，－
北京	0.255	0.2628	－，－	－，－	内蒙古	-0.009	0.0285	＋，＋	＋，＋
福建	0.284	0.2949	－，－	－，－	宁夏	-0.016	0.0266	＋，＋	＋，＋
甘肃	0.1522	0.1659	＋，＋	＋，＋	青海	-0.153	-0.016	＋，＋	＋，＋
广东	0.2684	0.298	－，－	－，－	山东	0.2865	0.3032	－，－	－，－
广西	0.2197	0.2796	－，－	－，－	山西	0.1263	0.1438	＋，＋	＋，＋
贵州	0.0436	-0.019	＋，＋	＋，＋	陕西	0.2803	0.2731	－，－	－，－
海南	0.1992	0.2028	－，－	－，－	上海	0.2644	0.3067	－，－	－，－
河北	0.18	0.2065	－，－	－，－	四川	0.3207	0.3374	－，－	－，－
河南	0.2116	0.2261	－，－	－，－	天津	0.2197	0.2466	－，－	－，－
黑龙江	0.1069	0.1973	＋，＋	＋，＋	西藏	0.166	0.1932	＋，＋	＋，＋
湖北	0.275	0.3072	－，－	－，－	新疆	0.0664	0.1378	＋，＋	＋，＋
湖南	0.1698	0.2249	＋，＋	－，－	云南	0.0866	0.0755	＋，＋	＋，＋
吉林	0.1699	0.1758	＋，＋	－，－	浙江	0.2695	0.3022	－，－	－，－
江苏	0.3106	0.2933	－，－	－，－	重庆	0.2319	0.2667	－，－	－，－
江西	0.1654	0.2438	＋，＋	－，－	均值	0.183	0.2114	12，9*	10，9*

注：逗号前后为 2008 年和 2012 年的效应，＋、－分别代表正效应和负效应。*部分为正效应省区市个数。

资料来源：根据国研网和海关统计数据计算而得。

6.3.5 基本结论与启示

确保技术复杂度快速赶超和实现弱势群体平等就业，是中国实现经济质量提升和社会和谐发展的两大"基石"。考虑到前人（如，杨汝岱，姚洋（2008）与刘慧，陈晓华和周禄松（2014））已经就技术复杂度赶超对经济增长和能源效率等因素进行了大量而深入的探讨，上述研究可以为笔者在后文构建中国制造业技术复杂度赶超的策略提供较好的参考，本小节另辟蹊径，从社会稳定、就业公平及政府民生工程视角出发，从跨国和中国省际两个层面分析制造业产品技术赶超对弱势群体就业率的影响，以期为后文政策措施的制定提供较好的经验依据。本节在构建技术复杂度赶超新型测度方法的基础上，在纳入贸易地理优势视角下，借助149个经济体1998~2011年数据，首次对两大基石之间的关系进行了实证分析。此外，以门槛效应模型自由抽样（Bootstrap）1000次为标准，在识别出发展中经济体和发达经济体门槛阀值的基础上，以发展中经济体技术复杂度赶超门槛值与中国技术复杂度赶超值对接的形式刻画31个省级区域技术复杂度赶超对弱势群体就业率的作用机制。得到的结论与启示主要有：

一是技术复杂度赶超对弱势群体的作用机制呈现非光滑的倒"U"型。技术复杂度赶超对弱势群体就业率的影响取决于技术复杂度赶超的幅度，偏离比较优势零值较远的正向技术复杂度赶超和负向技术复杂度赶超均会抑制弱势群体就业，适度技术复杂度赶超则能有效地促进弱势群体就业。门槛效应估计结果显示，发展中经济体比发达经济体有着更长的正效应区间，其中，发达经济体技术复杂度赶超对男女弱势群体就业率具有正效应的区间为偏离比较优势零值的 -3.66% ~ 13.42% 和 7.47% ~ 13.76% ，发展中经济体技术复杂度赶超对男女性弱势群体就业率的正效应区间则分别为 -21.59% ~ 18.75% 和 -13.78% ~ 16.77% 。为此，对于经济体而言，把握好技术复杂度赶超力度，有助于其同时实现经济质量快速优化和提升弱势群体就业率的目标。这一结论还对中国和印度等强力执行技术复杂度赶超策略的国家，如何修正自身技术水平赶超发达经济体的模式与战略具有一定的启示和警示意义。

二是中国多数省区市的技术复杂度赶超值已经处于不利于弱势群体就业的负效应区间内，发达省区市面临的技术复杂度赶超与弱势群体就业难以协同并进的压力大于欠发达省区市。目前，处于技术复杂度赶超对弱势群体就业率影响正效应区间的省区市越来越少，且处于正效应区间的省区多为中西部欠发达区域，如甘肃、贵州、内蒙古、青海、宁夏、新疆、山西、云南等。对于上述省区而言，应适度加大技术复杂度赶超幅度，以促进经济质量与弱势群体就业率协同提升。

对于处于负效应区间的省区市而言，首先，应适度放缓技术复杂度赶超的步伐，处理好适宜技术与技术复杂度赶超之间的关系；其次，通过非技术复杂度赶超手段（如提高企业家的数量与质量、优化资源配置效率和释放制度红利等）和不降低弱势群体就业的手段加快经济增长步伐，以提高自身的比较优势零值，使得原本属于负效应区间的技术复杂度赶超进入正效应区间；最后，在技术复杂度赶超的同时，应加大弱势群体就业规模大的劳动密集型和"利弱"型产业（如，纺织业、服装业和箱包产业等）的关注力度，以降低技术过度赶超给弱势群体就业带来的冲击。

三是异质性贸易地理优势对弱势群体就业率的作用机制存在较大的差别。沿海地理优势不利于发展中经济体弱势群体就业，而有利于发达经济体弱势群体就业，毗邻大进口国的优势只对发达经济体的女性弱势群体就业具有显著的正效应，契约型地理优势则同时有助于发达经济体和发展中经济体的弱势群体就业。虽然，中国同时具备了上述三大地理优势，对于中国而言发挥地理优势对弱势群体就业正效应的关键在于契约型地理优势。为此，一方面，中国可加快与其他经济体建立经济一体化组织的进程，以缓解当前较为严峻的技术复杂度赶超与弱势群体就业之间的矛盾；另一方面，中国国内市场分割程度较高（朱希伟，金祥荣，2005；张杰，刘志彪和张少军，2008），这实际上有悖契约型地理优势，应逐步打破国内市场的地方性壁垒，加快国内市场一体化进程，进而从国内和国际两个层面同时促进弱势群体就业率的提升。这一结论首次阐述了贸易地理优势对弱势群体就业率的影响，丰富和发展了新经济地理学的基本观点和理论。

四是改善企业经营环境、创造更多的就业机会和提高女性社会地位，可以成为缓解发展中国家技术复杂度赶超与弱势群体就业间矛盾的重要举措，高等教育对发展中经济体弱势群体就业率的影响不明显，对发达经济体具有正效应。企业经营环境的改善能够有效地提高弱势群体就业率，而发展中经济体的企业经营环境普遍较差，可见，发展中经济体有着潜力巨大的企业经营环境红利，另外，女性的社会地位在发展中经济体也普遍不高，因而发展中经济体也存在较为显著的"女性社会地位红利"，"女性社会地位红利"越多，经济体往往拥有较多的"弱势群体社会地位红利"。为此，加快释放"企业经营环境红利"和"弱势群体地位红利"有助于发展中经济体同时实现技术复杂度赶超与弱势群体就业率提升。值得一提的是，根据联合国教科文组织的统计数据，中国2012年的高等院校毛入学率已经达到了27%，接近部分发达国家水平，即中国的高等教育逐步摆脱精英教育阶段，进入大众化教育阶段（高伟，张苏，2013）。为此，进一步提高高等院校毛入学率能在一定程度上缓解技术复杂度赶超对中国弱势群体的就业压力。

五是经济增长效率的提升和经济增长对弱势群体就业率的作用机制恰好相反，经济增长效率的影响效应为负，经济增长的影响效应为正。这表明，经济增长带来就业创造效应，有助于弱势群体就业率的提升，但经济增长效率改善所导致的失业，具有显著的弱势群体偏向性。本节的经济效率采用单位石油的 GDP 产出表示，为此，对于处于经济转型关键时期的中国而言，当前大力推行的碳减排和能源效率提升计划，可能会对弱势群体就业产生一定挑战，不利于经济发展方式健康和谐转变。值得庆幸的是，通过提升经济发展水平能有效地提高弱势群体就业率，为此，可以通过"以总量补效率"的形式，淡化当前中国能源效率持续提升给弱势群体就业带来的负向影响，使得中国在追求经济增长效率提升方面不至于放缓原有步伐。

6.4 外需疲软背景下制造业技术复杂度升级对劳动力价格扭曲的影响效应

6.4.1 已有研究简评与本节的改进

在过去的 30 多年中，得益于"对内改革"与"对外开放"相结合政策的成功运用，中国经济与出口贸易迅速发展，经济总量从 1978 年的 3645.2 亿元上升到了 2014 年的 63.6 万亿元，出口总量则从 1978 年的 97.5 亿美元上升到了 2014 年的 14.39 万亿元，经济与贸易领域的不俗表现缔造了为经济学界所津津乐道的中国经济奇迹。然而，在中国经济奇迹的背后，一些非均衡现象依然存在（陈永伟，胡伟民，2011；罗德明等，2012），如中国的要素市场改革进程与经济增长并未均衡同步，前者明显滞后于后者（张杰等，2011），这种非均衡导致中国呈现出显著的劳动力要素错配和价格扭曲，进而逐步演变成阻碍中国经济长期可持续增长的重要约束（袁志刚，解栋栋，2011）。

在经济增长和强劲外需的作用背景下，中国劳动力价格扭曲有着进一步加剧的趋势（施炳展，冼国明，2012）。然而，经济增速放缓似乎成为当前中国经济的新常态，曾经拥有强劲外需的中国制造业也不得不面对令人头疼的外需疲软难题。[①] 在外需疲软的新背景下，学界和政府均提出了加快转变经济增长方式的应

[①] 海关总署最新统计数据显示，虽然 2014 年总出口高达 14.39 万亿元，但增长率仅为 4.9%，明显低于改革开放以来出口平均增速，2014 年 2 月、3 月和 2015 年 3 月的出口额甚至出现同比下降 18.1%、6.6% 和 14.6% 的情况，外需疲软成为了笼罩在中国出口企业头上挥之不去的阴云（陈晓华，刘慧，2015）。

对战略,而实现企业技术复杂度升级是实现上述战略的核心内容与根本途径(陈晓华,刘慧,2015a)。为此,大量中国企业展开了以生产技术革新为代表的生产方式转变计划(桑瑞聪,刘志彪,2013),如东部的"腾笼换鸟"和中西部的"筑巢引凤"措施。由此,我们自然会产生一个疑问,这种以外需疲软和企业技术复杂度升级为代表的新形势会对中国劳动力价格扭曲产生什么样的影响呢?是否会在一定程度上加剧中国劳动力价格扭曲呢?降低劳动力价格扭曲是降低中国资源错配损耗(袁志刚,解栋栋,2011)和提高全要素生产率(罗德明等,2012;毛其淋,2013)的重要手段,为此,研究这一问题对中国制定经济增长质量提升、走出外需疲软和实现技术赶超发达国家等方面的政策均具有较高的参考价值。那么,已有文献是如何阐述外需疲软及技术复杂度升级对劳动力价格扭曲作用机制的呢?综合三个领域的已有研究,可以发现其具有如下特征:

一是新新贸易理论在出口自选择效应和生产率悖论领域的争论,激发了部分学者从要素价格扭曲视角研究企业的出口决策机制。如,施炳展和冼国明(2012)、张杰等(2011b)和耿伟(2013)等研究发现,要素价格扭曲是中国企业出口决策的重要推动力;令人遗憾的是,鲜有文献进行反向研究,仅有宋结焱和施炳展(2015)基于企业异质性理论的基本原理刻画了出口对要素价格扭曲的影响。由于外需疲软是金融危机后出现的新生事物,目前尚无文献探索其对劳动力价格扭曲的影响,但能从企业异质性理论中推导出相应的作用机制。根据梅里兹(Melitz,2003)等的观点,出口在位者须克服一定的进入门槛才能进入国际市场(赵伟,赵金亮,2010),外需疲软势必提高企业的进入门槛,进而挤出部分出口在位者。当被挤出者决定不断地改善自身的资源配资效率(即降低要素价格扭曲),以使得自身的TFP达到新进门槛值时,剩余在位者为了持续从疲软的国际需求中获得订单,也会不断地降低自身资源错配程度,以提高TFP,此时在出口在位者和被挤出者的共同竞争下,劳动力价格扭曲程度会呈现出一定的下降趋势;一旦被挤出者无意再介入出口市场,而更专注于国内市场时,剩余在位者面临来自被挤出者的竞争压力相对较小,此时外需疲软对劳力价格扭曲的影响甚微;当被挤出者能以更低配置效率立足于国内市场时,外需疲软甚至会加剧劳动力要素价格扭曲。

二是虽然技术革新和劳动力价格扭曲都是当前学界研究的热点,但两者的交叉研究并不多见,仅有的研究主要关注要素价格扭曲对技术革新的影响,后者对前者影响的研究则寥寥无几。如张杰等(2011)和查德胡利(Chaudhuri,2005)就要素价格扭曲对技术革新的影响进行检验后均发现,要素价格扭曲会阻碍或延缓技术革新。值得一提的是,技术复杂度升级对劳动要素价格扭曲的作用机制,也能从要素价格扭曲的已有研究和异质性理论的基本观点中推导得到。制造企业的技术复杂度升级不仅会提高劳动力的边际产出与工资（董直庆等，2014），还会提高资本的边际产出、资本报酬和利润规模（姚毓春等，2014），[①] 结合黄先海和徐圣（2009）构建的理论分析框架可知，技术复杂度升级对劳动力价格扭曲的作用机制取决于企业的决策偏好。当企业决策偏好于激励劳动力因素时，其会将资本报酬或利润的部分增幅挪为劳动力工资，使得劳动力工资增幅大于劳动力边际产出的增幅，进而改善劳动要素价格扭曲；当企业决策偏好于激励非劳动力因素（如，激励资本、再投资、引进新技术和超额利润等）时，企业会将部分工资增幅挪给非劳动因素，使得工资涨幅低于边际产出增幅，进而加剧劳动力价格扭曲。

已有研究不仅为我们理解外需疲软、技术复杂度升级对劳动力市场要素扭曲的作用机制提供了丰富而深刻的经验证据，还道出了三个领域研究的一个重要缺憾，虽然外需疲软、技术革新和劳动力价格扭曲是当前经济研究领域的热点，目前并无学者深入分析前两者对后者的作用机制。外需疲软是近几年中国出口领域遭遇的新特征，为此，以往未考虑该特征的研究结论，对中国制定治理劳动力价格扭曲方面政策的参考价值相对有限。此外，企业既是外需疲软与劳动力价格扭曲的微观承受者，也是技术复杂度升级的微观执行者，目前基于企业层面的外需疲软、技术复杂度升级和劳动力价格扭曲的经验研究也相对缺乏。为此，本节以企业异质性理论的最新研究结论和方法为出发点，基于何塞和柯来诺（Hsieh, Klenow, 2009）的已有研究，在考虑投入要素不可观测性和内生性的基础上，构建劳动力价格扭曲的新型测度方法，在测度出中国企业层面的劳动力价格扭曲的基础上，通过修正林毅夫（2002）和康志勇（2013）的方法，构建识别行业内企业技术水平高低的工具，在判定 2000~2007 年中国制造企业技术水平后，从技术水平高中低三个层面和内外资两个视角，首次就外需疲软和技术复杂度升级对劳动力价格扭曲的影响机制进行经验分析。

6.4.2　中国制造业劳动力价格扭曲的测度与特征分析

（1）劳动力价格扭曲的识别方法构建与测度

本小节基于前文测度要素价格扭曲的数据进行研究，科学测度方法是有效识

[①] 技术进步还会对劳动力需求产生一定影响，技术进步往往具有劳动力节约型特征（黄先海，徐圣，2009），进而使得企业决策者降低劳动力雇佣数量，而这一影响劳动力需求的行为最终会表现为劳动力边际产出的变动。为此，本书从边际产出与工资视角进行分析，实际上包含了技术革新的劳动力节约特征。

别劳动力价格扭曲程度的关键所在,目前衡量劳动力价格扭曲的主流方法有三类:第一类是基于宏观层面产品市场化指数和要素市场化指数测度要素价格扭曲,如张杰等(2011)和毛其淋(2013);第二类是基于宏观投入产出,借助类似全要素生产率的测度方法衡量劳动力价格扭曲,如盖庆恩等(2013)与史晋川和赵自芳(2007)等;第三类则是基于异质性企业层面统计数据,借助新新贸易理论的方法测度劳动力价格扭曲,如何塞和柯来诺(Hsieh, Klenow, 2009)、施炳展和冼国明(2012)和耿伟(2013)。微观企业是劳动力价格扭曲的微观接受者,且本节所采用的数据为企业层面数据。为此,第三类方法比较符合我们的研究需要。借鉴何塞和柯来诺(Hsieh, Klenow, 2009)与施炳展和冼国明(2012)的研究,构建如下 C-D 函数:

$$Y = AL^\alpha K^\beta \qquad (6-9)$$

其中,Y 为产出,文中以企业工业增加值表示,K 为企业资本投入,L 为劳动投入,此时,该企业劳动力的边际产出可以表示为:

$$MP_l = A\alpha L^{\alpha-1} K^\beta = \alpha Y/L \qquad (6-10)$$

根据何塞和柯来诺(Hsieh, Klenow, 2009)、施炳展和冼国明(2012)、盖庆恩等(2013)与史晋川和赵自芳(2007)等学者的基本思路,企业层面的劳动力价格扭曲可以用劳动力边际产出与劳动力实际报酬之比表示:

$$DL = MP_l/w \qquad (6-11)$$

其中,DL 为劳动力价格扭曲程度,w 为劳动力报酬,文中用工资表示。为此,基于企业层面数据测度劳动力价格扭曲的关键在于,测度出弹性系数 α。传统的 OLS 方法无法克服投入变量和产出变量间的内生性,而基于微观企业数据的半参数法能够有效地消除内生性(Levinsohn, Petrin, 2003)。为此,笔者采用半参数的方式来测度弹性系数 α,先对式(6-9)求对数,并将其拓展为计量估计方程的形式,可得:

$$\ln Y = \ln A + \alpha \ln L_t + \beta \ln K_t + \omega_t + \varepsilon_t = \alpha \ln L_t + \phi_t(K_t, \omega_t) + \varepsilon_t \qquad (6-12)$$

其中,$\phi_t(K_t, \omega_t) = \ln A + \beta \ln K_t + \omega_t$,$\varepsilon_t$ 为残差,ω_t 为状态参数(state variable),用于表示那些不可观测因素的影响。进一步,将 $\phi_t(K_t, \omega_t)$ 以 K_t 和 ω_t 的三阶多项式表示,则式(6-12)可以表示为:

$$\ln Y = \delta_0 + \alpha \ln L_t + \sum_{i=0}^{3} \sum_{j=0}^{3-i} \delta_{ij} K_t^i \omega_t^j + \varepsilon_t \qquad (6-13)$$

对式(6-13)进行回归,可以得到 α 及 δ 等变量的估计值,式(6-13)回归的关键在于,需有效的代理变量来识别不可观测的 ω。我们不仅采用了列文肖恩和皮特伦(Levinsohn, Petrin, 2003)建议的企业中间投入变量,还进一步纳入企业财务及管理方面的费用作为识别 ω 的代理变量。运用上述方法,我们测度了 2000~2007 年中国企业层面的劳动力价格扭曲程度，为了进一步提高估计结果的准确性，本节基于张琼（2010）关于正态分布的非线性研究结论，剔除了劳动力价格扭曲程度小于 0.05 和大于 20 的样本，进而以剩余样本中 2000~2007 年间持续经营的企业为研究对象。

图 6-11 报告了 2000~2007 年中国制造业企业劳动力价格扭曲的核密度分布情况，可知，中国劳动力价格扭曲服从较为明显的正态分布，比较符合大数据的分布规律。另外，历年的核密度曲线有略微右移的倾向，这表明，中国的劳动力价格扭曲有一定的加剧倾向。

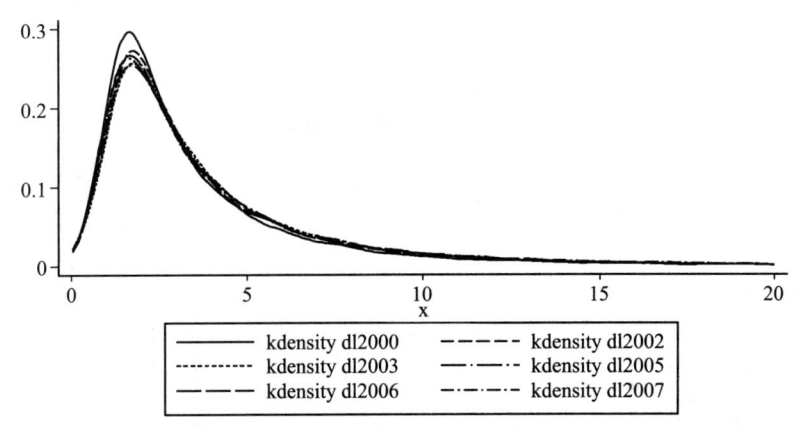

图 6-11　2000~2007 年中国制造业劳动力价格扭曲的核密度分布

资料来源：根据中国工业企业统计数据计算而得。

（2）生产技术高低与劳动力价格扭曲

本节从企业生产技术水平视角，考察内外资企业的劳动力价格扭曲程度。借鉴林毅夫（2002）与康志勇（2013）的研究，本节以比较优势零值的形式识别企业的技术水平。林毅夫（2002）与康志勇（2013）认为，要素禀赋决定了企业的最适宜技术水平，企业的最适宜生产技术可以表示为：①

$$TCI^* = (K_i/L_i)^*/(K/L) \tag{6-14}$$

其中，TCI^* 为完全符合比较优势状态下的生产技术，K_i、L_i、K 和 L 分别表示企业和全国层面的资本与劳动力，此时，企业的实际生产技术为：

$$TCI_i = (K_i/L_i)/(K/L) \tag{6-15}$$

当 $TCI > TCI^*$ 时，表明该企业的生产技术水平较高，其实际生产技术偏高于

---

① 通过回归可以得到 TCI^*，具体推导和计算方法，参照林毅夫（2002）和康志勇（2013）的研究。

顺比较优势状态下的适宜技术（康志勇，2013）。比林毅夫（2002）与康志勇（2013）更进一步的是，在核算 TCI 和 TCI^* 时，本节参照陈晓华和刘慧（2014）的研究，以具体行业层面的劳动力与资本总量替代式（6-14）和式（6-15）中国家层面的相应变量。① 此外，由于微观企业劳动力流动性较强，企业的技术水平极易出现偏离自身比较优势的状况，本节采用 TCI^* 和 $3TCI^*$ 相结合的方式作为衡量企业技术水平高低的标准。当 $TCI_i < TCI^*$ 时，企业被认定为低技术企业；当 $TCI^* < TCI_i < 3TCI^*$ 时，企业被认定为中技术企业；当 $TCI_i > 3TCI^*$ 时，企业被认定为高技术企业。基于上述方法和前文劳动力价格扭曲的估计结果，本节测算了 2000~2007 年不同技术水平企业的劳动力价格扭曲情况，见表 6-24。

表 6-24　　　　不同技术水平内外资企业的劳动力价格扭曲程度均值

年份	低技术企业 内资	低技术企业 外资	中技术企业 内资	中技术企业 外资	高技术企业 内资	高技术企业 外资
2000	3.245	3.147	3.584	3.727	4.325	5.148
2001	3.327	3.089	3.69	3.737	4.419	5.057
2002	3.422	3.093	3.879	3.788	4.451	4.977
2003	3.618	3.144	4.02	3.832	4.915	4.807
2005	3.553	2.992	4.067	3.808	4.928	4.856
2006	3.597	2.865	4.079	3.746	4.783	4.584
2007	3.597	2.933	4.026	3.674	4.648	4.559
均值	3.48	3.038	3.906	3.759	4.638	4.855
增幅（%）	10.85	-6.8	12.33	-1.42	7.468	-11.4

数据来源：根据中国工业企业统计数据计算而得。

综合分析表 6-24 中不同技术水平内外资企业劳动力价格扭曲程度的均值，可以有如下发现，首先，技术水平越高的企业劳动力价格扭曲程度越高，高技术企业内外资劳动力价格扭曲历年均值分别为 4.638 和 4.855，中技术企业为 3.906 和 3.759，低技术企业为 3.48 和 3.038。导致技术水平越高企业劳动力价格扭曲程度越高的原因可能在于，技术水平越高的企业为了保证自身的竞争优势，用于激励研发、技术引进和吸引新投资（提高资本回报率）等非劳动因素的

---

① 这种替代的优势和替代的过程，参见陈晓华和刘慧（2014）一文的具体解释。

资金越多,进而挤占劳动力工资增幅的份额越多,使得工资的增幅小于边际产出的增幅,最终加剧劳动力价格扭曲;另外,中国劳动力供需市场还呈现出两大特征:一是中低技术制造企业虽对工人的技能和熟练程度要求相对较低,但数量需求相对较大,近些年人口红利的逐渐消失使得用工荒与招工难成为困扰中低技术企业的难题,企业为了赢得更多员工的加盟,不得不提高员工的实际工资;二是20世纪90年代后期的大学扩招为高技术企业提供了大量的高技能熟练劳动力,使得高技术企业能够以相对廉价的工资获得熟练劳动力。上述两个特征的合力也在很大程度上导致了技术水平越高,企业劳动力价格扭曲程度越高现象的出现;其次,在中低技术企业中,内资的劳动力价格扭曲程度明显高于外资,而2003年后,高技术企业内资的劳动力价格扭曲也明显高于外资,这在一定程度上表明,对于劳动者而言,在外资企业就业工资的平均性价比略高于内资;最后,内资企业的劳动力价格扭曲程度有进一步加剧的趋势,而外资企业的劳动力价格扭曲程度则有缓解的趋势,2000~2007年,高中低技术企业内资的劳动力价格扭曲程度分别提高了7.468%、12.33%和10.85%,外资企业则相应降低了11.4%、1.42%和6.8%。

(3) 外需疲软与劳动力价格扭曲

外需疲软是金融危机后出现的新特征,目前,企业外需疲软并无统一的识别方法,笔者借鉴陈晓华和刘慧(2014a)的研究,采用如下识别方法,当企业当年出口额少于2000年至前一年中任何一年出口额的90%时,认定企业当年有外需疲软,否则无外需疲软。表6-25报告了2001~2007年间中国制造业劳动力价格扭曲与外需疲软的关系。可知,内外资劳动力价格扭曲的发展趋势和均值与表6-24相似,有外需疲软约束企业的劳动力价格扭曲程度明显小于无外需疲软约束的企业,这一定程度上表明,外需疲软可以缓解中国制造业劳动力价格扭曲。结合前文的机理可以推定,中国企业均非常重视出口市场,一旦外需呈现疲软时,出口在位者和被挤出者均以不断优化自身配置效率的形式提升TFP,以期再次介入国际市场,进而使得外需疲软倒逼中国企业降低劳动力价格扭曲程度。导致这一现象出现的原因可能还在于,中国多数制造业具有显著的产能过剩特征,在外需疲软情况下,内需无法完全消化被挤出者的原有产能,从而使得被挤出者和在位者不得不竞相改善配置效率,以获得国际订单并最终消化自身产能过剩的压力。

表 6-25　　　　　　　　外需疲软与劳动力价格扭曲程度均值

年份	无外需疲软 内资	无外需疲软 外资	有外需疲软 内资	有外需疲软 外资	二者之差 内资	二者之差 外资
2001	3.561	3.779	2.976	3.059	-0.585	-0.72
2002	3.678	3.749	3.155	3.175	-0.523	-0.574
2003	3.9	3.79	3.298	3.137	-0.602	-0.653
2005	3.865	3.605	3.324	3.014	-0.541	-0.591
2006	3.999	3.708	3.228	2.806	-0.771	-0.902
2007	3.943	3.696	3.526	2.964	-0.417	-0.732
均值	3.824	3.721	3.251	3.026	—	—
增幅（%）	10.73	-2.2	18.48	-3.11	—	—

注：由于以2000年作为核算外需疲软的起始年份，无法核算2000年的外需疲软情况，故表6-25仅报告2001~2007年外需疲软与劳动力价格扭曲的关系。
数据来源：根据中国工业企业统计数据计算而得。

6.4.3　模型的设定与变量的选择

(1) 模型的设定

本节的主要目的是揭示外需疲软和技术革新对劳动力价格扭曲的作用机制，为此，被解释变量为异质性企业层面的劳动力价格扭曲（DL），解释变量为外需疲软（WXPR）和技术革新（TCI）。其中，被解释变量根据前文适当修正后的LP法测算而得，外需疲软以虚拟变量的形式表示，即当企业具有外需疲软时，WXPR为1，否则为0；技术革新则以企业实际技术选择TCI表示。为避免解释变量与被解释变量共时性所引致的估计偏误，笔者借鉴赵伟和赵金亮（2011）与包群和邵敏（2010）的研究，以所有解释变量和控制变量的滞后一期进行计量分析。此外，笔者还纳入了刻画企业异质性特征的所有制、行业、所属省区市和年份作为控制变量，回归中以虚拟变量形式存在。为此，本节构建如下计量方程：

$$DL_{it} = \alpha_0 + \alpha_1 WXPR_{it-1} + \alpha_2 TCI_{it-1} + \beta_m X_{it-1}^m + \sum type_j \\ + \sum region_j + \sum ind_j + \sum year_j + \varepsilon_t \quad (6-16)$$

其中，X为控制变量，$type$为所有制虚拟变量，$region$为省区市虚拟变量，

ind 为所属产业虚拟变量，$year$ 为年份虚拟变量。① 考虑到被解释变量与解释变量或控制变量可能存在内生性，进而影响估计结果的可靠性，本节采用 2SLS 估计法进行回归，并借鉴钱学锋和陈勇兵（2009）的研究以各变量的一阶滞后项作为工具变量。另外，为了进一步考察企业在外需疲软条件下，进行技术革新对劳动力价格扭曲的影响，笔者进一步构建如下回归方程：

$$DL_{it} = \alpha_0 + \alpha_3 WXPR_{it-1} \times TCI_{it-1} + \beta_m X_{it-1}^m + \sum type_j \\ + \sum region_j + \sum ind_j + \sum year_j + \varepsilon_t \quad (6-17)$$

（2）控制变量的选择

本节选取了既能反映企业异质性特征，又可能会对企业劳动力价格扭曲产生影响的因素作为控制变量，以提高估计结果的科学性。具体有：（1）企业规模（$SCALE$）。企业规模和企业生产率被誉为衡量企业异质性的核心指标（赵伟，赵金亮，2011），考虑到企业全要素生产率可能与 TCI 具有较为显著的相关性，此处选择企业规模作为控制变量，企业规模越大获得规模经济的可能性越大，从而会对劳动力的边际产出和价格扭曲产生影响，回归中以企业工业增加值的自然对数表示。（2）融资约束（$RZYS$）。融资能力的高低会对企业资本/劳动值产生影响，融资约束较大的企业很难进一步提升企业的资本/劳动值，进而对劳动力的边际产出和工资产生影响。借鉴阳佳余（2012）的研究，此处以企业流动性比率（$Liquidity\ Ratio$）表示，即企业流动资产与流动负债之比；（3）投入产出效率（MID），该变量刻画了异质性企业资源利用能力和效率，是企业盈利能力的集中体现，也会对企业支付员工实际报酬的能力产生深远影响，文中以（工业增加值/中间投入 +1）的自然对数表示。（4）政府补贴（SUB）。该变量主要用于刻画政府的优惠政策和扶持政策对异质性企业所面临的劳动力价格扭曲的影响，此处以虚拟变量表示，企业当年未获得补贴时，SUB 为 0，否则为 1；（5）企业年龄（AGE）。企业年龄既是企业市场经验和生存能力的集中体现，也是企业要素配置能力和产品被市场认可的体现，后者则可能会对企业的工资和劳动力的边际产出产生影响，考虑到年龄对企业的决策容易表现出一定的非线性特征（赵伟，赵金亮，2011），文中加入了企业年龄的平方项 $AGE2$，年龄以企业实际年龄自然对数的形式进入回归方程。

---

① 回归中，虚拟变量由 $stata$ 命令 xi 自动生成，生成标准如下：ind 由国民经济统计标准中的二位码产业统计标准产生，$type$ 由三位码的企业所有制类型生成，$region$ 和 $year$ 则由企业所属省区市和经营年份生成。

(3) 变量相关性分析

考虑到本节选取的企业层面控制变量和解释变量较多，一旦这些变量间存在较高的相关性，会使得实证结果中包含严重的多重共线性，进而影响估计结果的可靠性。为避免这一有偏现象的出现，笔者先对本节所涉及的变量进行相关性检验，表6-26报告了内资制造业和外资制造业各变量的Spearman检验的相关系数矩阵。可知，控制变量和解释变量间的相关系数较小，即回归时，变量间可能存在的多重共线性对估计结果的影响几乎可以忽略。

表6-26　　　　　　　各变量的Spearman相关性检验结果

系数	DL	WXPR	TCI	SCALE	RZYS	MID	SUB	AGE
DL	1.0000	-0.1203	0.2501	0.4298	0.0292	0.2942	0.0576	-0.0661
WXPR	-0.0651	1.0000	0.0182	-0.0341	0.0544	-0.0093	-0.0093	-0.0261
TCI	0.1493	0.0265	1.0000	0.3022	-0.1026	0.0133	0.0931	-0.0421
SCALE	0.3816	0.0360	0.2269	1.0000	-0.0013	0.2743	0.1520	0.1031
RZYS	0.1166	-0.0215	-0.1867	0.0157	1.0000	0.0866	-0.0245	-0.0374
MID	0.2111	-0.0307	-0.0286	0.2749	0.0675	1.0000	-0.012	0.0416
SUB	-0.0004	0.0322	0.1329	0.1663	0.0137	-0.0201	1.0000	0.0358
AGE	-0.1704	-0.0092	0.0377	0.1341	-0.0462	0.1518	0.0413	1.0000

注：左下和右上分别为内外资制造业各变量的相关性检验结果。
数据来源：根据中国工业企业统计数据计算而得。

6.4.4　计量结果与分析

本节首先从内外资层面就不同技术水平企业的外需疲软和技术革新对劳动力价格扭曲的影响进行实证检验，① 为确保2SLS检验结果的可靠性，本节中进一步引入LM检验对方程工具变量进行弱势识别检验，表6-27和表6-28分别报告了内资和外资的估计结果。可知，所有估计方程的LM统计变量均在1%显著性水平上拒绝了工具变量存在不足识别的原假设，F检验也表明方程整体是显著的，即表6-27和表6-28的估计结果是可靠的。

---

① 内资企业代码分别为110、120、170、171、172、173和174，其中，110和120分别为国有和集体所有制企业，其余为私营企业；外资企业代码为200、210、220、230、240、300、310、320、330和340，其中，2系列的为港澳台独资企业或合资企业，3系列为港澳台以外的外商独资企业或合资企业。回归软件为stata13.0。

高中低技术水平内资企业的外需疲软变量的估计结果均显著为负,可见,外需疲软有助于缓解内资企业的劳动力价格扭曲,这一估计结论不仅印证了前文表6-25的描述性统计分析结果(外需疲软倒逼中国企业降低劳动力价格扭曲),还与宋结焱和施炳展(2015)的研究结论不谋而合。① 外需疲软的这一负向影响效应在中低技术水平的外资企业中也得到了印证,值得一提的是,外需疲软缓解劳动力价格扭曲的现象并未在高技术外资企业中出现。导致这一现象出现的原因可能在于,中国每年需进口大量的高技术产品,因而高技术行业所遭遇的产能过剩压力小于其他制造业,而高技术外资企业往往是中国技术水平最高的企业,其产品的技术含量远高于其他类型企业。为此,在外需疲软条件下,外资高技术制造企业从出口市场被挤出后,其可以借助出口转内销战略消化其原出口产能(国家层面表现为进口替代),从而使得高技术外资企业可以在不改变要素价格扭曲条件下,继续保持原有产能,进而使得外需疲软对高技术外资企业劳动力价格扭曲的影响不显著。上述回归结果还刻画出如下事实,内资高技术企业产品的技术水平远低于外资高技术水平企业,从而使得内需对高技术内资被挤出者的原出口产能消化能力极为有限。

表6-27　　　　　　　　　内资企业的估计结果

系数	低技术企业		中技术企业		高技术企业	
L. WXPR	-0.517*** (-4.15)	—	-0.470*** (-3.22)	—	-0.641** (-2.52)	—
L. TCI	0.0526** (2.28)	—	0.227* (1.93)	—	0.112** (2.02)	—
L. SCALE	1.230*** (13.13)	1.284*** (13.36)	0.869*** (7.66)	0.879*** (7.89)	0.930*** (4.76)	1.002*** (5.11)
L. RZYS	0.002 (0.06)	0.001 (0.05)	-0.00004 (-0.42)	-0.00004 (-0.37)	0.028 (0.82)	0.028 (0.82)
L. MID	-0.754*** (-7.07)	-0.788*** (-7.29)	-0.0878 (-0.59)	-0.100 (-0.68)	-0.110 (-0.41)	-0.151 (-0.56)
L. SUB	-0.337** (-2.01)	-0.341** (-2.03)	0.0834 (0.42)	0.0916 (0.46)	0.130** (2.31)	0.120** (2.28)
L. AGE	2.615** (2.04)	2.464* (1.93)	3.028 (1.58)	2.837 (1.48)	2.874 (0.83)	3.140 (0.91)
L. AGE2	-0.667** (-2.42)	-0.634** (-2.31)	-0.778** (-2.18)	-0.742** (-2.09)	-0.784 (-1.17)	-0.851 (-1.28)

① 宋结焱,施炳展(2015)基于企业异质性层面的实证结果显示:出口扩大会加剧要素价格扭曲。

续表

系数	低技术企业		中技术企业		高技术企业	
L. WXPR × TCI	—	-0.504 (-0.79)	—	-0.353 (-0.83)	—	-0.191 (-1.45)
C	-9.741*** (-6.13)	-10.11*** (-6.23)	-6.281* (-2.57)	-5.970* (-2.43)	-6.053 (-1.26)	-6.714 (-1.40)
region	Y	Y	Y	Y	Y	Y
type	Y	Y	Y	Y	Y	Y
year	Y	Y	Y	Y	Y	Y
ind	Y	Y	Y	Y	Y	Y
N	12791	12791	7745	7745	2330	2330
LM 检验	0.000	0.000	0.000	0.000	0.000	0.000
R2	0.1571	0.1567	0.0615	0.0611	0.0641	0.0636

注：①Y 表示控制了该虚拟变量，以下同。
②***、** 和 * 分别表示在 1%、5% 和 10% 的显著性水平上显著。
数据来源：根据中国工业企业统计数据计算而得。

表 6-28　　　　　　　　外资企业的估计结果

系数	低技术企业		中技术企业		高技术企业	
L. WXPR	-1.096** (-2.00)	—	-0.357*** (-2.58)	—	0.0853 (0.40)	—
L. TCI	-0.016 (-0.05)	—	0.053** (2.00)	—	0.076**** (2.39)	—
L. SCALE	-0.0568 (-0.27)	0.288 (0.93)	0.113 (1.19)	0.195** (2.06)	0.190 (1.36)	0.136 (1.08)
L. RZYS	-0.010 (-0.30)	-0.011 (-0.33)	0.001 (1.15)	0.001 (1.12)	-0.00001 (-0.81)	-0.00001 (-0.79)
L. MID	-0.142 (-0.48)	-0.405 (-0.83)	0.195 (1.57)	0.141 (1.17)	0.240 (1.35)	0.306 (1.80)
L. SUB	-0.279* (-1.69)	-0.365* (-1.87)	0.0868 (0.43)	0.0935 (0.46)	0.669** (2.03)	0.670** (2.07)
L. AGE	-65.10 (-0.91)	-64.75 (-0.93)	1.322 (0.15)	1.900 (0.22)	-9.325 (-1.21)	-8.787 (-1.17)
L. AGE2	16.20 (0.89)	16.10 (0.92)	-0.601 (-0.28)	-0.756 (-0.36)	1.683 (0.91)	1.581 (0.88)
L. WXPR × TCI	—	-0.120 (-0.54)	—	-0.0824 (-1.66)	—	0.0288 (1.17)

续表

系数	低技术企业		中技术企业		高技术企业	
C	64.68 (0.96)	60.68 (0.99)	2.845 (0.32)	1.382 (0.16)	15.00* (1.77)	14.68* (1.80)
region	Y	Y	Y	Y	Y	Y
type	Y	Y	Y	Y	Y	Y
year	Y	Y	Y	Y	Y	Y
ind	Y	Y	Y	Y	Y	Y
N	6687	6687	5757	5757	3354	3354
LM 检验	0.000	0.000	0.000	0.000	0.000	0.000
R2	0.0660	0.0619	0.0568	0.0567	0.0636	0.0617

注：***、**和*分别表示在1%、5%和10%的显著性水平上显著。
资料来源：根据中国工业企业统计数据计算而得。

技术革新在内资三类技术水平企业和中高技术外资企业的回归结果中均显著为正，可见，这五类企业在技术复杂度升级后偏向于激励非劳动因素，使得边际产出的增幅大于劳动力工资的增幅，进而加剧企业的劳动力价格扭曲。劳动力价格扭曲程度的加深，不仅使得企业和宏观经济生产过程中要素错配程度加剧，不利于技术升级后企业生产效率的进一步提升，还会对劳动者工作的积极性和效率产生冲击。为此，企业在进行技术革新时，需适度权衡其对劳动力价格扭曲和要素错配的影响。对比同水平内外资企业技术革新变量的估计结果，我们会发现，内资企业技术革新的估计系数明显大于外资企业。这在一定程度上表明，内资企业技术革新引致型劳动力价格扭曲略大于外资企业。导致这一现象出现的原因可能在于，外资的技术革新多源于国外母公司的技术转移，而内资公司的技术革新则源于技术研发和引进。由于内资公司因研发能力有限，国外技术输出方不愿意低价出售技术给内资竞争对手等原因，内资企业研发和引进技术的成本往往高于外资企业。而更高的成本往往会"侵占"劳动力更多的工资，从而使得技术革新对内资企业劳动力价格扭曲加剧程度大于外资企业。对于低技术外资企业而言，其获得技术的成本不仅低于内资，还远低于中高技术的外资企业，为此，相对其他企业而言，其技术革新对劳动工资"侵占"的份额最少，进而在一定程度上导致了技术革新对低技术外资企业劳动力价格扭曲作用不显著现象的出现。

外需疲软和技术革新的交互项在内外资企业的估计结果中有正有负，但均未通过10%的显著性检验，即交互项对劳动力价格扭曲的作用力并不显著。可见，在企业面临外需疲软的情况下，进行技术革新并不会加剧企业的劳动力价格扭曲。这表明，外需疲软对技术革新加剧劳动力价格扭曲的功能具有一定的抵销作用，其有效地降低了技术革新对劳动力价格扭曲的不利影响。为此，从不加剧要素错配视角而言，企业面临外需疲软的条件下，采取技术革新策略是明智之举，该策略不仅有助于提高企业的生产技术水平，还可以避免"技术革新加剧劳动力价格扭曲"现象的出现。综合内外资企业控制变量的估计结果，可以得到如下结论：

首先，内资企业规模扩大会加剧劳动力价格扭曲，而规模扩大对外资企业劳动力价格扭曲的作用力并不明显，仅在中技术企业的交叉项回归结果中表现出显著的加剧效应。这表明，内资企业的规模扩大会给企业发展带来显著的规模经济效应，进而提高员工的边际产出，但这种规模效应带来的边际产出增幅大于工资的增幅，进而加剧劳动力价格扭曲。而导致规模效应在外资中不显著的原因可能在于，国内外资企业仅仅是国外跨国公司全球布局的一个分支，规模经济效应往往通过其全球生产网络布局实现，而并非仅仅通过投资于中国单个企业实现。为此，位于中国的生产个体规模变动对其整体规模经济效应的影响相对有限，从而使得规模扩大对外资劳动力价格扭曲的影响力不显著。企业规模的实证结论还折射出如下启示，在多品种、小批量特色订单逐渐风靡全球的今天，继续依靠规模经济取胜的中国本土制造业，可能会遭遇国际订单、生产效率和劳动力工资三重下降的窘境。

其次，投入产出效率的提升仅会缓解低技术内资企业的劳动力价格扭曲，对其他类型企业要素价格扭曲的影响机制并不明显。在生产技术一定的条件下，投入产出效率的提升往往意味着配置效率的改善，其会同时提高劳动者的边际产出和工资，上述回归结果表明，投入产出效率的改善给低技术内资企业带来的工资增长幅度大于边际产出增长幅度，而对于其他企业而言，投入产出效率的提升给工资和边际产出带来的增长幅度较为接近。另外，企业年龄仅在中低技术内资企业中表现出显著的倒"U"型关系，年龄较短和较长的中低技术内资企业在工资上的支出大于普通的中低技术内资企业。对于其他类型企业而言，企业年龄对劳动力价格扭曲的作用机制并不显著。

最后，补贴虽能够缓解低技术内外资企业的劳动力价格扭曲，却会加剧高技术内外资企业的劳动力价格扭曲，对中技术内外资企业的作用并不显著。劳动力价格扭曲加剧不仅会加剧要素错配和资源浪费（罗德明等，2012），还会抑制企业的R&D决策和投入（张杰等，2011），不利于企业的技术创新和技术升级，可见，中国的补贴有助于低技术企业的技术革新，不利于高技术企业的技术革新。然而，高技术企业的技术革新是一国技术赶超和攀登技术高峰的关键所在。为此，这种补贴效果显然不能满足当前中国经济发展方式转变的基本要求，存在一定的"补贴悖论"。

为了进一步确保前文估计结果的可靠性，本节通过变更实证检验样本的形式进行稳健性检验。表6-29报告了基准分析和稳健性检验的样本范围，表6-30报告了稳健性检验结果。稳健性检验仅有两点与前文回归略微不同，一是中技术内资企业年龄的水平项估计结果不显著，但中技术内资企业年龄的平方项显著为正，这表明，该类企业年龄与劳动力价格扭曲的倒"U"型机制依然稳健成立；二是融资约束在高技术内资企业的稳健性检验中显著为正，这在一定程度上表明，技术水平越高的内资企业，融资约束引致型成本越容易侵蚀工资，进而使得融资约束加剧更高技术水平企业的劳动力价格扭曲。整体而言，变更样本范围后其他变量的估计系数及方向与前文内外资的回归结果基本一致。为此，可以推定前文的回归结果是稳健可靠的。综合内外资基准分析和稳健性检验的样本容量我们还可以发现，内资企业的低技术样本超过了中高技术样本的总和，中高技术外资企业占外资企业的比重则超过57.67%，[①] 由此可以推定，中低技术企业构成了中国本土企业的微观主体，而外资企业则以中高技术企业为主体。

表6-29 基准分析和稳健性检验的样本范围

类型	基准分析			稳健性检验		
	低技术	中技术	高技术	低技术	中技术	高技术
范围	$TCI_i < TCI^*$	$TCI^* < TCI_i < 3TCI^*$	$TCI_i > 3TCI^*$	$TCI_i < 0.5TCI^*$	$1.5TCI^* < TCI_i < 2.5TCI^*$	$TCI_i > 4TCI^*$

表6-30 稳健性检验结果

系数	低技术企业		中技术企业		高技术企业	
	内资企业	外资企业	内资企业	外资企业	内资企业	外资企业
L.WXPR	-0.562*** (-3.09)	-1.536** (-2.41)	-0.347** (-2.39)	-0.601*** (-2.71)	-0.747* (-2.18)	0.187 (0.69)
L.TCI	-0.148 (-0.69)	0.205 (0.17)	0.170 (1.28)	-0.063 (-0.99)	0.099 (0.74)	0.070 (0.97)
L.SCALE	1.335*** (10.11)	0.393 (0.64)	0.986*** (5.63)	0.042 (0.30)	0.869*** (3.85)	0.193 (1.22)
L.RZYS	0.003 (0.16)	-0.022 (-0.25)	-0.016 (-1.44)	0.0002 (1.08)	0.012** (2.50)	-0.00001 (-0.94)
L.MID	-0.800*** (-5.48)	-0.872 (-0.55)	-0.201 (-0.86)	0.222 (1.25)	0.038 (0.12)	0.202 (0.95)

---

① 核算方法参考外资企业回归结果中的样本容量，中高技术外资企业的比重为 (5757+3354)/(6687+5757+3354)*100 = 57.67%。

续表

系数	低技术企业 内资企业	低技术企业 外资企业	中技术企业 内资企业	中技术企业 外资企业	高技术企业 内资企业	高技术企业 外资企业
L.SUB	-0.131** (-2.55)	-0.785*** (-2.64)	-0.249 (-0.78)	0.240 (0.82)	0.047** (2.09)	0.364* (1.94)
L.AGE	3.178* (1.79)	-81.60 (-0.43)	1.585 (0.51)	0.820 (0.07)	3.203 (1.32)	-5.755 (-1.09)
L.AGE2	-0.801** (-2.07)	21.29 (0.43)	-0.560** (-2.02)	-0.456 (-0.17)	-0.865 (-1.68)	0.631 (0.50)
C	-11.15*** (-5.28)	70.29 (0.44)	-5.121 (-1.40)	4.076 (0.33)	-5.343 (-1.41)	12.61* (2.09)
region	Y	Y	Y	Y	Y	Y
type	Y	Y	Y	Y	Y	Y
year	Y	Y	Y	Y	Y	Y
ind	Y	Y	Y	Y	Y	Y
N	7065	3538	3346	2624	1437	2385
LM检验	0.000	0.000	0.000	0.000	0.000	0.000
R2	0.1544	0.0969	0.0572	0.0206	0.0182	0.0606
L.WXPR*TCI	-0.420 (-0.77)	0.136 (0.31)	-0.290 (-1.42)	-0.130 (-1.00)	-0.188 (-1.08)	0.040 (1.39)

注：①交互项的估计结果也与前文内外资的估计结果一致，为免赘述，含交互项的回归中其他控制变量的估计结果并未给出。
② ***、** 和 * 分别表示在1%、5%和10%的显著性水平上显著。
资料来源：根据中国工业企业统计数据计算而得。

6.4.5 基本结论与启示

实现技术复杂度升级、降低要素错配和克服外需疲软，是当前中国制造业发展方式健康、持续转变的关键所在，外需疲软和劳动力价格扭曲则是当前困扰中国制造业发展的两大难题。为此，在政府一再强调发展方式转变的内部环境和外需持续低迷的外部环境下，揭示外需疲软和技术革新对劳动力价格扭曲的作用机制具有较强的紧迫性。本节构建了劳动力价格扭曲的新型识别方法，在对三个核心变量进行细致核算的基础上，借助2000~2007年持续经营的微观企业数据，从描述性统计和实证检验视角对上述机制进行了深入的剖析。得到的结论主要有，一是外需疲软有助于缓解中国制造业劳动力价格扭曲，技术革新则会加剧劳动力价格扭曲，二者共存将对劳动力价格扭曲表现出一定的抵销关系；二是中国补贴政策的效果有悖政府补贴的初衷，表现出一定的"补贴悖论"，结合本节的实证结果和张杰等（2011）的研究，可以推定，政府补贴在激励低技术企业创新的同时，降低了高技术企业创新的积极性；三是融资约束和投入产出效率提升对多数企业劳动力价格扭曲表现出一定的"中性"和"不敏感"特征，企业规模扩大则会显著加剧内资制造业劳动力价格扭曲。

  本节描述性统计和实证分析结论所蕴含的政策启示主要体现在以下几个方面：首先，外需疲软能有效地降低技术升级给劳动力价格扭曲带来的不利冲击，为此，在外需疲软背景下进行技术革新不失为一种好策略，其能在不加剧劳动力价格扭曲的情况下，促进经济发展方式转变和经济增长质量提升，而在无外需疲软条件下，企业在技术革新后，应通过适度增加劳动力工资的方式缓解技术革新给劳动力价格扭曲带来的冲击；其次，应重新审视和优化中高技术企业的补贴机制，以改变补贴在中技术企业要素价格扭曲中不作为，而在高技术企业中表现出加剧效应的被动局面，以使得补贴在促进中高技术企业创新方面发挥更大效用；最后，规模经济既是当前中国内资制造业的特长，也是内资制造业未来发展的"软肋"，当前的主流贸易类型逐渐由"量多样式少"模式向"量少样式多"模式转变，因而，内资制造业应大力培育"量少样式多"型范围经济的国际竞争优势，逐步走出传统规模经济依赖，这不仅有助于内资制造业度过当前外需疲软困境，更为重要的是，从规模经济向范围经济转型过程中，传统规模经济给劳动力价格扭曲带来的压力会在一定程度上得到缓解，达到要素价格扭曲程度降低与出口新优势得以培养的双重正向效果，可谓一举多得。值得一提的是，劳动力价格扭曲的降低不仅意味着劳动力待遇和工作性价比的提高，还可能意味着企业用工成本上升和用工性价比的降低，要素价格扭曲引致的低廉劳动力价格甚至成为了一些制造企业实现盈利的关键因素，为此，在制定降低劳动力价格扭曲政策的同时，还应适度考虑企业的承受能力，以降低相关政策给企业生存带来的冲击，实现劳动力价格扭曲程度的健康、平稳降低。

7

国际经验借鉴和中国企业升级模式调研

日本和韩国都有过制造业产品技术复杂度从低水平赶超其他高水平经济体的经历，这种发展经历对于正处于技术复杂度赶超阶段的中国而言（特别是技术复杂度相对较低的中国中西部地区），具有较强的参考价值。为此，本节基于经济史学视角，从两个层面研究上述经济体的经验与启示：一是从宏观层面分析这些经济体特定政策对中国的启示；二是从微观企业层面分析技术水平与国内增加值率双重提升模式对中国的启示。在上述研究的基础上，本节进一步对中国不同要素密集型制造业企业产品技术复杂度升级机制进行调研，以揭示中国企业技术复杂度升级的模式、规律、不足及新型赶超路径（技术"蛙跳"）在中国企业中的应用情况。

7.1 国际经验借鉴

7.1.1 日本机床产业技术复杂度升级与赶超的经验分析

机床有着"制造机器的机器"和"工业母机"之称，既是飞机制造业、轮船制造业、铁路机车制造业和航天机械制造业等高端制造业的上游产业，也是相机、手机、电脑和钟表等生活产品制造业的上游产业，还是纺织品、玩具、家具和服装等劳动密集型制造业产业的上游产业，为此，机床产业可谓工业制造业的最上游产业，该产业的发展不仅与经济发展息息相关，更是一国经济长期健康发展的定心丸。

日本的机床制造业起步于19世纪50年代，是继美国和德国之后，第三个建立机床制造业的国家，在建立之初，日本机床制造业的技术水平及机床产业的配套水平远低于美国与德国。但在日本企业和政府的努力下，日本机床制造业技术水平快速跃居世界一流，自1982年起日本机床制造业的工业总产值长期占据世界第一的位置，机床制造业的国际市场份额也常居世界首位，如图7-1所示，虽然因中国和印度等国家机床制造业的技术赶超，日本机床产业的国际市场份额从1996年的29.66%下降到2013年的22.44%。但在除2007~2009年外的其他年份，日本机床产业的国际市场份额一直雄踞世界首位。不仅如此，日本机床的绝对出口额，也保持着增长的态势（金融危机年份除外），出口额度不断增加，见图7-2，在世界机床出口三巨头（日本、德国和美国）中始终保持领先优势。

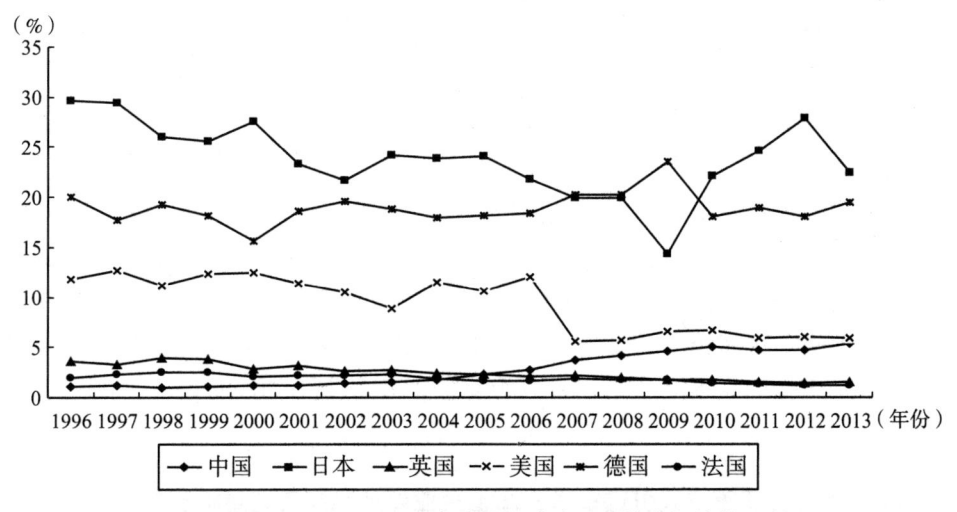

图7-1　1996~2013年主要机床出口国的市场份额

注：上述HS4位码的HS1996标准码的解释中有明显的机床（machine tool）字样。
资料来源：联合国统计数据库 UN Commtrade。根据HS码的解释，本图选取了该数据库中HS1996标准码下的8456、8457、8458、8459、8460、8461、8462和8463等HS4位码的出口数据。

另外，日本机床制造业还涌现了山崎马扎克（世界排名第1位）、捷太格特（世界排名第4位）、小松（世界排名第7位）、森精机制作所（世界排名第8位）、天田（世界排名第9位）、大隈（世界排名第10位）等一大批世界知名的优质企业。[①] 根据2011年8月的《机床记分牌》，进入世界机床企业排名的143家企业中，日本占据了26%（37家），德国占据了13%（18家），大量优质的

---

① 资料来源：http://www.cacs.gov.cn/cacs/newcommon/details.aspx?articleid=111314。

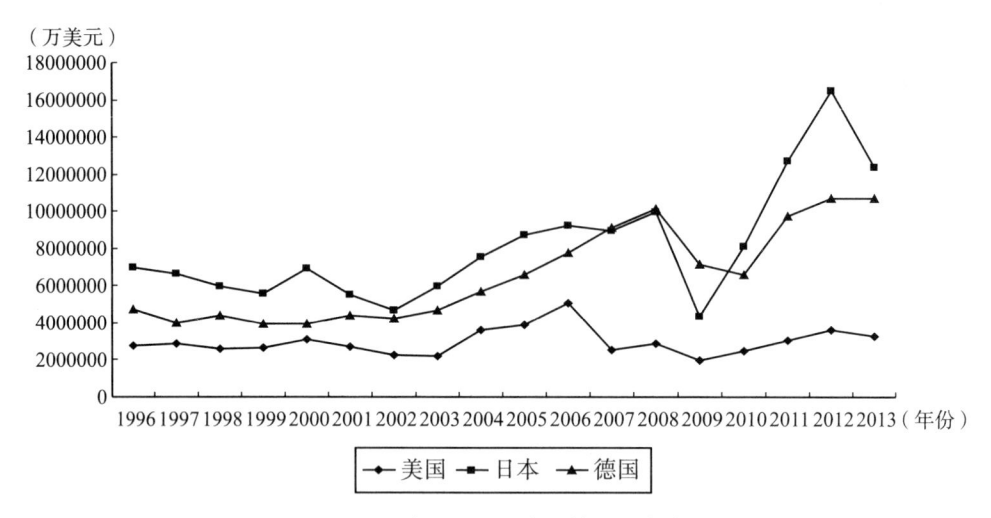

图 7-2　1996~2013 年美国、日本和德国机床产业的出口额

资料来源：联合国统计数据库 UN Commtrade。

机床企业也使得日本牢牢占据着世界机床产业的主导和"金字塔顶端"地位。[①] 进入价值链高端，实现制造业技术复杂度和发展方式高端化，一直是中国制造业的发展目标，为此，深入分析日本机床制造业从弱到强并雄踞世界第一的发展经验对中国制造业产品技术复杂度的升级和赶超过程具有重要的参考价值。综合归纳日本机床产业的发展历程，笔者以为有以下几个方面的经验值得中国制造业参考。

（1）借力合资等方式引进技术，本土企业以产品与工艺重构赶超外资

日本机床制造业的起步远远晚于德国和美国，在 20 世纪 60 年代之前，其生产技术水平和产品的技术复杂度均低于德国和美国。60 年代起，日本开始大量引进欧美的机床制造技术，得益于美国机床厂商的宽宏大度，日本企业通过和美国企业合资的方式不断引进美国的生产技术，如东芝公司所属的东芝机械与数控机床的鼻祖"K&T"共建 K&T 东芝机械，进而使得美国的高端技术能够快速传播到日本。[②] 在获得欧美技术后，日本企业主要采用以下两种方式进行技术赶超：

[①] 虽然国内不断有新闻或学者指出，日本的机床产业可能会步美国机床行业的后尘，进入不断衰退的过程（如中华机械网 2013 年 3 月 5 日的报道．http://news.machine365.com/content/2013/0410/406994.html。全球五金网 2013 年 4 月 22 日的报道．http://news.wjw.cn/NewsList-62/342354.xhtml）。但是，日本机床制造业的产值和出口额仍在世界机床产业中占据着主导地位，其成长历程仍对中国制造业的发展具有较好的参考价值。

[②] 资料来源：中国贸易救济信息网．http://www.cacs.gov.cn/cacs/newcommon/details.aspx?articleid=111314。

一是加快产品和技术更新速度,如刘林森(1994)研究发现,在80年代,日本机床制造商协会统计的71家机床制造企业中,有57家企业产品的更新率超过80%。产品和技术的不断更新,使得日本机床产品的技术复杂度不断深化;二是生产工艺和销售模式的重构,在引进欧美机床技术之后,日本机床制造商并未完全依赖于欧美的生产模式进行创新,而是通过不断提高自动化程度等方式对生产工艺进行重构,使得机床设计时间大大缩短,提高了交货的效率。此外,日本企业还实施了柔性的销售模式,大量的机床企业具备了按需订做机床的能力,上述两大策略使得日本机床制造业的技术复杂度不断超越欧美,并使得欧美企业不断退出市场。以美国为例,2011年3月出版的《机床记分牌》中,进入前15名的美国企业只有格里森(Gleason,排第15位)一家,[①] 与早期的机床制造企业群星闪烁相比,已经相差甚远。

借力合资等方式引进国外先进技术,一直是中国实现技术复杂度升级的一项重要举措,因而笔者认为产品和工艺重构也可以成为中国制造业实现产品技术复杂度升级与赶超的重要途径。工艺重构是引进技术后实现赶超的关键所在,技术往往具有路径依赖,通过重构能够打破原有的技术升级路径,为自身实现技术赶超提供全新的路径;产品的重构,则意味企业生产和供应有别于传统"一揽子"产品的新产品,能够不断地吸引新的市场需求,进而获得进一步深化技术复杂度所需的资金。

(2) 以质量控制赢得市场,以激烈竞争倒逼技术革新

在20世纪30年代,日本所生产的机床和其他工业制成品的质量均非常低,这不仅使得日本机床在国际市场上声誉扫地,[②] 还使得日本的机床产业无法打开国际市场。为了赢得国际市场,日本在20世纪40年代深入考察了德国的工业标准,并在深入分析德国工业标准的基础上,构建了日本的工业标准。为打造高质量的机床和制造业产品奠定了初步基础,此外,日本在机床制造业执行更为严格的质量要求,厂商会自觉地形成质量检查组,对高效率自动化机床和自动生产线进行严格检查。这些检查主要体现于,机床的使用效率、稳定性、耐损性及机床造出产品的偏差性等多方面,严格的质量把控使得日本机床产品的质量得以迅速

---

① 根据中国贸易救济信息网的消息,在美国的机床厂家中,曾出现过辛辛那提米拉克龙(Cincinnati Milacron)、摩尔(Moore)、华纳和史瓦塞(Warner, Swasey = W&S)、博格玛斯特(Burgmaster)、吉丁斯和路易斯(Giddings, Lewis = G&L)、科尔尼和特雷克(Kearney, Trecker = K&T)等犹如闪烁繁星般的企业。这些企业在日本机床企业的竞争压力之下,逐渐失去了往日的光辉。本注资料来源:http://www.cacs.gov.cn/cacs/newcommon/details.aspx? articleid=111314.

② 直到20世纪60年代,日本机床产品才逐渐被市场所接受,20世纪80年代起才真正超越美德,成为世界最大的机床出口国。

提升，也使得日本机床产品的技术复杂度迅速提升，并赶超欧美等先发国家。

机床产品的质量得到世界市场的认可后，日本并未满足于机床行业的"领头羊"地位而固步自封，日本政府意识到机床产业的技术创新会对整体工业的生产技术起到"蝴蝶效应"式的技术更新浪潮，而一旦机床产业形成技术创新惰性，会导致很多工业的技术创新速度都相对滞后。为此，日本政府鼓励该行业的竞争，培育了大量能够相互竞争的机床企业。[①] 严格的质量把控和激烈的竞争使得日本机床产业既能够牢牢掌控市场，日本机床产业也能够不断推陈出新，实现产品技术复杂度持续上升与市场需求齐头并进。

（3）以高素质技能人才取胜，企业善于捕捉市场信息

日本非常重视机床工业的人才培养，如日本东京大学、东京工业大学、京都大学等国际知名学府均有与机床密切相关的机械系或精密仪器制造系，形成了完备的机械人才培养体系，为日本机床产业的发展提供了大量高素质人才。此外，通过实际生产、研发和技术革新等形式形成和汇聚了大量高素质的人才团队。高校与企业间产学研的有效结合，也使得日本机床行业的人才始终在国际市场中保持着绝对优势。此外，日本的企业家非常善于捕捉市场信息，如当发现美国的公司新开发了电气控制伺服电动机时，日本企业家就敏锐地意识到这是机床行业发展的未来趋势，于是日本厂商开始引入美国的技术，并进行不断革新，使得自身产品的技术复杂度得以不断升级与赶超。正是通过高素质的人才和敏锐的市场捕捉能力，使得日本机床产品的技术复杂度始终保持领先的地位。

（4）政府大力支持，着力打造机床制造业的下游产业

日本政府历来重视机床制造业的发展，将机床制造业视为"制造业之母"（特别是机械工业）。然而，在日本机床制造业的发展初期，其产品质量和技术复杂度较低，无法与欧美等高水平国家抗衡，于是日本在20世纪出台了鼓励机床企业发展的《机床制造事业法》，根据该法律，日本的机床企业只要符合其要求并被认定，则可以享受免税和财政补助等优惠政策。[②] 使得日本机床企业大力增加产能、设备投入，完善技术和组织机构等，以满足《机床制造事业法》的要

[①] 根据云同盟服务信息网（http://www.skxox.com/service/20140725/0823381021.html）提供的信息，日本世界级的机床企业有，马扎克、天田、大隈、森精机、捷太科特、牧野、小松（日平富山）、会田、小松压力机、三菱重工、沙迪克、西铁城、不二越、富士、东芝、兄弟、津上、泷泽、远州、冈本、宫野、霍科斯、速技能、中村留、三井精机、丰和、小松机械、富士机械、松浦、高松、浜井、仓敷、太阳工机、和井田、库吉玛、住友重机、芬太克、发那科和池贝等，世界级的企业促使日本机床企业间的竞争从未停止过，不断地激励日本企业进行技术创新。

[②] 资料来源：陈循介. 日本建立世界上第三个机床工业、制造业、工业化强国的战略战术. 世界制造技术与装备市场，2012（4）：51-53.

求,这一举措使得日本机床企业在短期内实现了技术复杂度的大幅升级。不仅如此,在20世纪50年代,日本政府还明文规定,每隔五年对日本拥有的机床进行跟踪和记录,并对调查的机床按照服役年龄进行分档,① 将不同档次的机床与国外同类产品进行对比,以找出日本机床与欧美机床(当时的高技术复杂度机床)的差距。这些调查结果为日本机床产业产品的功能与技术复杂度不断完善提供了非常重要的参考。此外,在政府的鼓励与支持下,日本还形成了有助于机床产业发展和技术复杂度升级的各种协会和交易平台,如日本机床工业协会(Japan Machine Tool Distributors Association, JMTDA)、日本机床制造业者商会(Japan machine tool Builders' Association, JMTBA)和日本国际机床展览会(JIMTOF),为日本机床制造业产品技术复杂度升级和占据世界高端位置提供支持。最后,为了能够使得机床产业得以不断发展,日本不遗余力地打造与机床产业密切相关的下游产业,为日本机床产业的发展创造了大量的国内需求。如日本大力发展汽车、造船和电子类产业,这些下游产业的发展会对机床产品产生持续而大量的需求,进而为日本机床产业的发展提供重要的"资金回笼"保障。

7.1.2 日本半导体产业技术复杂度升级与赶超的经验分析

日本半导体产业的起点与机床产业较为类似,早期的技术均严重依赖于欧美,属于半导体弱国,经过日本企业不断的技术革新和政府的精心培育,日本最终成为世界首屈一指的半导体强国。虽然近几年,在韩国和中国的追赶和日本半导体产品高成本约束下,日本半导体产业的世界份额有所下降,② 但日本半导体产业在国际市场中仍然发挥着举足轻重的作用。因而,日本半导体产业从无到有,从有到强的经历,仍有大量经验和启示能为中国制造业技术复杂度的升级和赶超提供一定的参考。笔者认为,以下几点对中国制造业的技术复杂度赶超具有一定的借鉴价值。

(1) 发挥举国发展体制,政府主导产业发展与赶超

半导体产业被誉为信息和电子工业发展的粮食,是各种高新技术产业技术升级的核心支撑,离开半导体产业很多产业(如,通信、计算机和输电等产业)将

---

① 陈循介(2012)的研究显示,日本对机床进行调研的分档方法为:服役0~4年为一档、服役5~9年为一档、服役10~19年为一档、服役20年以上为一档。将每一档次机床与欧美品牌进行对比,这一调查结果有助于日本机床制造企业对自身的产品进行查弱补缺,从而有效地推动了日本机床产业的技术复杂度升级和赶超。

② 以2014年为例,日本2014年的半导体总产值为3.25兆日元,虽然与2013年相比总产值上升了8.7%,但比2004年的4.69兆日元下降了30.7%。

寸步难行。日本政府早在20世纪60年代就意识到，该产业对工业和经济发展的重要性，采用政府主导（甚至直接介入）的方式举全国之力发展半导体产业。此外，日本还出台了一系列的法律来帮助半导体产业技术复杂度赶超，如20世纪50年代的《电子工业振兴临时措施法》（又称"电振法"，1971年废止）、20世纪70年代的《特定电子工业及特定机械工业振兴临时措施法》（又称"机电法"，1978年失效）与《特定机械情报产业振兴临时措施法》（1985年失效）以及20世纪90年代的《科学技术基本法》，通过上述法律，日本不仅借助举国力量促使日本半导体企业在学习欧美先进技术的基础上积极进行技术革新和赶超，还有效地降低了欧美半导体厂商对日本本土企业的竞争冲击，使得日本半导体企业的研发能力、创新能力、生产能力和技术水平得以持续提升。另外，日本为了促使半导体产业全面发展，还为该产业企业提供法律特许，如"机电法"将半导体产业中政府牵头主导的电子管生产卡特尔列为非垄断法限制范围，这一法律特许使得日本半导体厂商建立了强大的生产与技术研发合作联盟，使得日本半导体企业的技术研发达到效率最大化，为日本半导体企业的技术复杂度赶超行为节约大量的赶超时间和成本。

（2）强有力的出口导向策略促使"引进、消化、出口、技术复杂度赶超"模式成为现实

出口导向政策是日本与韩国等东亚经济体实现经济腾飞的重要战略，这一战略也促进了日本半导体产业的技术复杂度飞跃。在引入欧美技术初期，日本政府推行的策略为进口替代战略，促使日本企业能够将引进的技术进行吸收与消化，提高自身半导体产品的生产能力。但在产品技术复杂度逐渐能与欧美强国抗衡时，日本政府推行了强有力的出口导向战略，如半导体出口退税和免税政策、半导体出口信贷政策和半导体出口信保政策，促使大量的半导体企业参与出口。[①] 通过出口导向战略，日本的半导体产业不仅赢得了大量的国际需求，为日本半导体企业从国际市场上获得了大量技术升级所需的资金，还使得半导体企业成功实现了生产规模化，实现了半导体产业从技术引进与消化到产品成功打开国际市场的转变，并最终实现产品技术复杂度赶超欧美。

（3）以"内强联盟，外强合作"的经营模式不断缔造技术赶超奇迹

日本拥有大量半导体企业，这些企业始终保持着有限竞争和有序竞争状态，而非完全竞争，其在国内竞争中具有较多的"强强联盟"特征，不仅有效地降低

---

① 安德生. 美日在半导体工业领域的竞争, 世界经济, 1987（1）：87-92。

了重复研发带来的资源浪费，还使得企业之间的研发优势得到有效互补。而在国际市场竞争中，日本半导体企业也不忘与欧美等半导体企业进行合作，如东芝、索尼及索尼计算机娱乐（SCE）曾与IBM结成联盟、英特尔曾与日本的尔必达公司（原为NEC与日立的合资公司，在2013年被美国美光公司以20亿美元收购）合作、富士通与AMD成立合资公司以及富士通与德州仪器联手生产等。通过与国外先进企业合作的形式，不仅使得日本半导体企业避免了与欧美强企之间的正面竞争，还有效地借助欧美强企的销售渠道、研发平台和生产基地，为日本半导体企业技术复杂度的持续升级与赶超提供外力支持。

(4) 以研究方向和经营市场动态优化的策略牢牢把握高端技术和市场需求

日本半导体企业技术复杂度在赶超欧美强国（特别是美国）时，不仅注重与欧美企业的合作，还注重技术的自主研发，并且不断更新企业研发的方向，如当发现韩国企业持续以低价在存储器领域挑战日本企业时，其果断将半导体的研发重点从存储器领域转移到大规模集成电路领域，使得日本在高端半导体产品领域继续保持优势。[①] 在市场经营方面，由于日本国内对半导体的需求量相对有限，日本早期将半导体的经营市场不断地向美国转移，在美国设立大量的合资企业。而在美国市场销售相对饱和（市场份额难以增加）的情况下，其迅速捕捉到中国等新兴市场的需求，将经营市场的重点逐步转移到新兴市场。正是通过这种不断优化研究方向和经营方向的经营模式，使得日本半导体企业始终站在半导体产业链的高端，实现产品技术复杂度的持续优化。

(5) 日本半导体产业近些年逐步衰退的教训与启示

日本的半导体产业经历了从无到有、从弱到强的赶超过程，1988年，日本芯片（重要的半导体原件）产值占世界产值的比重高达67%，[②] NEC、东芝和日立的半导体产量曾位居世界前三。然而，进入21世纪后，日本的半导体产业似乎逐渐走向衰退，2014年的总产值仅为2004年的69.3%，市场份额逐渐被韩国和美国的企业所挤占，isuppli提供的数据显示，2013~2014年进入世界前十名的半导体企业中，日本仅有东芝半导体和萨瑞电子两家。此外，2014年东芝半导体的排名位居英特尔（美国）、三星电子（韩国）、高通（美国）、美光科技（美国）和SK海力士（韩国）之后，位居世界第六，且销售收入仅为英特尔的1/5

---

① 张玉来. 日本半导体产业的战略转移. 南开日本研究，2013（2）：168~177。
② 数据来源：http://51kehui.com/mainsite/newsDetail.jsp? contentId=124。

左右,① 2010年,韩国三星企业的销量甚至比日本前15家半导体企业的销售总量还多,② 那么,日本半导体产业由盛转衰的原因是什么？首先,日本企业在半导体产业领域遭遇双面夹击,高技术复杂度领域受到来自美国企业的竞争（如,英特尔和高通等),而中低技术复杂度领域受到韩国企业的夹击。与美国企业竞争时,日本半导体企业的技术优势不明显,而与韩国企业竞争时,其又无成本优势,进而使得日本半导体企业市场流失较快。虽然日本半导体企业一直致力于突破上述"瓶颈",但至今仍无明显收获；其次,美国主导着世界芯片标准的制定,日资企业难有话语权。此外,美国企业芯片的设计能力和市场转化能力远胜于日本企业,使得日本半导体企业在高技术复杂度领域难有建树。最后,研发资金投入不足和产品更新惰性也是导致日本半导体企业逐渐衰退的重要原因,研发投入的不足使得日本半导体企业的技术创新速度明显下降,而过于倚重传统产品,也使得日本半导体企业在风云变幻的半导体产业中逐渐失宠,③ 产品技术复杂度也无显著改进。由此可见,韩国半导体产业的崛起、美国的竞争压力、无标准决定权、创新能力弱化、资金投入不足和创新惰性等因素,是导致日本半导体产业由盛而衰的主要原因。

7.1.3 韩国造船产业技术复杂度升级与赶超的经验分析

纵观日本和韩国的近代史可以发现,早期韩国的现代造船产业完全依赖于日本,第二次世界大战结束后,韩国虽然获得了一些遗留的造船设备,但由于日本技术人员撤离等原因,只能从事一些船只的维修工作,造船产业发展缓慢。然而,经过三四十年的努力,韩国的造船产业迅猛发展,造船业产值不断攀升,造船业的国际市场份额也不断追赶日本,见图7-3,并于21世纪初超越日本坐上了世界造船业的头把交椅（2001~2012年间,韩国造船产业的世界市场份额一直占据世界第一,见图7-3)。几十年间,韩国造船业成功实现了从弱到强,生产技术从"拿来主义"到"一切皆有可能"的转变,生产产品不仅包含基本干货散货船,还能生产第六代集装箱船,更为世界提供了大量高技术含量的LPG船和LNG船。④ 造船业的快速扩张为韩国经济的发展做出了重要的贡献,并成为

---

① 资料来源：http://zh.wikipedia.org/wiki/全球二十大半半导体厂商#2014.E5.B9.B4.E6.8E.92.E5.90.8D.

② 资料来源：深圳电视台财经频道：网址：http://www.s1979.com/caijing/chanjing/201209/1252526712.shtml.

③ 如20世纪80年代到90年代,日本半导体企业曾借助DRAM取得了巨大的成功,然而,日本半导体企业过于依赖该类产品,而不愿意进行新的产品发明和生产。

④ 资料来源：齐鲁晚报.http://jt.qlwb.com.cn/2016/06/13/644763.Shtml.

韩国经济发展的重要支柱产业,该产业甚至被誉为韩国经济发展的"孝子产业",综合分析韩国造船产业的发展历史,笔者认为以下几方面的经验与启示可以为中国制造业产品技术复杂度的升级与赶超提供一定的参考。

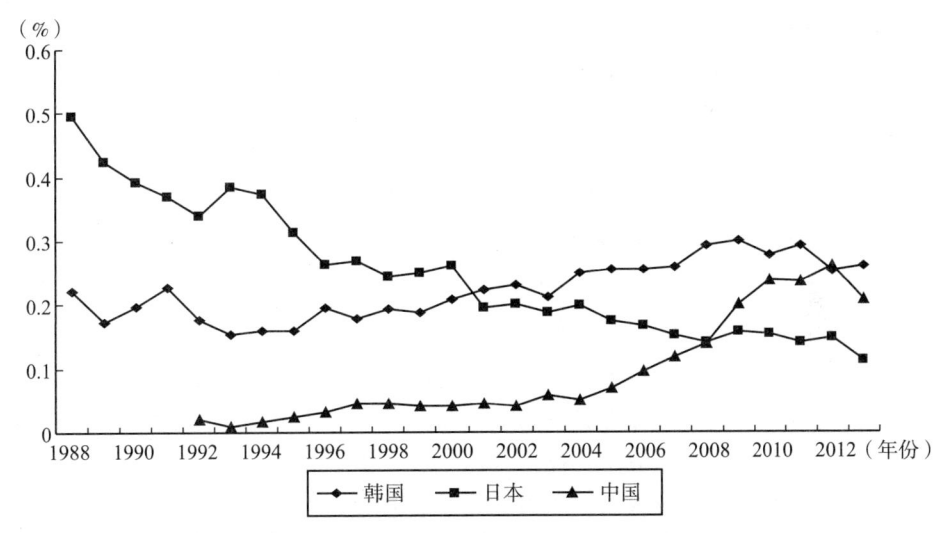

图 7-3 中日韩三国造船业国际市场份额

注：韩国、日本、中国的出口数据来自 UN Commtrade，采用的是 HS 码中第 89 章的数据计算而得。
资料来源：联合国统计数据库 UN Commtrade。

（1）完善的造船产业人才培养体系和进取的企业家才能

第二次世界大战结束后，日本技术人员的撤回使得韩国的造船业几乎无法前行，这一惨痛教训使得韩国在发展现代造船业时，异常重视造船人才的培养，如韩国首尔大学的造船专业为建校初期就有的专业（1946 年），而且，仁荷大学、蔚山大学、木浦大学和海洋大学等均设有造船专业，专门培养该产业发展所需的人才。不仅如此，韩国自 1974 年起，专门在大德郡（忠清南道）构建科学城，这一科学城不仅集中了大量船舶、机械和电子方面的专业科研所，还有专门的造船工业园（玉浦），为造船智慧的集中、造船人才的培养和产学研相结合提供了非常好的融合平台，也为造船专业毕业生从理论到实践的转型提供了较好的平台，完善的人才培养体系为韩国造船产业及其配套产业的技术创新和产品更新提供了源源不断的智力支持，使得造船业产品的技术复杂度不断升级与赶超。此外，韩国造船产业能够赶超日本，还得益于韩国拥有一大批有进取心的企业家，如三星集团、现代集团及大宇集团的创始人，在造船产业中的进取精神不仅使得这三家企业成了韩国最大的造船厂，其"志向远大""敢想敢干"与"干则成"

的理念①还对韩国其他造船厂起到了良好的示范效应，使得大批优秀的企业家投身于该行业，进而加快了韩国造船产业的技术复杂度赶超步伐。

(2) 企业专注于关键技术和硬件国产化

起步初期，韩国造船产业借助自身廉价的劳动力，通过拼凑"他山之石"的方式参与船舶产业的国际竞争，造船所需设备与核心零部件均依赖于进口。随着造船技术的发展和世界造船产业的转移，韩国能从欧美获得的关键技术与设备越来越少，不仅如此，韩国造船业还不得不面对来自日本造船业的竞争压力，为了在国际市场中赢得竞争优势，韩国造船产业开启了关键硬件的国产化进程。造船业最重要的硬件是轮机（航行动力系统），早期韩国的轮机多成套地从欧美日等经济体进口，而轮机的价格往往会占到船舶成本的40%左右，较高的进口价格使得韩国造船业的发展受制于欧美等发达经济体。于是，部分韩国公司开启了轮机国产化之路，其通过引进国外技术，然后消化改良的形式逐步具备了轮机的生产能力。进而有效地降低了轮船制造业的成本。② 不仅如此，韩国钢铁工业和电子产业的崛起，使得韩国造船产业国产化率进一步提升，这不仅使得其迅速摆脱对国外钢铁和电子产品的依赖，还为造船产业的发展和产品技术复杂度赶超赢得先机。

(3) 企业重视生产模式重构和技术改进

尊重传统历来是韩国文化的重要组成部分，但这一文化传统并未影响韩国造船业对传统造船生产模式的重构与技术改进。如传统的造船模式均采用"船坞造船法"，现代重工打破传统思维，在全球首创陆地造船工艺，虽然这一生产工艺比传统"船坞造船法"对技术要求更高，但这一打破传统生产定式的方法，却能使现代重工在船坞满负荷的情况下继续接受国际订单。三星重工通过与现代重工"移制造点到陆地"相反的方式对传统的"船坞造船法"进行重构，采用"移制造点到海洋"的方式造船，形成了"浮动船坞工艺"。③ 通过对生产模式的重构不仅使得韩国造船企业节约了大量的船坞建造费，还使得韩国造船企业在无需增加船坞数量的情况下，不断提高船舶制造和交付能力，进而为造船产业技术复杂度升级与赶超提供支持。大宇重工在制造新型LNG船时，打破"储气基地在陆地"的传统LNG船设计理念，将气化设备安装于船上，从而可直接由海上供气，④ 这一新思路建造出来的具有新功能的液化气船为大

---

① 王兰. 韩国造船业竞争优势的动态演变及启示, 中国集体经济, 2008 (1): 199~200。
②③ 资料来源：齐鲁晚报, http://jt.qlwb.com.cn/2016/0613/644763.shtml。
④ 资料来源：齐鲁晚报, http://jt.qlwb.com.cn/2016/0613/644763.shtml。

宇重工赢得了大量的新订单。生产模式的重构和技术改进使得韩国造船企业在激烈的国际竞争中，不断占领行业高端，实现了产品技术复杂度和国际订单良性互动式的增长。

(4) 政府政策的支持

造船产业被韩国政府确定为重点发展产业，经济发展的支柱产业。[①] 从20世纪60年代起，韩国出台了一系列法律法规来推动造船行业的发展，如《造船工业奖励法》（1962年制定）、《造船工业振兴法》（1967年制定）、《海运造船综合发展法》（1976年出台）、《造船法》（80年代出台）与《韩国造船工业合理化法》（80年代出台），这些法律不仅为造船业的发展提供了大量诸如免税、减税和低息贷款等优惠政策，还对进口船舶征收一定的进口税，对本国船舶产业的发展提供了有效的保护。此外，韩国政府还通过出口信贷、金融借贷、R&D预算扶持和海洋金融扶持等手段，为韩国造船产业的发展提供支持。政府的支持措施不仅使得韩国造船产业在销售领域获得了政策优惠，还在技术改进领域获得了金融支持，也为韩国造船业产品技术复杂度升级提供了外力支持。

值得一提的是，目前，中国的造船行业正处于大力追赶韩国造船业的阶段，虽然中国船舶的产能（吨位）在部分年份超越了韩国，但是从造船产业的整体出口情况上看（见图7-3，包含船舶产业的相关配套产品），中国的国际市场份额还不及韩国。[②] 此外，中国在高端造船领域还与韩国存在较大的差距，以LNG船为例，中国的建造数量和建造速度均落后于韩国，不仅如此，韩国还开创性地为俄罗斯建造出了世界首艘破冰LNG船。为此，中国造船业在借鉴韩国造船业赶超日本的经验与启示时，不应仅关注韩国造船业量的赶超经验，[③] 还应注重其质的赶超经验，更应关注韩国造船业在获得国际领先的状态下，如何通过模式重构等手段发展高端技术产品（如，LNG船），不断提升产品技术复杂度并保持国际竞争优势的经验。

[①] 1973年，韩国政府的造船业长期振兴计划中，甚至提出了"造船立国"的口号，来表明政府对造船行业的重视及造船行业对韩国经济的重要性。（详细说明见《国际金融报》2014年5月6日的报道，网址为：http://paper.people.com.cn/gjjrb/html/2014-05/05/content_1423178.htm）。

[②] 当然，这也与中国国内对船舶的需求量较大密切相关，较大的国内需求挤占了造船产业的出口能力。

[③] 笔者认为，量的赶超，不应为中国造船业赶超的主要目的，国内部分媒体甚至把中国造船业量的赶超称为造船业的"大跃进"（如长江商报 http://www.changjiangtimes.com/2014/04/474385.html）。而这种赶超在遭遇外需疲软和成本上升时，订单和产能会急剧下降，从而给造船产业的发展带来重挫。

7.1.4 韩国汽车产业技术复杂度升级与赶超的经验分析

韩国汽车制造业的起步不仅晚于美日欧等发达经济体，甚至晚于中国，然而，韩国汽车工业却在较短的30年左右，从汽车小国转变为世界知名的汽车工业大国。与韩国的造船业相似，韩国的汽车业通过将从美国和日本等国进口的汽车零部件组装成整车的方式开启了发展之路（20世纪60年代），进入70年代后，韩国开始大力推行汽车成品和零部件的国产化战略，并将汽车工业确定为韩国的战略性产业。70年代末期，韩国的汽车产业开始进军国际市场，因其低廉的价格而备受国际市场欢迎，80年代中期韩国便开启了向汽车大国迈进之路，如今韩国的汽车已经销往世界190多个国家和地区，成为世界汽车工业中的佼佼者。韩国汽车工业发展历程是一个典型的后发国产业技术复杂度赶超先发国的案例，因而对于中国部分起步较晚的产业而言具有重要的参考价值，我们综合分析韩国汽车工业发展历程的史料后，认为以下几个方面可以为中国制造业的技术复杂度升级与赶超提供一定的参考。

（1）成长路径具有"模仿起步—自主品牌构建—出口导向壮大"特征

众所周知，韩国汽车制造业的起步晚于中国，其通过模仿美日欧汽车巨头车型和技术的形式开启了汽车工业发展之路。多数国家在发展汽车工业时采取了与韩国类似的起步策略，如巴西、西班牙和墨西哥等，但以上三国均未成为世界性的汽车大国，究其原因在于巴西、西班牙和墨西哥均采用外资主导型或共同经营的形式发展汽车工业，最终导致本土汽车品牌缺失，从而使得汽车工业发展的主动权完全掌握于外资企业。韩国汽车工业虽然采用了类似的形式（合资）引进了技术，但韩国非常注重本土品牌的构建，如韩国汽车业引进外资时将外资的比重限制在较低水平，同时，不允许外方参与本土汽车企业的经营与管理，从而使得韩国企业能够有效地构建自己的汽车品牌。[①] 当然，韩国汽车工业在注重自身品牌构建的同时，还非常注重自身的技术创新，借助技术复杂度革新不断地为自主品牌赢得声誉和市场。

由于韩国国内汽车市场相对较小，为此，韩国汽车工业在形成自主品牌之后，采取了出口导向的发展策略。韩国汽车工业积极向部分欠发达国家出口自身

---

① 韩国现代汽车在建立之初就明确表示，现代汽车更倾向于采用非合资的形式发展汽车业务，因为非合资的形式更不容易被外资控制，从而可以有效地构建自身的品牌。

的汽车，如现代汽车在20世纪70年代将汽车出口到厄瓜多尔，起亚将汽车出口到中东地区等。此外，一方面，得益于韩元的贬值，韩国的汽车走向世界市场初期非常具有价格竞争力，在国际市场上备受欢迎；另一方面，韩国汽车厂商以过硬的品质成功敲开发达国家之门，以汽车的品质承诺对欧美等国低端汽车市场进行重新洗牌，使得自己的产品扎根于发达国家市场，在欧美等国低端市场的盈利和市场经验为韩国汽车工业进入发达经济体的高端市场奠定了扎实的基础。通过上述三个步骤，韩国的汽车企业成功地实现了从弱到强的蜕变，使得自身不断地赢得国际市场需求，进而不断地提高自身产品的技术复杂度，最终，使得韩国的汽车企业不断地超越发达国家的汽车企业。①

（2）经营模式从"小而多"向"大集团"的转变

韩国汽车工业起步初期，韩国约有100多家汽车生产企业从事汽车的生产代工或者模仿工作，这对于具有显著规模经济特征的汽车产业而言，不仅很难使得单个企业达到规模经济，还使得企业产品销售价格的提升（根据克鲁格曼的PPCC模型，具有规模经济特征的行业中，企业数量越多企业生产的平均成本越高，企业的销售价格越低，企业的利润越低），进而不利于汽车企业的发展。为了促进汽车工业的规模化和品牌化，韩国对汽车产业进行了整合，将部分小而散的企业通过关停和兼并等手段，形成现代汽车、起亚汽车、高丽通用汽车和亚细亚汽车等四个大汽车生产集团（这一举措与日本半导体产业的赶超进程异曲同工）。大企业的形成使得韩国汽车企业成功地实现了批量化生产，进而大大提升了韩国汽车生产商的技术研发能力和盈利能力，这也为韩国汽车工业的技术复杂度赶超奠定了扎实的基础，自行设计和打造了国产轿车，使得韩国成为了具有独立生产轿车能力的经济体。

（3）长期对汽车产业提供"幼稚工业"式的保护

韩国汽车工业的发展历程与李斯特"幼稚工业论"所提及的产业发展模式十分契合，在20世纪90年代以前，为扶持汽车产业的发展，韩国政府颁布了《韩国汽车工业保护法》（1962年），严格限制国外汽车和汽车零部件的进口，使得国内汽车企业获得一个无外部竞争的国内市场，此外，韩国还对进口轿车征收高额关税，以1987年为例，韩国对进口轿车加收60%的关税（在这之前更高），相对封闭的市场为韩国汽车进行技术复杂度赶超提供了一个稳固的环境。直到

---

① 根据2014年的销售数据，韩国的现代起亚汽车已经超越福特、菲亚特克莱斯勒、本田、标致雪铁龙和铃木等国际汽车巨头，成了世界第六大汽车生产商。

90年代韩国才开始逐渐开放汽车市场,到1995年关税降到了8%(该年韩国加入WTO),但韩国仍采取各种非关税贸易壁垒为本国汽车工业提供保护,如严格技术标准、鼓励国产车使用、限制汽车业外资和对进口轿车征收高消费税等。得益于"对内幼稚工业式的保护"和"对外出口导向"策略的成功运用,使得韩国汽车能够源源不断地从国际市场赢得利润,国内则形成一套完全自主的研发体系,最终使其生产技术复杂度得以不断提升。

(4) 注重技术研发、细致分析市场需求

革新生产技术是一国实现技术复杂度赶超的重要手段,市场对产品的认可则是技术复杂度持续赶超的根本,为此,韩国的汽车工业非常注重技术研发和市场。为了不断地提高韩国汽车工业的生产技术,韩国政府要求汽车企业将销售收入的5%用于技术革新,不仅如此,韩国政府还以资金补贴的形式扶持汽车工业的技术研发,如韩国在20世纪90年代制定了一个提高汽车工业技术水平的合作研发计划,计划投入研发金额10亿美元,而政府支持则高达5.65亿美元,[1] 为韩国汽车企业在90年代的技术复杂度赶超注入了极大动力。当然,技术革新成功的关键在于,是否赢得市场的认可,因而韩国汽车企业还十分注重汽车市场需求信息的收集,其产品质量的提升往往以消费者为中心。如韩国在进入中国市场时,并非原原本本地将韩国的汽车产品打入中国市场,而是在综合中国消费者购买力的基础上,做了相应的改进,随着中国消费者购买能力的提升,逐步将更高质量的产品引入中国市场,从而技术革新后的产品始终能够捕捉到消费者的需求。注重研发和市场,不仅使得韩国汽车工业实现"技术复杂度与销量齐飞"的良性循环,还成为韩国汽车工业的技术复杂度与品牌知名度不断赶超美日欧企业的重要法宝。

最后,综合韩国汽车工业的发展经验,可以发现韩国政府在汽车工业的发展中扮演着重要角色,不仅提供了研发资金的支持,还通过各种限制手段(关税壁垒和非关税壁垒)为韩国汽车产业的发展营造了良好的内部环境。为此,韩国政府所采取的符合当时历史背景、审时度势的决策,也可以为中国制造业的技术复杂度赶超提供一定的参考。

---

[1] 引自国研网专稿《韩国汽车工业的发展历程及其对我国的启示》,网址 http://d.drcnet.com.cn/eDRCNet.Common.Web/docview.aspx?DocID=-2371&leafid=4076&chnid=1002.

7.2 中国企业技术复杂度升级模式调研

产品技术复杂度升级或赶超，是中国经济发展方式转变的重要途径，也是提升中国经济增长质量和增长效应的关键手段。为此，大量的制造业企业采取了技术赶超策略，使得自身产品的技术复杂度得以迅速提升。为深入了解并刻画中国企业技术复杂度升级的模式，笔者通过实地访谈与生产考察等形式对国内的相关企业进行深入调研，被调研的企业中多数采用技术引进或自主研发的常规形式实现技术复杂度赶超。经过综合筛选与对比，笔者认为以下几个特殊升级模式具有一定的参考价值。

7.2.1 化整为零、融入高技术企业

实现产品技术复杂度赶超，是中国制造业企业一直坚持采取的竞争策略，然而，对于中小企业而言，其盈利水平和研发水平相对有限，通过自主研发实现技术赶超的可行性几乎为零，通过自身盈利不断引进高技术水平的难度也较大（盈利水平有限）。事实上，中国拥有数量庞大的此类企业，它们在执行产品技术复杂度赶超时，往往力不从心。笔者在江西省和浙江省调研此类中小型企业时，发现"化整为零，成为大企业或高技术企业的一部分"的方式能帮助很多中小企业实现技术复杂度升级。

7.2.2 借力外资、以产能换技术

对于中小企业而言，"化整为零"融入高技术企业的形式在公有制企业中较为常见，私营企业主往往不太愿意采用这一升级策略。在私营经济较为发达的浙江省，笔者发现有异于被兼并形式实现产品技术复杂度升级与赶超的模式，以产能换技术的借力发展模式能在短期内有效地促进自身产品技术复杂度的赶超，而一旦自身成为能够与该行业的"领头羊"同台竞争的企业后，以产能换技术的策略并不可行，只有通过自主研发实现或者并购实现。如，这一经验衍生出来的启示为，对于中国技术与国外差距较大的行业而言，可适当采用以产能换技术的赶超策略，而对于技术差距不大的行业而言则应通过自主研发和并购。此外，中国台湾地区的大量代工成长型企业，也是通过产能换技术形式成长起来的企业，如宏达国际电子股份有限公司。可见，通过中国企业"非一般"的产能介入跨国公

司的生产环节，能在一定程度上推动中国产品技术复杂度的升级与赶超。

7.2.3 技术"蛙跳"、从传统产业介入新型产业

劳动密集型产业是中国传统优势产业，如纺织服装产业，"数量多、企业规模小"，是此类产业的一个重要特征。笔者在对部分纺织服装企业调研时发现，通过传统优势产业与战略性新兴产业对接的方式，也能有效地促进企业技术复杂度升级，即采取技术"蛙跳"，从传统产业介入新兴产业。笔者所调研的企业中，海宁某新能源科技有限公司则成功实现了技术"蛙跳"，产品从传统的劳动密集型产品生产为主转型为新能源材料生产为主，成为中小企业成功实现产品技术复杂度"蛙跳"介入战略性新兴产业的一个成功案例。

传统产业和新兴产业的有效对接，既有助于企业在传统产业的价值链上游或新生产环节取得突破性进步（黄先海，2010），也有助于企业将传统生产优势拓展到新兴产业，有助于新兴产业的快速成长。近些年，通过技术"蛙跳"形式成功介入新兴产业的案例在不断上演。如比亚迪从电池厂商"蛙跳"成为汽车生产商、杭州华立电器"蛙跳"介入医药产业及浙江万马集团从电器生产"蛙跳"介入新能源和医药行业等。传统企业的技术"蛙跳"，不仅降低了中国在传统领域产能过剩的压力，还能解决部分新兴领域产能不足的困境，为此，通过技术"蛙跳"介入新兴产业，能够成为中国制造业技术复杂度赶超、应对外需疲软和成本上升的重要手段。

7.2.4 注重人才、高技术从无到有

位于浙江缙云的浙江山蒲照明电器有限公司（简称"山蒲照明"）目前为国家新技术企业，被誉为照明电器行业的标杆企业。其产品的技术品质、生产工艺和设备甚至得到了 NEC 山胁隆司社长比日本工厂还要好的赞誉。[①]

综合笔者所调研的企业，山蒲照明是为数不多的以人才战略成功实现技术复杂度赶超，并成为行业标杆的企业。其人才战略成功的关键因素不仅在于其重视人才，还在于其为人才提供了发挥其才能的平台，使得企业引进和培养的人才能够人尽其才，使得其人才流失的概率大大降低，为其持续开发高尖端技术提供了相对稳定的研发团队，也为其技术复杂度持续赶超国际巨头奠定了扎实的人才基础。

---

① 资料来源：引自该公司的主页。http：//www.super-lamps.com/news.asp? MID=8&NID=199.

7.2.5 工艺重构、实现技术复杂度升级

前文的国际经验分析中可以发现，韩国的造船产业在赶超美日欧等发达经济体的过程中，采用了重构生产工艺的方式扩大订单接受能力，如将造船过程由船坞转移至陆地，从而使得韩国造船产业在国际竞争中不断赢得优势。我们在调研中国制造业企业时发现，中国的制造业企业在技术赶超过程中，也善于从工艺重构视角优化生产过程，进而达到产品技术复杂度升级的功效。

笔者认为，工艺重构对产品技术复杂度升级和赶超的正效应往往来自于两方面：一是工艺重构引致型成本节约，从而使得企业盈利能力提升，进而更有能力开发高技术复杂度的新产品；二是工艺重构本身带来的技术进步，大大提升产品的品质和技术复杂度。工艺重构不仅是中小企业实现技术升级和发展壮大的主要途径，还是中小企业技术复杂度赶超的业界"领头羊"、实现市场竞争格局重置的重要手段。根据前文的实证结果可知，中国制造业企业存在较为显著的技术复杂度革新惰性，越是标杆性企业（经营经验丰富和TFP较高），其技术革新惰性越明显。为此，笔者认为，鼓励中小企业进行工艺重构型技术复杂度赶超，不断突破传统的市场竞争模式，可以迫使行业中"领头羊"企业不得不改进生产技术，进而推动该行业技术复杂度整体性升级和赶超，即以中小企业技术赶超的"鲶鱼效应"倒逼"领头羊"技术革新。

7.2.6 海外并购、以投资换关键技术

中国制造业通过借力外资技术转让或从国外购进技术等方式获得的技术，往往是行业中的中低端技术，国外跨国公司往往不愿意转让高端技术，为此，高端技术需要中国制造企业自身的研发投入。然而，研发不仅需要投入大量的人力和物力，还需要承受不可预期的研发时间，而时间对处于技术复杂度赶超状态中的企业而言，是一项非常宝贵和稀有的要素。我们通过调研发现，部分国内企业在面临这种困境时，采用了海外并购，以投资换关键技术的策略使得自身产品技术复杂度得以迅速提高。

笔者认为，部分企业的技术收购还存在以下缺陷，企业收购虽然获得了国外成套的生产设备和生产技术，但这些设备的生产技术和开发能力完全掌握在国外企业手中，一旦通过收购所获得的设备老化或技术过时，中国企业的技术复杂度可能再度陷入落后的局面，从而使得收购方式仅能给中国制造业带来短时间的技

术复杂度赶超，为此，通过并购方式实现技术复杂度升级和赶超的企业，还应认真消化所获得的设备与技术，并在已有设备与技术的基础上不断创新和改进，最终成为该行业高端技术的引领者，实现"永久性赶超"。

7.2.7 海外直接投资，以海外竞争倒逼海外技术革新

笔者在杭州华立集团调研时发现，该企业的技术复杂度赶超路径有别于技术收购、技术引进和完全自主研发，而是采用了海外直接投资，以海外竞争倒逼技术革新的赶超模式。杭州华立集团起初为杭州余杭市的集体企业，后转做电能表，21世纪后涉足医药产业，目前企业总资产超过100亿元，控股四家上市公司，其核心业务为仪器仪表。该公司在仪表领域特有的赶超模式，对中国制造业的技术复杂度赶超具有一定的参考价值。

7.2.8 集聚与转型并举、实现技术复杂度多重升级

综合日韩半导体的技术复杂度赶超经验可知，集聚式发展也是实现技术复杂度赶超的一个重要途径。对中国部分产业集聚区（如，海宁经编园、诸暨大唐袜业集聚区和上饶市建材产业集聚区等）进行调研后，笔者发现产业集聚也是很多企业进行技术升级和赶超的一个重要途径。集群的技术集聚、供应商集聚、人力集聚、资本集聚以及技术外溢等功能会有效地降低集群内企业的平均生产成本，进而为集聚内部企业的技术复杂度赶超提供资金支持，不仅如此，集聚内部的竞争加剧效应也会有效地促进企业加快技术复杂度升级。笔者在对东中部地区的产业集聚进行调研后发现，产业集群内部的企业不仅注重有效地利用集聚内部的资源，更加注重企业的产品范围的转型，其中，较为典型的是位于嘉兴的海宁经编产业集聚。

值得一提的是，在加快经编企业集聚的同时，海宁还非常注重经编产业的转型升级，这种转型升级不仅局限于经编产品自身的技术复杂度升级，还注重海宁经编企业向其他产业转型。如企业非常注重传统经编产业与新能源材料产业的对接，注重传统企业生产与商务相结合，注重产品与网络营销相结合，通过集聚与转型相结合，海宁经编园和经济开发区内不仅形成了大量优质的经编企业，使得经编产品的品质与技术复杂度得以不断提升。还形成了大量的诸如创意产业、文化产业和信息产业等新兴产业，更为重要的是，形成了一大批从传统产业转型到战略性新兴产业的企业，如海利得新材料股份有限公司（上市公司）、海宁成如旦新能源材料有限公司和海宁佳利得新材料有限公司。

诸暨大唐镇的袜业集聚、湖南醴陵的瓷器产业集聚和江西上饶市建材产业集聚，当前的发展模式与海宁的经编集聚发展模式较为相似，如大唐袜业集群部分企业开始向新材料等产业转型、湖南醴陵的部分瓷器企业开始逐渐从原本的烧制向设计和烧制工艺研究转型、上饶建材产业集聚也在从传统的建材供应商向服装和药用原料产业转型。本节综合上述集聚的调研经历以及义乌、苏州和山东临沂小商品集聚的调研心得后认为，集聚与转型相结合是传统产业集聚提高自身发展水平，提高产品技术复杂度的关键手段，也是传统产业走出当前外需疲软和生产成本上升双重困境的重要手段。对于传统产业的转型不仅仅局限于产品本身技术复杂度的转型，还在于借助自身的传统优势向新兴产业转型。

本章小结

本章首先分析了日本和韩国相关产业技术赶超的案例，进而在案例分析的基础上，对中国部分制造企业非常规的技术赶超路径进行调研和分析。综合分析国际经验和中国企业实际赶超路径，我们可以得到如下启示：

国际经验的启示体现为，首先，政府支持和优质的人才是产品技术复杂度成功赶超的中流砥柱，政府是日本机床与半导体产业及韩国的造船产业与汽车产业技术复杂度赶超的核心力量，其通过各种优惠或保护政策为这些产业的成长壮大营造了良好的发展氛围，而人才是日本和韩国相关产业技术复杂度赶超的中坚力量，其支撑起相关产业的技术模仿、革新与赶超；其次，重视技术革新和企业家的拼搏精神是产品技术复杂度成功赶超的制胜法宝，两国的技术复杂度赶超都离不开领先企业的工艺重构、工艺革新和技术优化，韩国企业家"干则必成"的拼搏精神使得处于技术复杂度赶超浪潮中的企业能够得到源源不断的决策支持和资金支持；最后，良好的外部技术环境和恰当的竞争策略使得三个地区产品技术复杂度赶超如虎添翼，日本和韩国产品技术复杂度的成功赶超很大程度上得益于美国在技术方面的大方共享，使得其能从良好的外部技术环境中不断获得新技术，恰当的竞争策略使得三个地区企业有效地赢得了国际订单，为企业的技术复杂度革新和赶超提供了重要的资金来源。

对中国制造企业技术复杂度升级与赶超调研的启示主要体现为，首先，技术引进仍然是中国企业进行技术复杂度革新的主流方法，笔者所调研的企业中多数企业采取了技术引进和自主研发相结合的技术革新策略，此类所谓的技术引进往往体现为设备的引进，一旦出现产品更新，引进的设备也将面临被换代的窘境；其次，技术"蛙跳"、集聚和跨产业转型可以成为中国传统产业技术复杂度革新和赶超的重要手段，海宁部分企业和海宁经编园的成功经验表明，这种技术复杂度升级手段，不仅可以提升自身产品的技术复杂度，还有助于传统优势企业介入新兴产业，为新兴产业的发展注入活力；再次，可以借助海外技术力量进行技术复杂度赶超，与日本和韩国等能够得到美国技术上大方帮助的国际背景不同的是，目前，世界各国跨国公司对高端技术的传播可谓相当苛刻，因而中国企业难以像当年的日韩企业那样以相对容易的方式获得外部技术支持，为此可以考虑通过国际并购和国际投资的方式获得相应的技术；最后，企业家才能与发展理念是中国企业实现技术复杂度赶超的关键因素，如华立集团的"走出去"战略、华鼎集团的"消灭短板"战略、山蒲照明的"人才优先"战略和成如旦的"跨行业蛙跳"战略都得益于企业家决策和经营理念，企业家的经营理念决定了企业未来的成长轨迹，因而其对企业产品的技术复杂度升级和赶超发挥着至关重要的作用。

8

结论与政策启示

前文在梳理产品技术复杂度、成本上升和外需疲软三个层面研究文献的基础上，首先，构建了刻画成本上升和外需疲软对产品技术复杂度作用机制的五部门五要素模型，揭示了成本上升和外需疲软对产品技术复杂度升级的影响机理；其次，从宏观和微观双层面构建了产品技术复杂度的新型识别方法，并在机理分析的基础上，从企业异质性视角分析了成本上升和外需疲软对中国制造企业技术复杂度升级的实际影响机制，并进一步从跨国视角分析持续出口（降低外需疲软）对制造业产品技术复杂度升级的影响机制；再次，在综合赶超影响效应的已有研究结论的基础上，从跨国层面和中国省级区域层面双层面分析了产品技术复杂度赶超的社会影响；最后，总结和梳理了日本和韩国产品技术复杂度赶超的经验，并进一步对中国制造企业技术复杂度赶超的模式进行调研，刻画了中国企业技术复杂度赶超的"特殊模式"。本书在梳理统计分析、机理分析、实证分析和经验分析的基础上，勾勒出本书的基本结论，并基于上述研究，构建外需疲软与成本上升背景下中国制造业产品技术复杂度的赶超策略。

8.1 基 本 结 论

(1) 近几年，中国产品的技术复杂度有大幅度的提高，东部制造业产品技术复杂度明显大于中西部

跨国和省级双层面的测度结果显示，近些年，中国制造业产品技术复杂度的绝对值和排名均呈现明显上升趋势，东部地区制造业产品技术复杂度与部分发达国家相似，如上海制造业产品技术复杂度水平与英国整体产品技术复杂度相似，而西部地区部分省区市与部分发展水平相对较低的发展中经济体相似。综合企业层面的测度结果可知，出现东部产品技术复杂度高，西部产品技术复杂度低现象的本质原因在于，东部拥有数量更多的高技术复杂度企业，而西部的高技术复杂度企业相对较少，即区域产品技术复杂度是该区域高技术复杂度企业数量和质量的宏观体现。为此，政府应加大高技术复杂度企业的培养力度，提高高技术复杂度企业的数量和质量，并使之成为加快区域产品技术复杂度升级和经济发展方式转变的微观载体。

（2）外需疲软不利于资本密集型内资企业产品技术复杂度的升级，而对外资企业和劳动密集型本土企业产品技术复杂度的影响不显著

资本密集型产业是中国产品技术复杂度赶超的关键所在，本土企业赶超外资企业是中国赢得产品技术复杂度优势的核心内容。为此，政府应该更多地关注资本密集型本土企业，为其发展提供更为良好的环境。值得一提的是，导致外需疲软对资本密集型本土企业产生较大冲击的原因还可能在于，劳动密集型产业是中国的传统优势产业，其出口力度远大于资本密集型产业，即劳动密集型产品的出口额超过了五部门模型中定理2的阈值，从而使得"倒逼机制"出现在劳动密集型企业中，进而降低外需疲软对劳动密集型产品技术复杂度的负效应。[①] 资本密集型本土制造业出口力度并未跨越阈值，"倒逼效应"相对较弱，从而使得外需疲软对其表现为显著的负效应。这一结论：一方面，证实了前文五部门机理模型的合理性；另一方面，在面临外需疲软时，加快资本密集型本土制造业"倒逼机制"的形成速度。外需疲软能够有效地倒逼中国经济发展方式整体性转变。

（3）非要素型成本上升给制造业技术复杂度带来的损害明显大于要素型成本上升

企业异质性层面的实证结果显示，虽然，要素型成本上升和非要素型成本上升对技术复杂度升级的作用力并不相同，非要素型成本上升不会明显地提升制造业企业技术复杂度升级能力，要素型成本上升不会显著降低制造业技术复杂度升级能力。非要素成本上升，给制造业产品技术复杂度升级带来的负效应，在要素价格扭曲缓解型成本上升的实证分析中也得到了印证，即要素价格扭曲已经成为中国企业技术复杂度升级和赶超的助推型资源，要素价格扭曲程度加剧均能有效地促进中国制造业产品技术复杂度上升。要素价格扭曲层面的估计结果还显示，劳动工资上涨会促进非公有制企业产品技术复杂度升级，而对非公有制企业产品

---

① 这一现象出现于劳动密集型本土制造业的原因可能还在于，相比本土资本密集型制造业，中国劳动密集型本土制造业有着更长的出口经验，为此，其在应对外需波动方面有着更丰富的经验，进而使得倒逼机制出现于劳动密集型企业，而资本密集型企业的倒逼效应不明显。

技术复杂度升级并无正向效应。结合五部门机理模型可以推定，公有制制造业出口的比重尚未达到使成本上升产生倒逼型正效应的阈值，而非公有制企业则达到了相应的阈值。要素型成本上升往往意味着劳动力和资本的收入上涨，要素价格扭曲程度的降低，进而有利于经济效率的提升，为此，可采取完善要素市场价格体系和矫正企业技术复杂度动力体系的双管齐下策略，以降低企业技术复杂升级对要素价格扭曲型助推力的依赖性，进而降低成本上升给中国制造业产品技术复杂度升级带来的负效应，与此同时，还应鼓励企业对非要素成本上升进行适度的控制，进而全面（要素成本和非要素成本）降低成本上升给中国制造业技术复杂度升级和赶超带来的负向冲击。

（4）"技术复杂度革新惰性"已经成为中国制造业技术复杂度演进过程中不得不面对的窘况

企业异质性条件下多个层面的回归结果（两倍门槛、三倍门槛、要素价格扭曲与要素成本上升）均显示，全要素生产率的提升对企业产品技术复杂度升级不敏感，企业经营历史对产品技术复杂度升级亦无显著的正向效应。正如前文所述，高全要素生产率和历史悠久的企业往往容易成为行业标杆和学习的典范，因而，此类企业所具备的技术复杂度革新惰性更容易传染给同行业的"跟随型"企业，从而使得整个行业染上"技术复杂度革新惰性"，为此，政府应鼓励和"逼迫"各行业的标杆型企业进行技术复杂度赶超，使得标杆型企业技术复杂度得以提升的同时，形成主动创新和主动赶超的技术复杂度升级模式，使得其对非标杆型企业技术复杂度升级发挥正向的"鞭笞效应"和"示范效应"，进而逐步消除赶超惰性、成本上升和外需疲软等因素带来的不利影响，推动中国制造企业产品技术复杂度的整体性升级与赶超。促进经济发展方式快速、健康转变。

（5）确保传统优势产品持续出口应对外需疲软的措施只能作为权宜之计

五部门模型的机理分析表明，当一国出口量较少时，出口的扩大会对产品技术复杂度产生显著的正效应，当出口量较大时，"技术革新惰性"会使得出口对产品技术复杂度表现出一定的负效应。本节对出口持续时间和产品技术复杂度之间的关系进行实证分析后表明，产品出口持续时间对出口技术复杂度的作用力呈现出"倒 U 型"，即出口初期，出口的扩大促进产品技术复杂度增长，而长期将会对产品技术复杂度升级产生阻碍效果，即机理分析和实证分析同时印证了以下观点，通过延续已有产品出口时间的方式来应对外需疲软，可能会对产品技术复杂度升级产生不利影响。前文定量分析结果显示，中国产品持续出口给产品技复杂度带来的正效应区间仅为8年,而中国传统优势产品的出口持续时间远超过上述正效应区间,为此,在当前较为严峻的外需疲软背景下,通过传统优势产品出口的方式只能作为权宜之计。而鼓励高技术产品出口、新产品出口和将更多的高技术产品出口到发达经济体,不仅能在一定程度上帮助中国缓解外需疲软,还有助于中国产品的技术复杂度升级。

(6)物质资本投资和员工技能是中国制造业技术复杂度升级和赶超的核心动力(内源动力)

企业的总资产在前文所有的方程中均显著为正,这表明增加企业资产能够有效地促进企业技术复杂度升级,即物质资本存量的提升能有效地促进中国产品技术复杂度升级。此外,要素价格扭曲的实证结果显示,员工的技能提升也能有效地促进中国产品技术复杂度升级。通过对比企业异质性层面工资(技能的代理变量)与物资资本变量的实证结果可知,后者正效应的稳健性明显大于前者,在一定程度上表明,物质资本投资在过去几年中,对产品技术复杂度升级发挥的作用大于员工技能。这与普通发展中国家主要依赖人力资本提升产品技术复杂度不同(唐海燕,张会清,2009)。为此,中国制造业产品技术复杂度升级与赶超之路,实质上有异于普通发展中国家。这一现象出现的原因可能在于,一方面,中国近些年吸引了大量的技术流入性外商直接投资;另一方面,通过人力资本研发实现技术赶超需耗费非常长的时间,为此中国的企业选择了走捷径,以资本购买高技术或基础设施投资吸引技术的方式促进产品技术复杂度升级。

(7)产品技术复杂度适度赶超对其他经济体和社会因素的负面影响较少,过度和过低的赶超均不利于经济和社会和谐发展

基于跨国和省级区域层面的实证分析结果显示,产品技术复杂度过度赶超不利于弱势群体就业,而过低的赶超也不利于弱势群体就业。这一实证结果与陈晓华和刘慧(2012)和刘慧、陈晓华和周禄松(2014)关于产品技术复杂度赶超对出口、经济增长及能源效率方面的实证结果颇为相似,即过度赶超也不利于经济增长、出口扩大和能源效率提升。为此,在外需疲软和成本上升的背景下,中国制定制造业产品技术复杂度赶超的策略时,应结合东中西部区域差异,制定适合本区域制造业产品技术复杂度升级与赶超的发展策略,以防止产品技术复杂度偏离"比较优势零值"现象的出现。

(8)降低契约型贸易壁垒有助于中国制造业产品技术复杂度升级

前文实证结果表明,"空间型地理优势"(如沿海和与大进口国相邻)不一定能促进一国制造业产品技术复杂度升级,但"契约型地理优势"则能有效地促进产品技术复杂度升级。"空间型地理优势"为"先天决定"往往无法改变,而"契约型地理优势"则可以通过后天努力达到,"契约型贸易地理优势"的形成意味着一个经济体与其他特定经济体间贸易壁垒的降低,由此可见,通过本国与其他经济体签订类似自由贸易协定的契约型文件能有效地促进产品技术复杂度升级。即上述实证结果表明,中国当前推进"自贸区",实现与其他国家和地区更紧密的贸易,不仅有助于扭转外贸疲软的现状,还有助于产品技术复杂度升级,可谓"一举两得"。

(9) 中国制造业的产品技术复杂度赶超犹如"逆水行舟",企业的技术复杂度赶超不仅需注意赶超的力度,还应注意赶超的策略

跨国层面的测度结果表明,149个经济体产品技术复杂度的排名每年都在变动,即各国均在采取措施深化自身产品的技术复杂度。异质性企业层面的测度结果则表明,不仅内资企业选择了技术复杂度赶超策略,外资企业的技术复杂度赶超力度也不小。可见,中国制造业产品技术复杂度的升级与赶超胜似逆水行舟,一旦升级速度过慢,将被其他经济体赶超。不仅如此,过慢的赶超还有可能使得中国陷入长期尾随型技术复杂度赶超。前文的研究也表明,过度的技术复杂度赶超会对经济和社会发展产生不良影响,为此,中国企业需注意技术复杂度赶超的力度。结合日本和韩国的产品技术复杂度赶超经验及案例调研中的部分成功案例,本书以为赶超的策略对处于技术复杂度赶超关键时期的中国而言,显得异常重要。

(10) 政府支持、企业家的坚持、人才的培养、重视技术革新、良好的外部环境和恰当的竞争策略是日本和韩国相关产业实现产品技术复杂度赶超的关键因素

日本和韩国相关产业成功赶超其他经济体的经验表明,政府支持和优质的人才是产品技术复杂度成功赶超的中流砥柱,重视技术革新和企业家的拼搏精神是产品技术复杂度成功赶超的制胜法宝,良好的外部技术环境和恰当的竞争策略使得三个地区产品技术复杂度赶超如虎添翼。为此,中国在执行技术复杂度赶超战略时,应协调好政府、企业家、企业和外部环境等因素,使得这些因素成为推进中国经济发展方式转变的重要载体。

8.2 外需疲软与成本上升背景下制造业产品技术复杂度的赶超策略分析

综合中国发展实际、统计分析、理论分析、实证分析、国际经验和中国企业调研分析的结论可知，在外需疲软和成本上升的背景下，中国传统的成本优势将逐渐丧失，外需给中国产品技术复杂度升级带来的正向影响相对有限（见实证分析结论，外需疲软的负效应只体现于部分企业）。在中国制造业技术复杂度持续升级的情况下，中国逐渐从国外高技术跨国公司的技术跟随者演变成国外高水平企业的竞争者（见跨国和省级层面技术复杂度的测度结果），因而外部高端技术流入和外溢也将越来越少，通过引进外部技术大幅提升国内企业技术复杂度的机会也越来越少。日本和韩国制造业技术复杂度的成功赶超，也得益于内部动力推动型机制的形成及不断完善，中国企业已有内力依赖型技术赶超的成功经验。

有鉴于此，笔者以为在外需疲软和成本上升的背景下，中国制造业技术复杂度的最优赶超路径为，短期条件下，走"内源动力为主，外源动力为辅"型技术复杂度赶超之路，长期条件下，走内源动力型技术复杂度赶超之路，即中国制造业产品技术复杂度的外生动力推动型升级机制将逐渐被内生动力推动型新机制所替代。内源动力型技术复杂度赶超不仅可以充分利用中国的"大国大市场"优势，还有助于制造业形成国内价值链，实现国内价值链与国际价值链攀升的良性互动。此外，内源动力型技术复杂度赶超降低了中国制造业技术赶超的外部路径依赖，有助于中国制造业技术复杂度在赶超过程中跨越跨国公司设置的"赶超屏障"，避免陷入"长期尾随型"赶超。

后文以新型升级机制的培育和完善（内源动力型升级机制）为出发点，以经济增长方式优化为目标，以制造业动态比较优势增进和升级机制动态优化为核心方向，以功能性、动态性和嵌入式自主性为要求，构建了外需疲软和成本上升背景下制造业产品技术复杂度赶超的策略，以为最优赶超路径的实现提供制度保障。具体策略如下：

（1）治理外需疲软时，高技术产品可鼓励其采用边际广化和边际深化并举的方式扩大出口规模，传统优势产品则鼓励其以产品边际广化的形式扩大出口

短期内治理外需疲软最有效的策略是延长现有产品的出口持续时间，而根据前文实证结果可知，以边际深化延长的形式扩大传统产品出口规模不利于产品技术复杂度的深化，而新产品的出口可以赢得一个促进产品技术复杂度升级的"正效应"区间，为此，应鼓励从事传统产品的企业积极进行技术革新，以出口更多新产品的形式克服"正效应持续时间较短"给出口技术复杂度升级带来的不利影响。相对传统产品而言，高技术复杂度产品的"正效应持续时间"相对较长，为此，以边际深化形式扩大出口，对产品技术复杂度深化带来的负向冲击相对较少，甚至会促进技术复杂度升级，而边际广化亦是促进高技术复杂度产品技术含量升级的重要手段。为此，可以采用边际深化与边际广化并举的措施。

（2）治理成本上升时，应将重心置于非要素成本的控制，并适当控制资本成本上升的速度

前文的实证结果表明，因为"倒逼机制"和"收入上升引致要素生产积极性提升"等机制的存在，使得要素型成本上升并未表现出显著恶化产品技术复杂度的特征，而非要素型成本（如管理费用和财务管理费用等）则在部分回归中对产品技术复杂度升级表现出显著的负效应。为此，在治理成本上升时，企业应更多地控制非要素成本上升的速度，如控制企业的仓储、物流、管理和其他非要素型成本，降低成本对利润的侵占程度，使得企业在外需疲软的背景下，能有更多的资金投入于技术革新和技术复杂度赶超。值得一提的是，回归结果还显示，外需疲软会对本土资本密集型企业的产品技术复杂度深化产生不利的影响。资本密集型本土制造业，是中国产品技术复杂度赶超其他发达经济体的微观主体，资本的成本对资本密集型企业的影响可能大于劳动密集型企业，因而笔者认为，在控制非要素型成本上升的同时，可通过降息、提高金融市场融资效率及降低融资约束等手段，降低资本密集型企业的生产成本，最终在一定程度上抵消外需疲软给本土资本密集型企业带来的压力。

（3）构建更为完善的"东中西部产能对接平台"和"东中西研发协作平台"，加快中西部产品技术复杂度的升级与赶超速度

跨国和跨省双层面产品技术复杂度的测度结果显示，中国区域制造业技术复杂度具有东西部二元结构的特征，为此在外需疲软和成本上升背景下，大力提升中西部区域制造业产品技术复杂度亦能有效地推动中国制造业产品技术复杂度整体性提升。为此，一方面，在深化东部"腾龙换鸟"政策和中西部"筑巢引凤"政策的基础上，构筑更为完善的"东中西产能对接平台"，使得东部需转移的产能有效地在中西部找到匹配地，可谓"肥水不流外人田"，不仅使得东部腾出更多的"空间"来发展更高技术的产品，还使得中西部的产品技术复杂度也会因东部产能的介入而有所提升，最终实现东中西部制造业产品技术复杂度"雁型提升"；另一方面，东部地区的技术研发能力明显高于中西部（测度结果显示，东部高技术复杂度企业的数量明显大于西部），通过简单的产能转移不一定能使得中西部企业完全捕获技术赶超的能力，为此，可以通过东中西部共建"协作研发中心"的方式，使得东中西部企业同时参与到某些特定技术的开发中，促进东中西部企业的技术复杂度协调共进，改变东西部二元结构的不利局面。

（4）实施"弯道超车"战略，以传统产业的优势为跳板，"蛙跳"介入新兴产业，打造新兴产业的"先发优势"

对于发达经济体已经取得"先发优势"的产业而言，虽然中国制造业也在特定领域或环节取得了一定的优势，但外国企业牢牢控制了这些产业的核心环节，如汽车的发动机、电脑与手机的处理器和装备制造业的高端机床，这些行业犹如"直道行车"，中国企业难以在短期内实现技术复杂度的全面赶超。但是，对于一些新兴产业如新能源汽车和新材料等行业，发达经济体也不具备明显的"先发优势"，为此，这些行业对于中国而言属于"弯道"。中国可以借助自身在传统制造业领域所积攒的优势（如，生产成本低、研发人员成本低）和中国特有的优势（如，国内大市场），"蛙跳"进入新兴产业，在国内大市场优势的引导下，促使中国在新兴产业赢得"先发优势"。事实上，笔者在调研中也发现，部分传统优势产业"蛙跳"进入新兴产业的案例，当前，外需疲软多发生于传统制造业，新兴制造业的产品需求正处于增长过程中。为此，"蛙跳"进入新兴产业，不仅能够使得中国制造业在高端产业赢得先机，促进产品技术复杂度升级，还能降低外需疲软给中国制造业带来的负向冲击，优化中国的产能结构。

（5）培育企业家拼搏精神，提升企业家进行生产工艺革新的主动性，逐步消除"技术革新惰性"

作为后发型大国，中国拥有数量巨大的企业家，但令人可惜的是，与日本、韩国大企业家的拼搏精神相比，中国企业家的进取精神似乎略显不足，从而使得中国制造业产品技术复杂度表现出显著的"技术革新惰性"。笔者在对中国部分企业进行调研时也发现了这一问题，如部分企业家安逸于当前相对微薄的利润，另一部分企业家则担心通过技术革新会使得自身原有的竞争优势丧失。为此，应大力培养中国制造业企业的拼搏精神，使更多的中国企业家拥有日韩企业家那样敢于创新的精神，并拥有"干必成"的决心。企业家是企业成长的掌舵人，企业家进取精神不足往往导致企业技术革新动力的缺乏。而培育企业家进取精神的方法主要有两种，一是通过单纯的课堂式的培育和引导，使得企业家树立进取精神；二是通过鼓励创新创业、招商引资和产业集聚等手段，使得部分区域或整个区域具备更多的企业和企业家，进而倒逼企业家进行技术创新，以获得新的竞争优势。笔者基于中国的实证结果、企业调研结果和国际经验后认为，通过引导企业家的创新精神，能在外需疲软和成本上升等众多不利约束条件下，有效地加快中国制造业产品技术复杂度升级和赶超速度。

（6）进一步发挥举国创新体制中的"政府指向"功能，促使优势企业"专攻"本产业技术深化的基础性、关键环节，降低中国技术复杂度赶超的外部依赖程度，逐步形成内源式技术赶超的新模式

近几年，中国制造业的产品技术复杂度确实得到了较为明显的提升，但中国的技术复杂度赶超具有显著的"外力依赖型"特点，高技术环节和高技术零配件（如，前文所提的发动机和处理器等）多依赖于外部力量。综合日本产品和韩国产品技术复杂度赶超的成功经验可以发现，通过工艺重构等手段掌握核心技术是其成功的关键，如韩国汽车业的成功得益于其开发出自主的发动机及钢铁产业的发展，造船业亦是如此。为此，虽然短期内难以通过自主研发获得这些核心技术和工艺，但这并不代表中国无法突破这些技术和环节，为此，政府应鼓励优势企业专攻自身产业的核心环节，使得国内企业形成与日韩类似的赶超模式（自己所能生产的产品逐步向价值链的高端转移），进而逐步在国际价值链中占据更有利的地位。使得中国外源依赖型技术复杂度赶超模式逐步演变为内源型技术复杂度赶超，既使得中国制造业产品技术复杂度形成全新的升级与赶超模式，也能在一定程度上解决中国技术复杂度赶超与国内增加值率递增相悖的矛盾。

（7）充分发挥"大国大市场优势"，为本国企业所生产的高技术产品和战略性新兴产业的产品创造更多的需求

为本国高端产品创造需求是日韩制造业技术复杂度成功赶超的重要经验之一，日本政府与韩国政府均通过制定相关法律的形式鼓励本国消费者购买本国产品。本国企业所生产的高技术产品（特别是关键零配件）和新型产业产品得到市场的认可是本国技术复杂度赶超的关键所在，与日本、韩国相比，中国有一个得天独厚的优势，即"大国大市场"。为此，中国可以充分发挥"大国大市场优势"，为企业在技术复杂度赶超过程中提供更多的需求。对于本国的高技术产品和战略性新兴产业产品，可采取如下措施，鼓励本国民众购买、将相应产品纳入政府采购清单、通过环境约束等手段创造新需求以及适当控制国外同类产品进入量等。使得中国制造业在高端环节和高端产业上的努力能够较快地得到回报，进而激励制造业企业不断地尝试向价值链高端拓展。高铁技术是中国借助"大国大市场优势"实现技术赶超的成功案例，为此，该策略在中国具有较强的可行性，即进一步发挥好该优势，使得该优势为中国制造业企业所用（而非外国制造业企业所用）能够成为中国制造业实现技术复杂度非常规赶超的重要手段。

（8）以发展高新技术产业所需基础性产业的人才培养为出发点，优化基础性产业人才的培养和引进机制，促进基础性产业快速发展，为制造业技术复杂度整体性赶超提供更高的起点

基础性产业是中国制造业技术复杂度赶超过程中的短板，如发动机和处理器等产业难以赶超一定程度上是由于基础材料产业发展的薄弱，汽车产业难以赶超一定程度上由于基础性装备产业（如生产汽车的装备）的薄弱。而这些基础性产业发展薄弱的本质原因在于人才的缺失。为此，中国制造业在执行技术复杂度赶超战略时，不仅要效仿日韩的"生产工艺重构"和"技术模仿—技术创新—技术赶超"战略，更应重视基础性产业人才的培养和引进。日本在培养机床类基础性人才时采用的是在东京大学和东北大学等著名学府开设精密仪器类专业，韩国造船业人才的供给则得益于首尔大学等韩国著名大学开设的造船及与造船密切相关的专业。但是，在发达国家已经拥有非常显著优势的情况下，通过效仿日韩在国内大学开设基础性产业的相关专业（如，材料学、化工等），很难在短期内缩小技术差距。为此，笔者认为可以通过常规途径和非常规途径相结合的形式培养和引进基础产业发展所需的人才，常规途径表现为，一是挖掘国外基础性产业的高端人才进入中国的企业界或高校，使之为中国基础性产业人才队伍的壮大提供支持；二是在国内名校开设基础性产业相关专业的基础上，为该专业的学生和教师赴国际前沿学校交流提供更多的机会，从而使得国内基础产业人才能了解到国际前沿的技术与知识；非常规途径可以表现为：一是鼓励国内大学与国际知名大学合作在国内新建大学，协助新建大学开设基础性产业发展所需的专业，并构建国外高校专家来华授课的长期激励机制，为中国基础性人才的培养注入活力；二是通过全资收购国外优势企业，以其人才团队带动中国企业基础性人才团队的形式为基础性产业的发展提供支持。当然，在采用常规途径与非常规途径培养和引进人才的同时，还应注重基础性产业人才的"产学研"相结合。

（9）进一步发挥自由贸易区和"一带一路"的带动功能，不断获得"契约型地理优势"

与生俱来的"空间型地理优势"不仅难以改变，部分"空间型地理优势"甚至会对产品技术复杂度深化产生负效应（如沿海地理优势），而"契约型地理优势"则有利于一国制造业的产品技术复杂度深化。为此，在外需疲软和成本上升背景下，中国应从"契约型地理优势"方面做文章，为技术复杂度深化和赶超注入"制度型推动力"（这一结论从实证经验视角说明了自由贸易区和"一带一路"策略的正确性）。中国应加大当前的自贸区和"一带一路"经济区的建设，发挥其构建"契约型地理优势"的功能。综合前文实证结论、国际经验和中国企业的调研数据，笔者认为可以从以下两个方面着手，一是进一步打造上海、福建和广东之外的自贸区，特别是边境地区，为中西部地区企业技术复杂度赶超构建"契约型地理优势"。另一方面，深化"一带一路"经济区的合作，中国应充分发挥"一带一路"的引领作用，并积极参与合作机制建设及合作规则的制定，使得"一带一路"沿线经济体能够形成更多的共同纲领，为中国及沿线国家间贸易提供更多的"契约型地理优势"，促进产品技术复杂度的整体性提升。自贸区和"一带一路"建设犹如当前中国产品技术复杂度升级与赶超的"两翼型外力"，为此，充分发挥两翼促进功能的同时，还需构建二者的协调机制，这不仅有利于中国应对外需疲软，实现制造业产品技术复杂度升级，还有利于提高两类措施间的契合性。

（10）对传统产业集聚实施"要素密集型逆转"战略，打造高技术产业集聚地和高技术研发联盟集聚地，为制造业技术复杂度赶超构建类似的"集聚型动力"

产业集聚会给制造业的技术复杂度赶超提供"技术交流平台""人才交流平台"及"信息交流平台"等，使得产业发展达到规模经济，进而有利于产品技术复杂度升级。中国在劳动密集型产业的集聚方面积累了丰富的经验，如大唐袜业、海宁皮革、宁波服装和绍兴化纤等，但这些集聚均为传统产业集聚，对高端制造业技术复杂度升级和赶超的作用力相对有限。而采用"绿地投资"的形式重新打造高技术产业集聚地，不仅基础设施性资金投入量大，还加剧土地供给压力，甚至会进一步破坏环境系统。综合中国的发展实际，笔者认为可以实施产业集群"要素密集度型逆转"战略，使得具有劳动密集型特征的产业集聚逐步逆转为资本和技术密集型集聚，成为高技术产业和高技术研发联盟的集聚地，为制造业技术复杂度赶超提供支持，最终在不增加土地需求的背景下，实现产品技术复杂度革新和发展方式转变。

（11）以国内价值链重构和国内增加值率提升为出发点，鼓励行业内企业形成以"领头羊"为核心的协作型分工体系

全球价值链是约束中国制造业技术复杂度升级和赶超的重要媒介，为此，打破全球价值链约束，重构国内价值链及提升国内增加值率被部分经济学家视为营造中国制造业技术复杂度赶超环境的重要途径。综合韩国技术赶超的经验可知，"领头羊"企业的存在是重构国内价值链及提升国内增加值率的关键所在。为此，中国应着重培养和打造高技术复杂度产业的"领头羊"企业（如，鼓励企业合并，打造大企业；重点支持优势企业，使之成为"领头羊"），并使得"领头羊"企业通过自身的市场配置力量对产业内的企业进行"价值链重构"型梳理（如丰田和本田均对为其提供服务的企业进行了有效的"价值链重构"型梳理），促进不同优势的企业处于不同的国内价值链上，形成"术业有专攻"的协作机制，而改变以往的"多头竞争"甚至"无序竞争"的不利局面，最终形成富有中国特色的国内价值链，使得产品的国内增加值率持续提升，为产品技术复杂度赶超和发展方式转变提供源源不断的内部动力。

主要参考文献

[1] 安同良. 中国企业的技术选择. 经济研究. 2003（7）：76–84.

[2] 包群、邵敏. 出口贸易与我国的工资增长：一个经验分析. 管理世界, 2010（9）：55–66.

[3] 蔡昉、王德文、都阳. 劳动力市场扭曲对区域差距的影响. 中国社会科学, 2001（2）：4–15.

[4] 蔡思复. 城市化是克服市场需求不足的根本途径. 中南财经大学学报, 1999（9）：24–26.

[5] 陈利平. 高储蓄率并非需求不足的根源. 经济研究, 2001（3）：46–50.

[6] 陈维涛、王永进、毛劲松. 出口技术复杂度、劳动力市场分割与中国的人力资本投资. 管理世界. 2014（2）：6–21.

[7] 陈晓华、黄先海、刘慧. 中国出口技术结构演进的机理与实证研究. 管理世界, 2011（3）：44–57.

[8] 陈晓华、刘慧、范良聪. 中国制造业出口技术复杂度升级的贸易利益效应分析——来自美日欧韩对华贸易数据的经验证据. 国际贸易问题, 2014（4）：46–57.

[9] 陈晓华、刘慧. 要素价格扭曲、外需疲软与制造业产品技术复杂度演进. 财经研究, 2014b（7）：119–131.

[10] 陈晓华、刘慧. 产品持续出口能促进出口技术复杂度持续升级么？. 财经研究, 2015a（1）：74–86.

[11] 陈晓华、刘慧. 出口技术复杂度赶超对经济增长影响的实证分析——基于要素密集度异质性视角的非线性检验. 科学学研究, 2012（11）：1650–1661.

[12] 陈晓华、刘慧. 出口技术复杂度演进加剧了就业性别歧视？——基于跨国动态面板数据的系统GMM估计. 科学学研究, 2015b（4）.

[13] 陈晓华、刘慧. 国际分散化生产约束了我国出口技术结构升级么？——基于省级动态面板数据GMM方法. 科学学研究. 2013（8）：1178–1190.

[14] 陈晓华、刘慧. 外需疲软、成本上升与制造业技术复杂度演进. 科学学研究, 2014 (8): 860-872.

[15] 陈晓华、刘慧. 外需疲软、生产技术革新与制造业劳动力要素价格扭曲. 统计研究, 2015c (10): 79-87.

[16] 陈晓华、刘慧. 要素价格与中国制造业出口技术结构. 财经研究, 2011 (7): 103-113.

[17] 陈晓华. 产业出口技术复杂度演进的动因与效应研究. 浙江大学出版社, 杭州. 2014.

[18] 陈永伟、胡伟民. 价格扭曲、要素错配和效率损失: 理论和应用. 经济学 (季刊). 2011 (4): 1401-1422.

[19] 陈勇兵、李燕. 中国企业出口持续时间及其决定因素. 经济研究, 2012 (7): 48-62.

[20] 戴翔、金碚. 产品内分工、制度质量与出口技术复杂度. 经济研究, 2014 (7): 4-17+43.

[21] 戴翔、张二震. 中国出口技术复杂度真的赶上发达国家了吗. 国际贸易问题, 2011, (7): 3-16.

[22] 邓亚平、任小江. 有效需求不足的定义、成因及对策. 金融研究, 2000 (3): 66-70.

[23] 董直庆、蔡啸、王林辉. 技能溢价: 基于技术进步方向的解释. 中国社会科学, 2014 (10): 22-42.

[24] 樊纲、关志雄、姚枝仲. 国际贸易结构分析: 贸易品的技术分布. 经济研究, 2006 (8): 32-44.

[25] 方福前. 中国居民消费需求不足原因研究——基于中国城乡分省数据. 中国社会科学, 2009 (3): 68-82.

[26] 付文林. 住房消费、收入分配与中国的消费需求不足. 经济学家, 2010 (2): 55-60.

[27] 盖庆恩、朱喜、史清华. 劳动力市场扭曲、结构转变和中国劳动生产率. 经济研究, 2013 (5): 87-97.

[28] 高伟、张苏. 土地流转、收入预期与农村高等教育参与意愿. 管理世界 2013 (3): 82-95.

[29] 耿德伟. 劳动力成本上升对我国竞争力的影响及对策. 宏观经济管理, 2013 (3): 43-45.

[30] 耿伟. 要素价格扭曲是否提升了中国企业出口多元化水平? 世界经济研究, 2013 (9): 49-57.

[31] 关志雄. 从美国市场看"中国制造"的实力——以信息技术产品为中心. 国际经济评论, 2002 (7-8): 5-12.

[32] 海闻、林德特、王新奎. 国际贸易. 上海人民出版社, 上海2003年版.

[33] 洪世勤、刘厚俊. 出口技术结构变迁与内生经济增长. 世界经济, 2013 (6): 79-107.

[34] 胡凤霞、姚先国. 城镇居民非正规就业选择与劳动力市场分割：一个面板数据的实证分析. 浙江大学学报, 2011 (2): 191-199.

[35] 黄金辉. 周期波动与需求不足——我国有效需求不足的系统分析. 四川大学学报（哲学社会科学版）, 2000 (3): 42-50.

[36] 黄先海、陈晓华、刘慧. 产业出口复杂度的测度及其动态演进机理——基于52个经济体1993~2006属制品出口的实证研究. 管理世界, 2010 (3): 44-56.

[37] 黄先海、徐圣. 中国劳动收入比重下降成因分析. 经济研究, 2009 (7): 34-44.

[38] 黄先海. 后发国的蛙跳型经济增长：一个理论分析框架. 经济学家, 2005 (2): 41-47.

[39] 黄先海. 浙江发展战略性新兴产业的基本思路与对策建议. 浙江社会科学, 2010 (12): 14-16.

[40] 黄永明、张文洁. 中国出口技术复杂度的演进机理——四部门模型及对出口产品的实证检验. 数量经济与技术经济研究, 2012 (3): 70-84.

[41] 黄志岭、姚先国. 教育回报率的性别差异研究. 世界经济, 2007 (7): 26-41.

[42] 简泽. 市场扭曲、跨企业的资源配置与制造业部门的生产率. 中国工业经济, 2011 (1): 58-68.

[43] 蒋含明. 要素价格扭曲与我国居民收入差距扩大. 统计研究, 2013 (12): 56-63.

[44] 蒋仁爱、冯根福. 贸易、FDI、无形技术外溢与中国技术进步. 管理世界 2012 (9): 49-60.

[45] 康志勇. 赶超行为、要素市场扭曲对中国就业的影响——来自微观企业的数据分析. 中国人口科学, 2012 (1) 60-69.

[46] 康志勇. 技术选择、投入强度与企业创新绩效研究. 科研管理, 2013 (6): 42-49.

[47] 赖明勇、包群、彭水军、张新. 外商直接投资与技术外溢：基于吸收能力的研究. 经济研究, 2005 (8): 95-105.

[48] 李春顶. 中国出口企业是否存在"生产率悖论"基于中国制造业企业数据的检验. 世界经济研究, 2010 (7): 64-81.

[49] 李平, 季永宝. 要素价格扭曲是否抑制了我国自主创新? 世界经济研究, 2014 (12): 10-16.

[50] 李实, 赵人伟. 中国居民收入分配再研究. 经济研究, 1999 (4): 3-18.

[51] 连玉君, 程建. 不同成长机会下资本结构与经营绩效之关系研究. 当代经济科学 2006 (2): 97-103+128.

[52] 林炜. 企业创新激励: 来自中国劳动力成本上升的解释. 管理世界, 2013 (10): 95-105.

[53] 林毅夫. 发展战略、自主能力和经济收敛. 经济学 (季刊), 2002 (2): 269-300.

[54] 刘厚俊, 王丹利. 劳动力成本上升对中国国际竞争力比较优势的影响. 世界经济研究, 2011 (3): 09-13.

[55] 刘慧, 陈晓华, 吴应宇. 融资约束、出口与本土制造业出口技术复杂度升级. 山西财经大学学报, 2014 (3): 67-76.

[56] 刘慧、陈晓华出口技术复杂度赶超对能源效率的影响研究——基于跨国面板数据门槛效应模型的非线性检验. 国际贸易问题, 2014 (8): 25-35.

[57] 刘慧. 企业异质性、出口与劳动收入占比——基于要素密集度异质性视角的 Stolper-Samuelson 定理检验. 当代经济科学. 2013 (3): 54-63.

[58] 刘林森. 日本机床外销成功的经验. 机电国际市场, 1994 (10): 39.

[59] 刘文斌. 收入差距对消费需求的制约. 经济学动态, 2000 (9): 13-16.

[60] 罗德明, 李晔, 史晋川. 要素市场扭曲、资源错置与生产率. 经济研究, 2012 (3): 4-14.

[61] 毛其淋, 盛斌. 贸易自由化、企业异质性与出口动态——来自中国微观企业数据的证据. 管理世界, 2013 (3): 48-70.

[62] 毛其淋. 国内市场一体化与中国出口技术水平——基于金融发展视角的理论与实证研究. 世界经济文汇, 2012 (3): 14-40.

[63] 毛其淋. 要素市场扭曲与中国工业企业生产率——基于贸易自由化视角的分析. 金融研究, 2013 (2): 156-169.

[64] 齐俊妍, 王永进, 施炳展, 盛丹. 金融发展与出口技术复杂度. 世界经济, 2011 (7): 91-108.

[65] 钱学锋, 陈勇兵. 国际分散化生产导致了集聚吗: 基于中国省级动态面板数据GMM方法. 世界经济, 2009 (12): 12-23.

[66] 钱学锋．企业异质性、贸易成本与中国出口增长的二元边际．管理世界，2008（9）：48 – 59．

[67] 桑瑞聪，刘志彪．我国产业转移的动力机制：以长三角和珠三角地区上市公司为例．财经研究，2013（5）：99 – 101．

[68] 盛仕斌，徐海．要素价格扭曲的就业效应研究．经济研究，1999（5）：66 – 72．

[69] 施炳展，冼国明．要素价格扭曲与中国工业企业出口行为．中国工业经济，2012（2）：47 – 56．

[70] 施炳展．补贴对中国企业出口行为的影响——基于配对倍差法的经验分析．财经研究，2012（5）：70 – 80．

[71] 史晋川，赵自芳．所有制约束与要素价格扭曲——基于中国工业行业数据的实证分析．统计研究，2007（6）：42 – 46．

[72] 舒元，杨扬，余壮雄．区域产业分工与赶超．财贸经济，2009（5）：111 – 116．

[73] 宋结焱，施炳展．出口贸易是否降低了中国行业内资源错配？．世界经济研究 2015（2）：53 – 63．

[74] 孙宁华，洪永淼．劳动力市场扭曲、效率差异与城乡收入差距．管理世界，2009（9）：44 – 54．

[75] 唐海燕，张会清．产品内国际分工与发展中国家的价值链提升．经济研究，2009（9）：81 – 93．

[76] 王小鲁，余静文，樊纲：中国分省企业经营环境指数2013年报告．中信出版社，2013．

[77] 王永进，盛丹．基础设施如何提升了出口技术复杂度？经济研究，2010（7）：54 – 65．

[78] 王云飞，朱钟棣．贸易发展、劳动力市场扭曲与要素收入分配效应．世界经济，2009（1）：3 – 12．

[79] 魏浩，李翀．中国制造业劳动力成本上升的基本态势与应对策略．国际贸易，2014（3）：10 – 15．

[80] 魏伟，杨勇，张建清．内资企业实现技术赶超了吗？——来自中国制造业行业数据的经验研究．数量经济技术经济研究，2011（9）：19 – 34．

[81] 谢嗣胜，姚先国．农民工工资歧视的计量分析．中国农村经济，2006（4）：49 – 55．

[82] 熊俊，于津平．资本积累、贸易规模与出口商品技术含量．世界经济与政治论坛，2012（7）：105 – 119．

[83] 阳佳余. 融资约束与企业出口行为: 基于工业企业数据的经验研究. 经济学 (季刊), 2012 (4): 1503-1522.

[84] 杨高举、黄先海. 内部动力与后发国分工地位升级. 中国社会科学, 2013 (2): 25-45.

[85] 杨汝岱、姚洋. 有限赶超与经济增长. 经济研究, 2008 (8): 29-43.

[86] 杨永忠. 中国消费需求不足的区域波动模型及实证分析. 财经研究, 2003 (12): 3-10.

[87] 姚洋、张晔. 中国出口品国内技术含量升级的动态研究——来自全国及江苏省、广东省的证据. 中国社会科学. 2008 (2): 67-84.

[88] 姚毓春、袁礼、王林辉. 中国工业部门要素收入分配格局. 中国工业经济, 2014 (8): 44-56.

[89] 叶宏伟、陈晓华. 基于VECM模型的产业出口结构与加工贸易关系的实证分析——以化工业为例. 浙江社会科学, 2010 (10): 2-11.

[90] 叶宏伟. 国际市场势力与出口商品结构升级. 浙江大学博士论文, 2011.

[91] 易靖韬. 企业异质性、市场进入成本、技术溢出效应与出口参与决定. 经济研究, 2009 (9): 106-116.

[92] 余永定, 李军. 中国居民消费函数的理论与检验. 中国社会科学, 2000 (1): 123-133.

[93] 袁志刚, 解栋栋. 中国劳动力错配对TFP的影响分析. 经济研究, 2011 (7): 4-17.

[94] 袁志刚, 朱国林. 消费理论中的收入分配与总消费——及对中国消费不振的分析. 中国社会科学, 2002 (3): 69-75.

[95] 张杰, 李勇, 刘志彪. 出口与中国本土企业生产率——基于江苏制造业企业的实证分析. 管理世界, 2008 (11): 50-64.

[96] 张杰, 刘志彪, 张少军. 制度扭曲与中国本土企业的出口扩张. 世界经济, 2008 (10): 3-11.

[97] 张杰, 周晓艳, 李勇. 要素市场扭曲抑制了中国企业R&D? . 经济研究, 2011 (3): 78-91.

[98] 张杰, 周晓艳, 郑文平和芦哲. 要素市场扭曲是否激发了中国企业出口. 世界经济, 2011 (8): 134-160.

[99] 张琼. 基于韦伯与正态分布非线性估计的我国人口死亡年龄分布. 保险研究, 2010 (8): 3-10.

[100] 赵伟, 赵金亮. 异质性、沉没成本与中国企业出口决定: 来自中国微

观企业的经验证据. 世界经济, 2011 (4): 62 – 79.

[101] 郑亚莉, 陈晓华. 农副食品加工企业员工培训的出口效应研究. 社会科学战线, 2014 (4): 44 – 50.

[102] 周禄松, 郑亚莉. 出口技术复杂度升级对工资差距的影响: 基于我国省级动态面板数据的系统 GMM 分析. 国际贸易问题, 2014 (11): 61 – 71.

[103] 朱国林, 范建勇, 严燕. 中国的消费不振与收入分配: 理论和证据. 经济研究, 2002 (5): 72 – 82.

[104] 朱希伟, 金祥荣. 国内市场分割与中国的出口贸易扩张. 经济研究, 2005 (12): 68 – 76.

[105] 祝树金, 戢璇, 傅晓岚. 出口品技术水平的决定性因素: 来自跨国面板数据的证据. 世界经济, 2010 (4): 28 – 46.

[106] 踪家峰, 杨琦. 要素扭曲影响中国的出口技术复杂度了吗?. 吉林大学社会科学学报, 2013 (2): 106 – 114.

[107] 邹薇, 代谦. 技术模仿、人力资本积累与经济赶超. 中国社会科学, 2003 (5): 26 – 38.

[108] Amiti, Caroline Freund, An anatomy of China's export growth. NBER Working Paper. 2008.

[109] Assche, A, China's Electronics Exports: Just A Standard Trade Theory Case. *Policy Options*, Vo127, 2006, 79 – 82.

[110] Assche, Gangnes. Electronics production upgrading: Is China exceptional?. Working paper for18th CEA (UK) annual conference in Nottingham. 2008.

[111] Baldone, S., Sdogati, F., Tajoli, L. On some effects of international fragmentation of production on comparative advantages, trade flows, and the income of countries. CESPRI Working Paper No. 187, 2006.

[112] Baldwin R, Harrigan J, Zeros, Quality, and Space: Trade Theory and Trade Evidence. American Economic Journal: Microeconomics. Vol 124, 2011, 60 – 88.

[113] Baldwin, Richard E. Heterogeneous Firms and Trade: Testable and Untestable Properties of the Melitz Model. NBER Working Paper No. 11471, 2005.

[114] Benjamin M. Misallocation Productivity Losses from Financial Frictions: CanSelf – Financing Undo Capital?. American Economic Review, 2014 (10): 3186 – 3221.

[115] Bernard A B, Jensen J B, Redding S J, et al. The empirics of firm heterogeneity and international trade. National Bureau of Economic Research, 2011.

[116] Bernard A B, Wagner J. Export entry and exit by German firms.

Weltwirtschaftliches Archiv, 2001, 137 (1): 105 – 123.

[117] Bernard, Jensen. Why some firms export. The Review of economics and Statistics, 2004 (12): 561 – 569.

[118] Besede, Prusa, Product Differentiation and Duration of US Import Trade. Journal of International Economics, Vol. 70, 2006b, 329 – 358.

[119] Besede, Prusa. Ins, Outs, and the Duration of Trade. Canadian Journal of Economics, 39, 2006a, 266 – 295.

[120] Besedes & Prusa, . The Role of Extensive and Intensive Margins and Export Growth. NBER Working Papers 13628, 2007.

[121] Besedes, Blyde, What drive export survival? An analysis of export duration in Latin – America. World Bank working paper. 2011.

[122] Besedes, Export differentiation in transition economies. Economic Systems 35, 2011, 25 – 44.

[123] Bin X. U., Jiangyong L. U., Foreign direct investment, processing trade, and the sophistication of China's exports. *China Economic Review*. 2009. (12) pp: 34 – 45.

[124] Boyan Jovanovic. Misallocation and Growth. American Economic Review, 2014 (4): 1149 – 1171.

[125] Brandt K., Trevor T., Zhu X. D. Factor market distortions across time, space and sectors in China. Review of Economic Dynamics 2013 (16): 39 – 58.

[126] Branstetter, Lardy, China's emergence of globalization. NBER Working Paper. 2006.

[127] Chang – Tai Hsieh, Erik Hurst, Charles I. Jones, Peter J. Klenow. The allocation of talent and U. S. economic growth. NBER Working Paper No: 18693, 2013.

[128] Charles I. J. Misallocation, economic growth and input-output economics. NBER Working Paper No16742, 2011.

[129] Charles I. Jones? Misallocation, economic growth and input-output economics. NBER Working Paper No16742, 2011.

[130] Chaudhuri S. Labour market distortion, technology transfer and gainful effects of foreign capital. The Manchester School 2005 (3): 214 – 227.

[131] Cole, Elliott, Virakul. Firm heterogeneity, origin of ownership and export participation. The World Economy, 2010 (1): 264 – 292.

[132] Cross, C., & Linehan, M, 2006, Barriers to advancing female careers

in the high-tech sector: empirical evidence from Ireland. *Women in Management Review*, Vol. 21, pp. 28 – 39.

[133] David Roodman, How to do xtabond2: An introduction to difference and system GMM in Stata. *The Stata Journal.* 2009 (9) pp. 86 – 136.

[134] Dougherty, C. Why Are the Returns to Schooling Higher for Women than for Men? . *Journal of Human Resources*, 2005. 40 (4), pp. 969 – 988.

[135] Eaton J, Kortum S, Kramarz F. Dissecting trade: Firms, industries, and export destinations. National Bureau of Economic Research, 2004.

[136] Elise S. Brezis, Paul R. Krugman and Daniel Tsiddon, Leapfrogging in International Competition: A Theory of Cycles in National Technological Leadership. *The American Economic Review*, Vol. 1993, 83, pp. 1211 – 1219.

[137] Ermias Weldemicael. Technology, Trade costs and Export Sophistication. The World Economy, 2014. 37 (1): 14 – 41.

[138] Feenstra, Romalis, International Prices and Endogenous Quality. NBER Working paper NO: 18314, 2013.

[139] Gebel, M., Giesecke, J., Labor market flexibility and inequality: the changing skill-based temporary employment and unemployment risks. *Europe Social Forces* 2011, Vol. 90 (1), pp. 17 – 40.

[140] Gesthuizen, M., Solga, H., Kunster, R., Context matters: economic marginalization of low-educated workers in cross-national perspective. *European Sociological Review*, 2011, Vol. 22, pp. 264 – 280.

[141] Greenaway D, Kneller R. Firm heterogeneity, exporting and foreign direct investment. The Economic Journal, 2007, 117 (517): F134 – F161.

[142] Guido Sandleris, Mark L. J. Wright. The Costs of Financial Crises: Resource Misallocation, Productivity, and Welfare in the 2001 Argentine Crisis. *Scandianvian Journal. of Economics*, 2014. 116 (1), 87 – 127.

[143] Hallak, J., P., Schott. Estimating Cross – Country Differences in Product Quality. Quarterly Journal of Economics, 126 (1), 2011, 417 – 474.

[144] Hansen, Threshold effects in no-dynamic panels: Estimation, testing, and inference. *Journal of Econometrics* 1999, Vol (93): 345 – 368.

[145] Hausmann and Bailey Klinger, Structural Transformation and Patterns of Comparative Advantage in the Product Space. CID Working Paper No. 128, 2006.

[146] Hausmann, Dani Rodrik, Economic development as self-discovery. Journal of Development Economics, 2003 (72): 603 – 633.

[147] Hausmann, Hwang and Rodrik, What You Export Matters. *Journal of Economics Growth*, 2007.12 (1), pp. 1 – 25.

[148] Haya Stier, The skill-divide in job quality: A cross-national analysis of 28 countries. *Social Science Research*, 2015 Vol49: pp. 70 – 80.

[149] Heckman, J. Sample Selection Bias as a Specification Error. Econometrica, 1979, 47 (1).

[150] Hsieh and Klenow. Misallocation and Manufacturing TFP in China and India. Quarterly Journal of Economics, 2009, 124 (4): 1403 – 1448.

[151] Hsieh M., Erik, H., Charles I. J. et al. The allocation of talent and U.S economic growth. NBER Working Paper No: 18693, 2013.

[152] Jarreau J., Poncet S. Sophistication of China's exports and foreign spillovers. Journal of Economic Surveys, 2009, 7: 149 – 161.

[153] Jarreau, and S. Poncet, . Export sophistication and economic performance: Evidence from Chinese provinces. *Journal of Development Economics*, 2012 Vol97, pp. 281 – 292.

[154] Jovanovic B. Misallocation and Growth. American Economic Review, 2014 (4): 1149 – 1171.

[155] Jun Shao, Kangning Xu, Analysis of Chinese Manufacturing Export Duration. China & World Economy, 2012Vol. 20, 56 – 73.

[156] Krugman, Paul. Scale economics, product differentiation, and the pattern of trade. American Economic Review. 1980 (70): 950 – 959.

[157] Levinsohn J., Petrin, A. Estimating Product ion Functions Using Inputs to Control For Unobservable. Review of Economic Studies, 2003, 70 (2): 317 – 341.

[158] Lucas, On the Mechanics of Economic Development. *Journal of Monetary Economics*, 1988, Vol22, 3 – 42.

[159] Melitz M. J. The impact of trade on intra-industry reallocations and aggregate industry productivity. Econometrica, 2003, 71 (6): 1695 – 1725.

[160] Mishra, S., Lundstrom, S., Anand, Rahul, Service export sophistication and economic growth. World Bank Policy Research Working Paper. 2011.

[161] Naughton, B. The Chinese economy: transitions and growth. Cambridge MIT Press, 2007.

[162] Olley, S. and Pakes, A. The dynamics of productivity in the telecommunications equipment industry. Econometric. 1996, 64 (6): 1263 – 1297.

[163] Robert M. Solow, 1957, Technical Change and the Aggregate Production

Function. , *The Review of Economics and Statistics*, pp. 312 – 320.

[164] Roberts, M. and Tybout, J. R. The Decision to Export in Colombia: An Empirical Model of Entry with.

[165] Rodriguez, Francisco, and Dani Rodrik. " Trade policy and economic growth: a skeptic's guide to the cross-national evidence. NBER Macroeconomics Annual 2000, Volume 15. MIT PRess, 2001. 261 – 338.

[166] Rodrik, D. , What's So Special about China's Exports. China & World Economy, 2006, Vol. 14, pp. 1 – 19.

[167] Romer, C. , Is the Stabilization of the Postwar Economy a Figment of the Data? . *American Economic Review*, 1986, Vol49, 76: 314 – 334.

[168] Sandleris G. , Wright L. J. The Costs of Financial Crises: Resource Misallocation, Productivity, and Welfare in the 2001 Argentine Crisis. *Scandianvian Journal. of Economics*, 2014. 116 (1), 87 – 127.

[169] Sanjaya Lall, John Weiss, Jingkang Zhang. The "Sophistication" of Exports: A New Trade Measure. World Development, 2006, 34 (2), pp, 222 – 237.

[170] Sarbajit Chaudhuri. Labour market distortion, technology transfer and gainful effects of foreign capital. The Manchester School 2005 (3): 214 – 227.

[171] Schott, Peter K. The Relative Sophistication of Chinese Exports. Economic Policy, 2008 (1): 15 – 49.

[172] Sebnem K. O. , Bent E. , Sorensen M. Misallocation, Property Rights, and Access to Finance: Evidence from Within and Across Africa. NBER Working Paper, NO. 18030, 2012.

[173] Sebnem Kalemli – Ozcan, Bent E. Sorensen. Misallocation, Property Rights, and Access to Finance: Evidence from Within and Across Africa. NBER Working Paper, NO No. 18030, 2012.

[174] Shoshana Neuman Adrian Ziderman, Can vocational education improve the wages of minorities and disadvantaged groups? The case of Israel. *Economics of Education Review*, 2003Vol. 22, pp. 21 – 432.

[175] Solga, H. , Stigmatization by negative selection: explaining less-educated people's decreasing employment opportunities. *European Sociological Review*. 2002 Vol18, 159 – 178.

[176] Swenson, Deborah L. , ChenHuiya. Multinational Exposure and the Quality of New Chinese Exports. OXFORD Bulletin Of Economic and Statistics, 2014, 76 (01): 41 – 66.

[177] Tamar Saguy, Lily Chernyak – Hai, Intergroup contact can undermine disadvantaged group members' attributions to discrimination. *Journal of Experimental Social Psychology*, 2012 Vol. 48. pp. 714 – 720.

[178] Thorbecke, Willem, and K. A. T. O. Atsuyuki. Export Sophistication and Exchange Rate Elasticities: The Case of Switzerland. Discussion Papers (by fiscal year) 2014.

[179] Violante, G. L, Skill-biased technical change. In: Durlauf, S. N., Blume, L. E., (Eds.). The New Palgrave Dictionary of Economic, second. Edition. Eds. Palgrave Macmillan, 2008.

[180] Wei – Chih Chen, Innovation and duration of exports. Economics Letters 115, 2012, 305 – 308.

[181] Yeaple S. R. A simple model of firm heterogeneity, international trade, and wages. Journal of international Economics, 2005, 65 (1): 1 – 20.

结 束 语

怀着一颗平凡的心，走在这条深邃无止境的学术之路上，令我感觉人生更富有意义。在博士毕业后几年里不断地思考、不断地写、不断修改，遂成此书，此书的研究内容是本人攻读博士学位期间研究方向的升华，使得自身在技术复杂度研究领域再往前迈出了一"微步"，对技术复杂度有了更多的感悟和认识。在攀登学术高峰的路上，注定有着种种的曲折与不平凡，这种曲折与不平凡不仅使得作者获得颇多的人生感悟，也使得自己在学术研究的道路上坚定前行。本书的部分内容曾收录于《统计研究》《科学学研究》《财经研究》和《国际贸易问题》等期刊，部分章节也被《人大复印资料》等全文转载。

特别感谢国家社科基金（编号：13CJY060，项目负责人：陈晓华）项目对本书的支持，本书的主体部分为该项目结题时的最终报告，该项目结题时获得的结题等级为良好，得到了匿名评审专家较好的评价。在按照匿名评审专家意见修改的基础上，我们进一步融入了国家自然基金青年项目（编号：71303219，项目负责人：刘慧编号：71603240，负责人：陈晓华）和浙江理工大学"521人才"中青年拔尖人才项目（项目负责人：陈晓华）的部分研究成果，为此，对这些项目给予的资金支持表示感谢。

特别感谢浙江大学经济学院院长黄先海教授和东南大学原校长助理、现中国药科大学总会计师吴应宇教授对本书写作过程中给予的帮助与指导。两位导师不仅在攻博期间给予了我们很大的帮助和指导，在国家社科与国家自科的选题和设计方面也给予了非常细致和全面的指导。感谢浙江理工大学经管学院胡剑锋院长、张信群书记、程华教授战明华教授、胡旭微教授、吕品教授、潘旭伟教授、陆根尧教授、胡丹婷教授、张海洋教授、邬关荣教授、郭晶教授、许月丽教授、杨隽萍教授以及傅纯恒、黄海蓉、张正荣、王永杰、杨君、成蓉、张吟白和王业可、刘洪彬、高云、黄俊军、黄玉梅、张颖新、覃予、张艳彦、周俊杰、肖敏、冯圆等老师和浙江金融学院校长郑亚丽教授、浙江省商务研究院周俊子副研究员在本书写作过程中提供的各种支持与帮助。感谢杨高举博士、范良聪博士、毛其淋博士、张杰博士、孙楚仁博士、陈勇兵博士、施炳展博士、钟建军博士、许为博士、茹玉骢博士、李小平教授、白小虎教授和项后军教授等在本书相关论文参加学术中给予的点评和修改意见。感谢周禄松、沈成燕、陆直、王柳和李妮丹等研究生在本书写作过程中所做的工作。

一个课题的结题虽然某种意义上意味着一段新的开始，但这并不意味着这个课题的研究报告已经十全十美，后续的修改也未必能完全抹去文中的瑕疵。为此，本书难免存在一些不足之处，敬请各位读者批评指正。

2016 年 9 月于　杭州